옛 일본은 백제고을

한비 남신웅

1

잘못된 역사가 정정되어야 미래지향적인 한일관계가 구축된다.

著者의 말
고사기 서문의 비밀

고사기 서문을 보면
"성 가운데 「日下」란 글자를 「玖沙訶」로 읽고,
이름 가운데 「帶」란 글자를 「多羅斯」라고 읽는 종류는 종래의
방법을 따라 바꾸지 않는다"라고 했다.

(역주 古事記에서)

이 문장을 풀어 쓰면, '일하구사 갸(=일하고서 개)'라는 말 중에서 「일하」를 성으로 하고 '구사갸'라고 읽고 '대 다라샤(=띠 달아서)'라는 말 중에서 '대'라는 이름을 '다라샤'라고 읽는다고 했다, 라는 뜻이다.

그러나 일본 정부는 명치 이후, 성과 이름뿐만 아니라, 일반 생활에 쓰이는 모든 말들도 이런 식으로 문장의 허리를 잘라서 새 말을 만들어 내었다. 조선말을 말살하기 시작한 것이다. 물론 이런 식으로 말을 만들기 이전에는 '일하구사 갸'라는 백제 말은 '日下玖沙訶'라고 썼다.

다시 말하면, 백제말을 한자로 기록하고, 또 그 기록을, 音 그대로 읽으면, 백제 말이 되도록 했었다. 즉 한자는 백제 말을 기록하기 위하여 빌려 온 글자로서, 한자의 뜻은 전혀 생각할 필요가 없었다.

올 해가 경술 국치 100년이 되는 해.

한국에는 일본어라는 것을 일본인보다 더 잘하는 한국인도 많다.

그러나 일본말이라는 것이 한국말에서 비롯되었다는 사실을 밝혀낸 한국 사람은 아무도 없었다.

아니, 옛 일본인들이 백제시대 이후 명치시대(1867년 : 고종 15년)까지 백제말(조선말)을 사용했었다는 사실을 밝혀낸 한국 사람은 아무도 없었다.
수많은 지식인들이 고사기 서문을 그렇게 읽어 대었건만 고사기의 비밀을 보지 못 하였는데...
까마득히 2000년도 넘는 시간의 한 자락을 살짝들어 보여주신 하느님!
그래서 고사기 서문의 뜻을 깨닫게 하여주신 하느님!
그 은혜에 힘입어 옛 고을을 체험하게 되었고 그들의 생활과 언어를 발굴해 내었습니다.
이제 이 언어를 한 권의 책으로 엮어 세상에 펴보이고자 합니다.
부디 이 책이 한·일간에 새로운 미래를 열어젖힐 수 있기를 기원합니다.
이 모든 기쁨과 영광을 우리 주 그리스도를 통하여 하느님께 바칩니다.

2010년
12월 25일
栗田에서 한비 남신웅

목차
옛 일본은 백제고을

1

著者의 말 3

13	可笑
15	~하대
16	그래(これ)
18	그래! 까라!
20	그래, (깔테면) 까래
22	굽쇼 繰來
24	어미를 헤치고 나온 "あれ"
26	못 이어매
28	일본 최고 미인 "누가다"
30	아버지
31	어머니
33	벌건 대낮에
35	아이 노수, 애 노소!
37	아이노꼬
39	아이 노떼
41	도카게
43	辰龍(진룡)
45	"소라"가 왜 "하늘"인가?
46	태풍 이름 "쿠지라"에 숨겨진 뜻
48	꾸-새뼈

50	아새하
51	"麻生"을 "아소"라고 읽는 이유
52	끼 주자 傷生酢
54	이어령님의 "남의 땅 끌어오는 신화"를 읽고
56	사무이
58	寂淋(저리)
60	누가 "사무라이"를 "싸울아비"라 했나?
62	野武士
65	옛 일본은 왜 백제의 고을인가?
69	혹시 "九 州"의 이두 뜻을 아십니까?
71	이따 주라
73	海地獄
75	또 니 가구
77	요꼬 하마
79	우미
81	쏘와라
83	오끼나와
85	(글씨를) 쓰구에
87	다께(시마)
89	심어도
91	심으수
92	히게
94	"다꽝"이 뭔지, 정말 너무 모른다
96	미쳐도
98	미도리
100	내 주미
101	고노미
103	阿! 多 福於多
105	야외온천에서 생긴 일
108	고구려는 "고마"가 아니다
110	高麗 쥐
112	'名古屋'을 '나고야'라고 읽는 이유
113	고아가미
115	고고마
116	"게다"가 왜 백제말인가?

118	곰방와
120	사요나라
122	고이즈미 ①
124	고이즈미 ②
125	고치소, 싸 마
127	쓰나미
129	黑자를 "구로(くろ)"라고 읽는 이유
131	(뭐하는) 짓이가
133	"싸게"와 "사께"
134	鮨 鮓 壽司
136	(잊어라, 카마) x도 잊죠!
138	매우
140	"앙꼬"가 뭐꼬?
141	万葉集－熱愛
144	아나따
146	자이 끼노-?
147	"가따 구나?" 이 사투리 꽤 어렵지요?
149	가, 넣 죠삐여
151	가따 펴봐
153	가마비수, 시(어), 이~
155	고아 보거라
157	岡田克也?
158	友達 ①
162	友達 ②
164	세고 곯아
166	혹시 "~배끼"라는 사투리를 아십니까?
168	오도록
170	아리어 가도
172	저, 맞다구(요, 정말이에요!)
173	시미즈 교수
176	깐봐
178	그만 가세
180	꼬도모
183	최인호의 "たちばな(多致播那)" 해석은 오류

189	꼬리꼬리 햐
191	백제의 '왜'지방에 대한 통치정책과 문책 증거
194	야마도 정신
196	"~야마"의 다른 예
198	갈까? 하고
200	이야(서) 밀어 여
201	소가 싸워 가지고
203	上甲 仮狩
205	一生懸命
207	對馬島, 壹岐島
210	吏讀의 정의 -하나
212	기모노
214	뭐노 가타리
216	껴아고 가래
218	고아나 배
219	국어사전에서 "노포(老舗)"를 삭제하라
221	니개, 도
223	내 코
225	최인호와 三輪山
229	덕(택)으로
231	또 하더라구
232	하루
233	화 났어?
234	아끼?
236	겨울
237	동쪽
238	서쪽
240	미나미
241	북쪽
242	칠지도와 칠자경
244	칠지도와 지지도
246	고와라
247	구루마
249	깨미나

250	금일
252	꼬수니 갔대!
254	자져네-
256	다 가高, 이~
257	6.25 와중에 시골아이가 전해들은 "머리가 8개 달린 뱀" 이야기
261	다다미
263	"다라이", 이런 말은 사용하지 맙시다
265	다마
266	(왜) 도나? 타
267	호랑이
269	도로보-
271	돌리
273	'모찌'를 만들기 시작한지 300년이 되었다는데…
275	두아, 다마
277	'頭'자 이두들
279	야, 바까 조-!
282	마께부
283	차, 차마도
284	매시어 바쏘?
286	매(어) 대떠
288	"매이모"라는 사투리를 아십니까?
290	"매이모- 또" 어쩌지요?
292	매마, 이
294	메주
296	일본섬 이름의 실체

옛 일본은 백제고을
1

 可笑

1 연구하는 교실

일본말을 만들 때 모델이 된 말은, "(왜 자꾸 남의 집 앞을) 오가시(어), 이~, (그만) 가세요!" 이다. 이 말을 일본인들은 사투리로 "오가시-, 이~. 가소!" 라고 했다. 이 말을 현대 일본인들이 주로 사용하는 平仮名(백제글자)과 이두로 써보면 아래와 같다.

おかし-, い~. <u>可笑</u>!　　(이두한자에 제거할 종성이 없으므로 그대로 백제말이다)
오가시-, 이~. <u>가소</u>!　　(이 사투리를 현대인이 알기 쉽게 고치면)
오가시어, 이~. <u>가세요</u>!　(의 뜻이 된다)

2 역사를 보는 눈

- おかし-(오가시-) : "오고 가시어"라는 뜻.
- 이~ : 이야기의 흥을 돋우거나 동의를 청하는 도움말.
- 可笑(가소) : "가세요"의 이두, 사투리. 한자의 뜻에 현혹되면 안 된다.
- 위에서 보듯이 平仮名도, 이두인 한자도, 모두 백제말을 기록하기 위한 수단이었음을 알 수 있다. 그러므로 처음부터 백제말, 백제 글자는 있었어도, 일본말이나 일본 글자 같은 것은 존재한 적도 없었다. 일본정부가 역사를 속이고, 거짓 역사를 만들어 선전해 왔다는 것을 알 수 있다. 사실은 옛 일본은 백제의 한 고을이었으며 그 곳에 살던 사람들은 백제의 신민이었던 것이다. 따라서 우리는 우리의 역사를 바로 알고, 바로잡아야 한다. 일본은 옛날부터 우리의 땅이었다. 일본이 '독도'를 내어 놓으라고 하면, 우리는 '대마도'도 '일본 본토'도 내어 놓으라고 해야 한다.

3
초대 천황, 명치(1867년 : 고종 15년) 이후 일본정부산하 조선어 비밀연구원들이 위의 말을 함부로 갈라서 아래와 같은 사전적 단어를 만들었다. 사실은 여기서 부터가 백제말(조선말)과 일본말?과의 경계선이다.

おかしい [可笑しい] : ①우습다, 재미있다. ②이상하다, 수상하다.

4 언어로 확인한 참 역사

- 위 단어는 이두인 '可笑'자를 정책적으로 뜻으로 해석하여 백제 말 "오가시, 이~"가 "①우습다"라는 뜻이 되었다. 그러나 ②는 '남의 집 앞을 까닭 없이 오가시'므로 '이상하다'는 뜻이 되었다. 그러므로 이 단어의 뜻은 순수한 백제말 뜻에 의하여 만들어진 의미이다.
- 위와 같은 방법으로 일본어?의 단어를 만든 결과 '可笑'자를 'おか'라고 읽는 웃지 못할 꼴이 되었다. 이런 것을 우리는 지금까지 "**명치식 읽기**"라고 명명해 왔다.
- 다행히 <u>백제 말을 한자로 기록해 놓은</u> '可笑'자가 없었다면 'おかしい'가 원래 무엇을 의미했던 백제 말인지 영영 몰랐을 것이다.
- 한편, '可笑'자 옆에 있는 'しい'는 "おかしい"와 균형을 맞추기 위하여 일본정부와 어용학자들이 만들어 넣은 字이다.
- 그리고 꼭 알아 두어야 할일은, 일본인들이 "おか"를 어떻게 읽든 간에 어원상으로 보면 "오가"라고 발음해야 한다.
- 이렇게 부러진 칼로 부자관계를 확인하듯, 平仮名(백제글자)과 이두가 한 치의 착오도 없이 걸맞아 들어가므로 일본말은 백제말, 한국말이라고 해도 누구도 부정할 수 없는 산 증거로 남게 된 것이다.
- 모든 일본말?은 이렇게 만들어졌다.

 ~하대

1 연구하는 교실

당장 먹을 것은 없고 아끼던 저고리를 들고 저자거리로 나갔더니 "(화려해 보이니까,) 파세요, 하대"했다. 이 말을 倭인들은 사투리로 "파수, 하대"라고 했다. 이 말을 다시 현대 일본인 들이 주로 사용하는 이두한자와 백제글자로 써보면 아래와 같다.

派手, はで　　(제거할 종성이 없으므로 그대로 백제말이다)
파수, 하대　　(현대인이 알기 쉽게 고치면)
파세요, 하대　(의 뜻이 된다)

- 파수(派手) → 파소 : '파세요'의 사투리, 이두. 한자의 뜻과는 아무 상관이 없다.
- ~대 : '~다고해', '~라고 해'의 준말(다 먹었대)
- 파수, 하대 : '파수, 라고해'

2

초대 천황, 명치(1867년 : 고종 15년) 이후 일본 정부산하 조선어 비밀 연구원들이 위의 말을 함부로 갈라서 아래와 같은 사전적 단어를 만들었다. 사실은 여기서 부터가 조선말(백제말)과 일본말의 경계선이다.

はで [派手] : 화려함, 정도가 심함.　(派 : 물갈래 파)

3 언어로 확인한 참 역사

- 위 단어는 이두인 '派手'자를 정책적으로 해석하여 백제 말 "~하대"가 "화려함"이라는 뜻으로 바뀌고 말았다.
- 위와 같은 방법으로 일본어?의 단어를 만든 결과 '派手'자를 'はで'라고 읽는 웃지 못할 꼴이 되었다. 이런 것을 우리는 지금까지 "**명치식 읽기**"라고 명명해 왔다.
- <u>백제 말을 한자로 기록해 놓은 '派手'자가 없었다면 'はで'가 원래 무엇을 의미했던 백제 말인지 영영 몰랐을 것이다.</u>
- 모든 일본말?은 이렇게 만들어졌다.

역사학계는 옛 일본을 우리 역사에 편입해야 한다.

그래(これ)

1 연구하는 교실

시비의 발단이 무엇인지는 몰라도 키 큰 사나이가 상대를 깔보고 "(칵 차뿔라)"라고 했다. 이 말을 듣고 (키는 작지만) 지기 싫어하는 그도 그냥 물러서지 않았다. "그래, (어디 한번) 차시지" 이 말을 일본인들은 사투리로 "고래, 차시지"라고 했다. 이 말을 현대 일본인들이 주로 사용하는 "백제글자"와 "이두"로 써보면 아래와 같다.

　　これ, 此是之!　　(이두한자에 종성이 없으므로 그대로 백제말이다)
　　고래, 차시지!　　(이 사투리를 현대인이 알기 쉽게 고치면)
　　그래, 차시지!　　(의 뜻이 된다)

2 역사를 보는 눈

- "그래"라는 발음이 어려웠던 일본인들은 "くれ"나 "これ"로 발음할 수밖에 없었다.
- 거듭 밝히지만, 위에 예시된 말들은 분명히 백제말(조선말)이다.

이 말을 平仮名과 "이두"로 썼지만 平仮名도, 그 글자로 백제말을 기록했으므로 결국 "백제글자"로 볼 수밖에 없다. **모두 백제말이요, 백제글자이다.** "平仮名(평가명)"이라는 말도 "(뜻을) 펴가며"라는 이두이다.

3 초대 천황, 명치(1867년 : 고종 15년) 이후 일본정부 산하 조선어 비밀연구원들이 위의 말의 띄어쓰기를 무시하며 함부로 갈라서 아래와 같은 사전적 단어를 만들어 내었다. 사실은 여기서 부터가 백제말(조선말)과 일본말?과의 경계선이다.

　　これ [此(れ). 是(れ). 之(れ)] : 이것.　　(此 : 이것 차, 是 : 옳을 시, 之 : 갈 지)

4 언어로 확인한 참 역사

- 위 단어 "これ"의 뜻은 '此. 是. 之'자의 뜻과는 상관없이 '此'자의 뜻만을 반영하여 "이것"이라고 하였다. 이 결과 백제말 "그래"라는 말이 "이것"이라는 뜻으로 바뀌고 말았다. 이렇게 단어를 만든 결과 "此. 是. 之"자를 "これ"라고 읽는 웃지 못할 꼴이

되었다. 이런 것을 우리는 지금까지 "명치식 읽기"라고 명명해 왔다.
- '此. 是. 之'자가 없었다면 'これ'가 원래 무엇을 의미했던 백제말인지 영영 몰랐을 것이다.
- '此. 是. 之'가 '이두'라는 사실을 숨기려고 일본정부와 어용학자들은 위처럼 글자 사이에 점을 찍어 두었다.
- 그리고 '此. 是. 之' 옆에 붙어 있는 (れ)자는 일본정부와 어용학자들이 'これ'와 균형을 맞추기 위하여 써넣은 글자이다.
- 이처럼 부러진 칼을 맞추어 보고 부자관계를 확인하듯, "백제글자"와 "이두"가 한 치의 착오도 없이 걸맞아 들어가므로 일본말은 백제말이라고 해도 누구도 부정할 수 없는 산 증거로 남게 될 것이다. 그러므로 옛 일본은 백제의 한 고을이었으며 옛 일본인들은 백제대왕의 신민이었다.
- 모든 일본말?은 이렇게 만들어졌다.

5 미래에 시선을 둬야 하는 이유

- 일본인들은 명치 이전에도 일본말이라는 것이 있어 온듯, 이런저런 서적에 흔적을 남겨 두었다. 그들은 광개토대왕의 비도 감쪽같이 고쳐 놓는 솜씨를 보였었는데 책상 앞에 있는 책 정도를 고쳐 놓는 일은 쉬웠을 것이다. 이렇게 판단할 수 있는 이유는 '왜'가 백제의 한 고을이었는데, 바다를 건너와 백제를 쳐부수었다면 논리가 맞지 않기 때문이다.

 ## 그래! 까라!

1 연구하는 교실

일본말을 만들 때 모델이 된 말은, "내가 (각 차, 까뿔라!)"카니까, 저 놈 아가 "그래! (깔테면) 까라!(며, 와서 나를) 차"이다. 이 말을 일본인들은 더 심한 사투리로 "고래! 까라! 챠"라고 했다. 이 말을 다시 현대 일본인들이 주로 사용하는 "백제글자"와 "이두"로 써보면 아래와 같다.

    これ! から!   此 (이두 '차'자에 종성이 없으므로 그대로 백제말이다)
    고래! 까라!   차 (이 사투리를 현대인이 알기 쉽게 고치면)
    그래! 까라!(하며) 차 (의 뜻이 된다)

2

초대 천황, 명치(1867년 : 고종 15년) 이후 일본정부 산하 조선어 비밀연구원들이 위의 말의 띄어쓰기를 무시하며 함부로 갈라서 아래와 같은 사전적 단어를 만들어 내었다. 사실은 여기서 부터가 백제말(조선말)과 일본말?과의 경계선이다.

    これ から [此(れ)から] : 이제부터 (此 : 이것 차)

3 언어로 확인한 참 역사

- 위 단어는 此자를 뜻으로 해석하여, 백제말 "그래! 까라!"라는 말이 "이제부터"라는 뜻으로 바뀌고 말았다.
- 거듭 밝혀두지만, 일본의 어용학자들이 대체적으로 그렇게 해온 대로라면 'から'에 대응되는 한자가 있어야 하는데 여기에는 한자가 없다. 따라서 한자의 뜻에 따른 단어의 뜻을 만들 수 없게 되었다. 그래서 'から'의 뜻을 정책적으로 "~부터"라는 뜻으로 만들어 버렸다. 또한 '此'자 옆에, 한자가 있을 자리에는 'これ から'와 균형을 맞출 겸 '(れ)から'자를 써넣었다.
- 또한 "此(れ)から"라고 표기해 둔 다른 의도는 '此'자가 '이두'라는 사실을 숨기고 싶었기 때문이다.

●●● 파생

　　から : ~부터, 때문

●●● 모든 일본말?은 이렇게 만들어졌다.

 # 그래, (깔테면) 까래

1 연구하는 교실

일본말을 만들 때 모델이 된 말은, "(칵 까뿔라!)" 캤더니, 저 양반이 "그래! (깔테면) 까래(며), (달려와서 나를) 차시버려!"이다. 이 말을 일본인들은 더 심한 사투리로 "고래! 까래, 차시삐!"라고 했다. 이 말을 다시 현대 일본인들이 주로 사용하는 "백제글자"와 "이두"로 써보면 아래와 같다.

 これ! かれ, 此是彼!　　(이두한자에 종성이 없으므로 그대로 백제말이 된다)
 고래! 까래, 차시피!　　(한자에는 '삐'자가 없으므로 '피'자로 대용함)
 고래! 까래, **차시삐**!　 (이 사투리를 현대인이 알기 쉽게 고치면)
 그래! **까래**, 차시버려!　(의 뜻이 된다)

●●● ~삐 : "~버려"의 사투리.

2

명치이후 일본정부 산하 조선어 비밀연구원들이 위의 말을 함부로 갈라서 아래와 같은 사전적 단어를 만들어 내었다. 사실은 여기서 부터가 백제말(조선말)과 일본말?과의 경계선이다.

 これ- かれ [此彼. 是彼] : 이것, 저것, 이 사람, 저 사람.
　　　　　　　　　　　　　　(此 : 이것 차, 是 : 옳을 시, 彼 : 저 피)

3 언어로 확인한 참 역사

●●● 위 단어는 이두인 '此. 彼'자를 정책적으로 뜻으로 해석하여 백제 말 "그래! 까래"가 "이것, 저것"이라는 뜻으로 바뀌고 말았다.
●●● 이렇게 단어를 만든 결과 "此彼. 是彼"자를 "これ- かれ"라고 읽는 웃지 못할 꼴이 되었다. 이런 것을 우리는 지금까지 "**명치식 읽기**"라고 명명해 왔다.
●●● 그리고 '此'자 옆에 있는 '彼'자는 '是彼'와 균형을 맞추기 위하여 일본정부와 어용학자들이 써넣은 글자이다.

- 또한, '此(彼). 是彼'자가 없었다면 'これ- かれ'가 원래 무엇을 의미했던 백제말인지 영영 몰랐을 것이다.
- '此. 是彼'가 '이두'라는 사실을 숨기려고 위처럼 글자 사이에 점을 찍어 두었다.
- 일본인들은 '그래'의 발음이 어려운데다가, 平仮名(백제글자)에는 "으" 발음이 없으므로 'これ'라고 발음했다.
- 파생

    かれ [彼] : 그, 그 사람.   (彼 : 저 피)

- 일본인들이 "かれ"를 어떻게 발음하든 간에 어원으로 보면 "까래"라고 발음되어야 한다.
- 모든 일본말?은 이렇게 만들어졌다.

 급剞 繰來

1 연구하는 교실

무슨 말인지는 몰라도 "굽고 조어래". 이 말을 일본인들은 사투리로 "꾸고 조-래"라고 했다. 이 말을 다시 현대 일본인들이 주로 사용하는 백제글자와 이두로 써보면 아래와 같다.

    〈剞 繰- 來   (이두한자에 종성이 없으므로 그대로 백제말이다)
    꾸고 조- 래   (이 사투리를 알기 쉽게 고치면)
    굽고 조어래   (의 뜻이 된다)

- 꾸고 : "굽고"의 사투리.
- 조다 : "죄다"의 사투리. (나사를 죄다)
- ~래 : 남의 말을 전해 줌을 나타냄. (빨리 오래)

2 초대 천황, 명치(1867년 : 고종 15년) 이후 일본정부 산하 조선어 비밀연구원들이 위의 말의 띄어쓰기를 무시하고 함부로 갈라서 아래와 같은 사전적 단어를 만들어 내었다. 사실은 여기서 부터가 백제말(조선말)과 일본말?과의 경계선이다.

    くる [剞る] 파내다, 구멍을 내다.   (剞 : 가를 고)
          [繰る] (실 등을) 끌어당기다. 책장을 넘기다.   (繰 : 고치켤 조)
          [來る] 오다.   (來 : 올 래)

3 언어로 확인한 참 역사

- 위 단어는 이두인 '剞 繰來'자를 정책적으로 뜻으로 해석하여 백제 말 "꾸(루)"가 "오다, 파내다" 등의 뜻이 되었다.
- 위와 같은 방법으로 일본어?의 단어를 만든 결과 '剞る. 繰る. 來る'자를 'くる'라고 읽는 웃지 못할 꼴이 되었다. 이런 것을 우리는 지금까지 "명치식 읽기"라고 명명해 왔다.

●●● 다행히 <u>백제 말을 한자로 기록해 놓은</u> '刳 繰來'자가 없었다면 'くる'가 원래 무엇을 의미했던 백제 말인지 영영 몰랐을 것이다.
●●● 한편, '<u>く. 刳. 繰. 來</u>'자 옆에 있는 'る'자는 일본정부와 어용학자들이 만들어 붙인 字이다.
●●● 이렇게 부러진 칼로 부자관계를 확인하듯, 平仮名(백제글자)과 이두가 한 치의 착오도 없이 걸맞아 들어가므로 일본말은 백제말, 한국말이라고 해도 누구도 부정할 수 없는 산 증거로 남게 된 것이다.
●●● 모든 일본말?은 이렇게 만들어졌다.

 어미를 헤치고 나온 "あれ"

1 연구하는 교실

(야들아! 가자! 형이 저눔아) "빻버리, 래!" 이 말을 '왜'인들은 사투리로 "빠삐아, 래"라고 했다. 다시 이 말을 현대 일본인들이 주로 사용하는 "이두한자"와 "백제글자"로 써보면 아래와 같다.

<u>荒彼あ, れ</u>
황피아, 래 　　(이두인 '황'자의 종성을 없애면)
화피아, 래 　　(한자에는 '빠, 삐'자가 없으므로 '화, 피'자로 대용함)
<u>빠삐아, 래</u> 　　(이 사투리를 현대인이 알기 쉽게 고치면)
빻아버려, 래 　　(의 뜻이 된다.)

2 역사를 보는 눈

- 빠다 : '빻다'의 사투리.
- 빻다 : 짓 찧어서 가루로 만들다.
- ~삐다 : '~버리다'의 사투리.
- 빠삐아 : '빻아버려'의 사투리.
- 荒彼(황피) → 화피 → 빠삐 : 이 방법은 다른 글자에도 원용되므로 매우 중요함.
- ~래 : '~라고 해'의 준말. (자기 친구래)
- 종성을 없애는 이유

    일인들의 발음에는 종성이 없는데다가 말을 할 **줄** 몰랐던 원주민 어머니의 후예들이 종성을 발음할 **줄** 몰랐기 때문이다. 게다가 원주민의 후예들은 대화 중에 중요한 부분을 빼먹고 말하기 일쑤였다. 그래서 글쓴이가 (.)안에 빼먹은 말들을 보충하여 설명해온 것은 이미 잘 알고 있는 사실이다.

- 그리고 훈민정음 원문 해설에서도 "으"자를 발음할 때에는 "応(응)"자에서 종성인 "ㅇ"을 없애고 읽으면 된다고 설명하고 있다.

3 초대 천황, 명치(1867년 : 고종 15년) 이후, 일본정부산하 조선어 비밀연구원들이 위의

말의 띄어쓰기를 무시하고 함부로 갈라서 아래와 같은 사전적 단어를 만들어 내었다.
사실은 여기서 부터가 조선말(백제말)과 일본말의 경계선이다.

あれ [荒れ] : (바람・비 등이) 거침. (荒 : 거칠 황)
　　　[彼] : 저것　　　　　　　(彼 : 저 피)

4 언어로 확인한 참 역사

●●● 위 단어는 '荒'자와 "彼"를 뜻으로 해석한 결과 백제말 "(빠삐)아, 래"라는 말이 "거침"과 "저것"이라는 뜻으로 바뀌고 말았다.
다시 말하면, <u>일본인들은 한국말을 하대 그 뜻을 다르게 사용한다고 보면 되겠다.</u>

●●● 그리고 '빠삐<u>아, 래</u>'라는 말에서 '아버지 가방에 …' 식으로 아무데나 끊어 '<u>아래</u>(あれ)'라는 말을 조작해 내었다. 일본말이라는 것을 만든 것 중에서 가장 악랄한 방법으로 만든 것 중의 하나이다. 이렇게 단어를 만든 결과 "荒れ"와 "彼"자를 "<u>あれ</u>"라고 읽게 되었다. 특히 彼자를 "<u>あれ</u>"라고도 읽고, "<u>かれ</u>"라고도 읽는 웃지 못할 꼴이 되었다. 이런 것을 우리는 지금까지 "**명치식 읽기**"라고 명명해 왔다.

●●● 백제말을 한자로 기록해 놓은 '荒彼'자가 없었다면 'あれ'가 원래 무엇을 의미했던 백제말인지 영영 몰랐을 것이다.

●●● 그리고 '荒'자 옆에 붙어 있는 (れ)자는 'あれ'와 균형을 맞추기 위하여 일본정부와 어용학자들이 써넣은 글자이다.

●●● 모든 일본말?은 이렇게 만들어졌다.

못 이어매

1 연구하는 교실

'못 이어가매' (자신의 체면이 한없이 추락하고 있음을 깨달았다.) 이 말을 일본인들은 사투리로 '모 이우매'라고 했다. 이 사투리를 현대 일본인들이 주로 사용하는 백제글자와 이두로 써보면 아래와 같다.

  夢 ゆめ
  몽 유매 (이두한자의 종성을 없애면)
  모 유매 ("유"자는 "이우"의 이합사이므로)
  모 이우매 (이 사투리를 알기 쉽게 고치면)
  못 이어매 (의 뜻이 된다.)

- 모 : 일본인들은 '못'이라고 발음하지 못하여 '모'라고 했다.
다른 예 : "좌우당간 (나는) **'또 못 가구'** 이 말을 ともかく(또 모 가구)라고 발음하면서 '좌우당간'이라는 뜻을 갖게 되었다.
- 유매→ 이우매 : '이어(가)매'의 일본지방 사투리.

2 초대 천황, 명치(1867년 : 고종 15년) 이후 일본정부 산하 조선어 비밀연구원들이 위의 말을 함부로 갈라서 아래와 같은 사전적 단어를 만들어 내었다. 사실은 여기서 부터가 백제 말(조선 말)과 일본 말?과의 경계선이다.

  ゆめ [夢] : 꿈 (夢 : 꿈 몽)

3 언어로 확인한 참 역사

- 위 단어는 이두인 '夢'자를 정책적으로 뜻으로 해석하여 백제 말 "유매"가 "꿈"이라는 뜻이 되었다.
- 위와 같은 방법으로 일본어?의 단어를 만든 결과 '夢'자를 'ゆめ'라고 읽는 웃지 못할 꼴이 되었다. 이런 것을 우리는 지금까지 **"명치식 읽기"**라고 명명해 왔다.

●●● 다행히 <u>백제 말을 한자로 기록해 놓은</u> '夢'자가 없었다면 'ゆめ'가 원래 무엇을 의미했던 백제 말인지 영영 몰랐을 것이다.
●●● 모든 일본말?은 이렇게 만들어졌다.

 # 일본 최고 미인 "누가다"

1 연구하는 교실

최인호의 잃어버린 왕국 3편(182쪽)에 보면 '누가다'라는 여인에 대하여 길게 소개되어 있다. 그녀는 원래 大海人皇子(후에 天武天皇)의 아내 였으나 그의 형인 中大兄(후에 天智天皇)이 빼앗아 아내로 삼을 정도로 미모가 빼어났었다고 한다. 또한 어떤 일간지에서 소개하기를 '일본인들은 과거, 현재를 통 털어 그녀를 일본 제일의 미녀로 꼽는다고도 했다. 게다가 시가에도 능하여 제명여제(천지천황의 어머니)가 가까이 두고, 재능을 아꼈다고 한다. 그녀의 이름은 '누가다[額田]'이나, 이 이름의 모델이 된 말은 "(잠결에) 누가 (손에) 다이어 져"이다. 이 말을 일본인들은 사투리로 "누가 다애 져"라고 했다. 이 말을 다시 현대 일본인들이 주로 사용하는 "백제 글자"와 "이두"로 써보면 아래와 같다.

　　ぬか た額田
　　누가 다액전　　　(이두인 '액전'자의 종성을 없애면)
　　누가 다애져　　　(이 사투리를 현대인이 알기 쉽게 고치면)
　　누가 다이어 져　　(의 뜻이 된다)

●●● 다애다 : "닿다, 닿이다"의 일본지방 사투리.

2

명치이후 일본정부 산하 조선어 비밀연구원들이 위의 말의 띄어쓰기를 무시하고 함부로 갈라서 아래와 같은 사전적 단어를 만들어 내었다. 사실은 여기서 부터가 백제말(조선말)과 일본말?과의 경계선이다.

　　ぬかた [額田] : 일본제일의 미인.　　(額 : 이마 액, 田 : 밭 전)

3 언어로 확인한 참 역사

●●● 일본인들의 글은 띄어쓰기가 없기도 하지만, 백제말의 허리를 아무 곳이나 잘라서 새 말을 만들었다. 또 일본서기 등을 보면, 일본인들은 한문의 문장으로 바꾸기 어려운 백제 말들을 모두 사람이름, 강 이름, 신의이름, 지방이름, 신사이름, 천황이름

등으로 바꾸어 처리했다. 額田이라는 이름은 일본인들이 원하는 대로 뜻으로 해석해 봐도 '이마, 밭'이라는 말인데, 말도 안 되는 짓을 해놓고 '누가다', '누가다'하고 있다. 어쨌든 그녀는 존재하지 않았던 인물이며 '천지'니 '천무'니 하는 천황도 존재한 적이 없다. 일본정부는 남의 나라 말을 난도질 하고 가공하여, 일본말과 일본역사를 만들어 내었다. 사실이 이러한데도 고맙다거나 로열티를 지불하지는 못 할망정, 몇 번씩이나 쳐들어와 나라를 통째로 빼앗으려고 하지를 않나, 그것도 모자라 독도가 자기들 땅이라고 잔꾀를 부리고 있다. 독도는 말할 것도 없고 일본 땅 전체가 분명 백제 땅이요 한국 땅이다.

- ●●● 위와 같은 방법으로 사람의 이름을 만든 결과 '額'자를 'ぬか'라고 읽고 '田'자를 'た'라고 읽는 웃지 못할 꼴이 되었다. 이런 것을 우리는 지금까지 **"명치식 읽기"**라고 명명해 왔다.
- ●●● '額田'자가 없었다면 'ぬかた'가 원래 무엇을 의미했던 백제 말인지 영영 몰랐을 것이다.
- ●●● 모든 일본말?은 이렇게 만들어졌다.

아버지

1 연구하는 교실
물독에 물동이의 물을 '부어 다오!' 이 말을 일본인들은 사투리로 '부 도-!'라고 했다. 이 말을 일본인들이 주로 사용하는 백제글자와 이두로 써보면 아래와 같다.

    父   とう!   (이 이두에는 제거할 종성이 없으므로 그대로 백세말이다.)
    부   도- ! (이 사투리를 알기 쉽게 고치면)
    부어 다오! (의 뜻이 된다.)

- 부 : '부어'의 사투리.
- 도- : '다오'의 사투리.

2
초대 천황, 명치(1867년 : 고종 15년) 이후 일본정부산하 조선어 비밀연구원들이 위의 말을 함부로 갈라서 아래와 같은 단어를 만들어 내었다. 사실은 여기서 부터가 백제말(조선말)과 일본 말?과의 경계선이다.

    とう [父] : 이 말의 위, 아래에 존칭어 お와 さん을 붙이면
    'おとうさん [お父さん] : 아버지'라는 단어가 된다.   (父 : 아비 부)

3 언어로 확인한 참 역사
- 위 단어는 이두인 '父'자를 정책적으로 뜻으로 해석하여 백제 말 "(부)도-"가 "아버지"라는 뜻이 되었다.
- 위와 같은 방법으로 일본어?의 단어를 만든 결과 '父'자를 'とう'라고 읽는 웃지 못할 꼴이 되었다. 이런 것을 우리는 지금까지 "명치식 읽기"라고 명명해 왔다.
- 다행히 <u>백제 말을 한자로 기록해 놓은</u> '父'자가 없었다면 'とう'가 원래 무엇을 의미했던 백제 말인지 영영 몰랐을 것이다.
- 모든 일본말?은 이렇게 만들어졌다.

이렇게 왜인들은 일상생활에서 백제말을 사용하였다. 그래서 <u>왜인들은 백제왕의 신민</u>이었고, 왜는 <u>백제고을</u>이었다. 고 천명할 수 있는 것이다.

 어머니

1 연구하는 교실

남편이 아내에게 가라고 했던 모양이다. 그랬더니 아이를 셋이나 낳아주고 살림을 이만큼이나 꾸려주었는데 호강은 못 시켜줄 망정 이런 것을 모두 두고 가라니 억울해서도 못 간다. '못 가-!'하고 악을 쓴다. 이 말을 일본인들은 사투리로 '모 까-!'라고 했다. '못'의 'ㅅ'음을 발음하지 못하는 대신 다음 말을 '까'라고 발음하고 있다. (이렇게 발음하는 방법은 다른 말에도 널리 원용되므로 참고 바랍니다.) 이 말을 일본인들이 주로 사용하는 平仮名과 이두로 써보면 아래와 같다.

母 かあ　　(이두한자에 제거할 종성이 없으므로 그대로 백제 말이다.)
모 까 !　　(이 사투리를 알기 쉽게 고치면)
못 가 !　　(의 뜻이 된다.)

●●● 못 가 : '가지 못 하겠다'는 뜻.
●●● 平仮名도 결국은 백제 말을 기록하기 위한 수단임을 명백히 알 수 있다.

2 초대 천황, 명치(1867년 : 고종 15년) 이후 일본정부산하 조선어 비밀 연구원들이 위의 말을 함부로 갈라서 아래와 같은 단어를 만들어 내었다. 사실은 여기서 부터가 백제 말(조선 말)과 일본 말?과의 경계선이다.

かあ[母] : 이 말의 위, 아래에 존칭어 お와 さん을 붙이면
'おかあさん [お母さん] : 어머니'라는 단어가 된다.　　(母 : 어미 모)

3 언어로 확인한 참 역사

●●● 위 단어는 이두인 '母'자를 정책적으로 뜻으로 해석하여 백제 말 "(모) 까"가 "어머니"라는 뜻이 되었다.
●●● 위와 같은 방법으로 일본어?의 단어를 만든 결과 '母'자를 'かあ'라고 읽는 웃지 못할 꼴이 되었다. 이런 것을 우리는 지금까지 "명치식 읽기"라고 명명해 왔다.
●●● 다행히 <u>백제 말을 한자로 기록해 놓은</u> '母'자가 없었다면 'かあ'가 원래 무엇을 의미했

던 백제 말인지 영영 몰랐을 것이다.
- 모든 일본말?은 이렇게 만들어졌다.

 벌건 대낮에

1 연구하는 교실

일본말을 만들 때 모델이 된 말은 "(벌건 대) 낮에 (왜 그 일을) 하고" 이다. 일본인들은 이 말을 **줄**여서 사투리로 "나제 하고"라고 했다. 이 말을 다시 현대 일본인들이 주로 사용하는 "백제글자"와 이두로 써보면 아래와 같다.

    なぜ 何故   (이두한자에 종성이 없으므로 그대로 백제말이 된다)
    나제 하고   (현대인이 알기 쉽게 보완하면)
  (대)낮에 하고   (의 뜻이 된다)

2 명치이후 일본정부산하 조선어 비밀연구원들이 위의 말을 함부로 갈라서 아래와 같은 사전적 단어를 만들어 내었다. 사실은 여기서 부터가 백제 말(조선 말)과 일본 말?과의 경계선이다.

    なぜ [何故] : 왜   (何 : 어찌 하, 故 : 옛 고)

3 이제 켜켜이 묻혔던 과거를 알았으니, 우리의 야심찬 후예들은 일본, 만주를 군림하는 세계 최강의 나라를 계획할 것이다. 이 정도 크기라면 그 안에 일본도, 전라도도, 경상도도, 만주도 다 녹여 한 깃발아래 모이게 할 만 하다.

- 위 단어는 일본정부가 이두인 '何故'자 중, '何'자를 뜻으로 해석하여 "왜"라는 단어 뜻을 추**출**했지만, 우리네가 늘 써왔던 위 문장 속에 "왜"라는 의미가 이미 용융되어 있다.
- 또한 '何故(하고)'자가 없었다면 '나제'가 원래 무엇을 의미했던 백제 말인지 영영 몰랐을 것이다. 따라서 한자의 뜻에 홀리지 말아야 한다.
- 위와 같은 방법으로 일본어?의 단어를 만든 결과 '何故'를 'なぜ'라고 읽는 웃지 못할 꼴이 되었다. 이런 것을 우리는 지금까지 "**명치식 읽기**"라고 명명해 왔다.
- 파생

"(벌건 대)낮에 (왜 그 일을) 하고 가"에서 만들어진 단어

●●● なぜか [何故か] : 왜 그런지, 어쩐지.
 (단 なぜ 옆에 있는 "か"자는 "何故か"와 균형을 맞추려고 만들어 붙인 글자임)
●●● 모든 일본말?은 이렇게 만들어졌다.

 # 아이 노수, 애 노소!

1 연구하는 교실

백제에서 왜로 갈 때, 배가 3대중 1대는 가라앉는다고 하니, 아끼는 마음에 마누라를 데리고 갈 수는 없고, 그래서 혼자 '왜'에 왔는데 날이 갈수록 키 작고, 벌거벗고 다니고, 앞니 탁 튀어 나오고, 말 못하는 원주민이 여자로 보이기 시작했다. '왜'에 온 다른 남자들도 모두 그렇게 생각하다보니 원주민이 임신을 하였지만, 아버지도 모르는 아이로 태어나게 되었고, 말 못하는 어머니처럼 아이도 말을 못하게 되었고 앞니가 탁 튀어 나오고, 키도 작았다. 이런 아이라면 천대 받을 것이 뻔한 일. 그래서 아이를 없애려고 했다. 그러나 그 당시의 의술로는 어림도 없었다. 아이를 지우려면 어머니도 죽어야만 했으니까. 이러지도 저러지도 못 하고 있는데, 동네 아낙들은 덩달아 몸이 달아서 "(이러다가 생사람 잡것네! 그만) 아이 노수, 애 노소"라고 했다. 이 말을 현대 일본인들이 주로 사용하는 백제글자와 "이두"로 써보면 아래와 같다.

あい のす, 愛 の巣!   (이두한자에 종성이 없으므로 그대로 백제말임)
아이 노수, 애 노소!   (이 말은 '아이를 낳으라'는 뜻의 사투리)

••• 위 문장에 쓰인 말들이 과연 '일본말'인가? 아니다. 순수한 백제말이다. 그렇다면 이 백제말을 기록한 "平仮名"이라는 것도 "일본글자"가 아니고 "백제글자"라고 볼 수밖에 없다. 그런데 왜 "일본말"이라고 하는가? 그런데 왜 "일본 글자"라고 하는가? 모두 "백제말"이요, "백제 글자"이다.

2 초대 천황, 명치(1867년 : 고종 15년) 이후 일본정부 산하 조선어 비밀연구원들이 위의 말을 함부로 갈라서 아래와 같은 사전적 단어를 만들어 내었다. 사실은 여기서 부터가 백제말(조선말)과 일본말?과의 경계선이다.

あいのす [愛の巣] : 사랑의 보금자리.   (愛 : 사랑 애, 巣 : 집 소)

3 켜켜이 묻혔던 과거를 캐어냈으니, 후예들은 이 문제를 어떻게 처리할까?

35

- ●●● 위 단어는 "愛の巢"자를 정책적으로 한자의 뜻으로 해석하여, 백제 말 "아이 노수"가 "사랑의 보금자리"라는 뜻으로 바뀌고 말았다.
- ●●● 위와 같은 방법으로 일본어?의 단어를 만든 결과 '愛の巢'를 'あいのす'라고 읽는 웃지 못할 꼴이 되었다. 이런 것을 우리는 지금까지 "**명치식 읽기**"라고 명명해 왔다.
- ●●● '愛の巢'자가 없었다면 'あいのす'가 원래 무엇을 의미했던 백제 말인지 영영 몰랐을 것이다.
- ●●● 파생

  あい [愛] : 사랑, 애정.
  す [巢] : 새 집, 둥지 [이후 '巢'자를 'す'라고 읽게 되었다]

  (일본정부가 백제말을 어떻게 시해 했는지 알 수 있는 매우 중요한 대목이다.)

> 오늘까지 이 글을 읽어 온 글 읽는 이는 우리 교과서에, 일본은 옛날부터 한국 땅이라고 실으면 안 되는지, 묻고 있습니다.

 # 아이노꼬

1 연구하는 교실

앞 회에서 설명한 대로 "아이 노수", 안 그러면 어마이가 죽어요! 이렇게 하여 마침내 키 작고 앞니가 툭 튀어 나온, 원주민과 백제인과의 튀기가 **출**생하게 된다. 그러나 일본말을 만들 때 모델이 된 말은 "가서 놀자! 해! 놀자! (그 결과) 아이 낳고"이다. 이 말을 일본인들은 사투리로 "가 노자! 해! 노자! 아이 노꼬"라고 했다. 이 말을 다시 현대 일본인들이 주로 사용하는 "백제 글자"와 "이두"로 써보면 아래와 같다.

  間 の子! 合い! の子! あい のこ
  간 노자! 합이! 노자! 아이 노꼬   (이두 한자의 종성을 없애면)
  가 노자! <u>하이</u>! 노자! 아이 노꼬   (하이 → '해'의 이두 표현.)
  가 **노자**! **해**! 노자! 아이 노코   (이 사투리를 현대인이 알기 쉽게 고치면)
  가서 놀자!, 해! 놀자!, 아이 놓고   (의 뜻이 된다)

2 새 역사가 잉태되다.

- 아이노꼬 → 아이 놓고 : "아이 낳고"의 일본지방 사투리.
- 위 문장이 뜻하는 바를 구차스럽게 더 설명하지 않아도 충분하다고 본다.
- 위 문장에 쓰인 말들이 과연 '일본말'인가? 아니다. 순수한 백제말이다. 그렇다면 이 백제말을 기록한 "平仮名"이라는 것도 "일본글자"가 아니고 "백제글자"라고 볼 수밖에 없다. 그런데 왜 "일본말"이라고 하는가? 그런데 왜 "일본 글자"라고 하는가? 모두 "백제말"이요, "백제 글자"이다.

3
초대 천황, 명치(1867년 : 고종 15년) 이후 일본정부 산하 조선어 비밀연구원들이 위의 말을 함부로 갈라서 아래와 같은 사전적 단어를 만들어 내었다. 사실은 여기서 부터가 백제말(조선말)과 일본말?과의 경계선이다.

  あいのこ [間の子, 合(い)の子] : 튀기, 혼혈아.

4 이제 새 역사는 한국과 일본에서 어떤 모습으로 전개될까? 이 대목은 죽어서도 궁금하여 내려보게 될 것 같다.

- 위 단어는 이두와 平仮名(=백제글자)을 섞어 쓴, "間の子, 合(い)の子"자 뜻도 그렇지만 "아이 노코"가 직접적으로"튀기"라는 뜻을 의미하고 있다. 여기에서 거듭 밝히지만 "튀기"는 포르트갈이나 영국인 등과의 튀기가 결코 아니다. 백제인과 원주민과의 튀기를 의미한다.

- 위와 같은 방법으로 일본어?의 단어를 만든 결과 '間の子, 合(い)の子'를 'あいのこ'라고 읽는, 웃지 못할 꼴이 되었다. 이런 것을 우리는 지금까지 "명치식 읽기"라고 명명해 왔다.

- 이 결과 다음과 같은 단어가 파생 되었다.

  あい [間] : 사이, 틈.
  あう [合う] : 맞다, 일치하다. [이후 '합(合)'자를 'あ'라고 읽게 되었다]
   こ [子] : 아들 [이후 '子'를 'こ'라고 읽게 되었다.

  (일본정부가 백제말을 시해한 과정을 잘 보여주는 매우 중요한 대목이다)

- '間の子, 合(い)の子'자가 없었다면 'あいのこ'가 원래 무엇을 의미했던 백제 말인지 영영 몰랐을 것이다. 다시 말하면 일본어?의 모든 단어들은 '平仮名(백제글자)'과 '이두 한자'를 함께 읽어야 원래의 백제말 어원과 그 뜻을 확실하게 알아낼 수가 있다.

- 그리고 원주민들이 말을 할 줄 몰랐기 때문에, 백제말의 종성을 발음할 수가 없게 되었고 발음도 크게 달라지게 되었다.

아이 노떼

1 연구하는 교실

일본말을 만들 때 모델이 된 말은 "해! 노세요! 가서 노세요! 사서 노세요! (그 결과) 아이 낳았대!"이다. 이 말을 일본인들은 사투리로 "해! 노수! 가 노수! 사 노수! 아이 노떼!"라고 했다. 이 말을 다시 현대 일본인들이 주로 사용하는 "백제 글자"와 "이두"로 써보면 아래와 같다.

    合い の手, 間 の手, 相 の手, あい のて
    합이 노수, 간 노수, 상 노수, 아이 노떼   (이두한자의 종성을 없애면)
    <u>하이</u> 노수, 가 노수, 사 노수, 아이 노떼   ('하이'는 '해'의 이두 표현)
    <u>해</u>, 노수, 가 노수, 사 노수, 아이 노떼   (현대인이 알기 쉽게 고치면)
    해!, 노세요! 가서 노세요! 사서 노세요! 아이 낳았대!   (의 뜻이 된다)

••• 앞 회에서 소개 된 말과 연계하여 보면 옛 생활상을 한 눈에 볼 수 있겠다. 원주민 딸 애를 사서, 가서, 놀다가 임신까지 했는데, 이를 어쩌나?

① (아이 지우려다가 어미까지 죽겠다. 그만) 아이 노수! (あいのす)
② (그래서) 아이 노꾜! (あいのこ)
③ (다른 동네 아낙들도 '아이 낳았다'는 소문을 듣고 모두 안도하며) 아이 노떼! (あいのて), 했다는 것이다.

그 덕에 원주민의 피를 이은 아이들이 여기저기에서 태어나기 시작했다. 그 아이들은 백제말의 종성을 발음할 수 없었고, 결국은 종성이 없는 平仮名(백제글자)마져 생긴 이후, 일본지방 특유의 사투리가 생겨나게 되었다.

2 초대 천황, 명치(1867년 : 고종 15년) 이후 일본정부 산하 조선어 비밀연구원들이 위의 말을 함부로 갈라서 아래와 같은 사전적 단어를 만들어 내었다. 사실은 여기서 부터가 백제말(조선말)과 일본말?과의 경계선이다.

    あいのて [合いの手. 間の手. 相の手] : 노래 사이에 들어가는 간주.

3 선진국을 넘어서, 일본으로, 만주로...
- 위 단어는 일본정부가 "合いの手. 間の手. 相の手"에 정책적으로 의미를 부여하여 그 뜻이 "노래 사이에 들어가는 간주"로 바뀌고 말았다. 원래의 어원과 동떨어진 뜻이 된 것은 말할 것도 없다.
- 위와 같은 방법으로 일본어?의 단어를 만든 결과 '合いの手. 間の手. 相の手'를 'あいので'라고 읽는 웃지 못할 꼴이 되었다. 이런 것을 우리는 지금까지 "**명치식 읽기**"라고 명명해 왔다.
- '合いの手. 間の手. 相の手'자가 없었다면 'あいので'가 원래 무엇을 의미했던 백제 말인지 영영 몰랐을 것이다. 다시 말하면 일본어?의 모든 단어들은 '平仮名(백제 글자)'과 '이두 한자'를 함께 읽어야 원래의 백제 말 어원과 그 뜻을 확실하게 알아낼 수가 있다.
- 파생

  て [手] : 손   (手 : 손 수)

  (이 단어를 보고, 아하 이래서 "手"자를 "て"라고 읽게 되었구나! 하고 깨달았다면 일본어?가 무엇인가? 하는 새로운 경지에 들어서게 된 것이다.)

- 모든 일본말?은 이렇게 만들어졌다.

도카게

1 연구하는 교실

일본은 2004년 "도카게(とかげ)"를 태풍의 이름으로 사용한 적이 있다. "とかげ"가 자기네 고유 언어라고 여겼던 모양이다. 제목처럼 "도카게"를 "독하게"라고 단언할 수 있는 것은 일본어사전에 "とかげ"와 함께 실려 있는 '이두 한자' 때문이다. 왜 그런지 모델이 된 말을 살펴보면 금방 알 수 있다.

"(잡지도 못 했어요) 스쳤어욧! (그런데) 독하게 (꼬리를 끊고 달아났어요!)"

이 말을 일본인들은 사투리로, 그것도 말을 끝까지 마무리 짓지 못하고 "스쳐서욧! 독하게…"라고만 했다. 거듭 밝히지만, 말을 하지 못하던 원주민 어머니와 백제인의 후예들이 말이 서툴러 의사 표현을 다하지 못하였기 때문이다. 이 말을 다시 현대 일본인들이 주로 사용하던 "백제 글자"와 "이두"로 써보면 아래와 같다.

　　蜥蜴石龍子! とかげ
　　석척석용자! 도카게　　(이두 한자의 종성을 없애면)
　　서처서요자! 도카게　　(이 말을 현대인이 알기 쉽게 고쳐 쓰면)
　　스쳤어욧! 독하게　　　(의 뜻이 된다. 위의 '子'자는 '욧'자의 종성이 되었다)

2 역사를 보는 눈

- 도마뱀의 꼬리를 잡으려던 아이가 꼬리를 끊고 달아나는 도마뱀을 보고 오히려 깜짝 놀라고 흥분해서 '스쳤어욧'하고 외친다. 놀라면 '요'가 '욧'으로 바뀐다는 것을 잘 묘사하고 있다.
- '욧'이 되어야지 왜 '욧'이라고 썼나? 하고 묻지 말자. 이두 한자로 이 정도의 종성을 표기한 것만도 대단한 기지라고 봐야 한다. 또한 당시에는 현대의 문법 개념이 없었을 터이니까…
- 이두로 종성을 표기할 때 '추'자 '수'자, 그리고 위처럼 '자'자 등으로 **활용**했다. 한자에는 'ᄎ, ᄉ, ᄌ'자 등이 없으므로 어쩔 수 없는 선택이라고 하겠다. 그때그때 사용된 예를 설명할 계획이다.

- ●●● 그러나 종성 표기가 어렵고 거추장스러워 종성을 생략한 경우도 많이 있다.
- ●●● 어쨌든 일본어의 어원을 찾을 때는 "平仮名(=백제 글자)"과 "이두 한자"를 함께 읽어야 올바른 어원을 찾아낼 수 있다. '이두 한자'가 '平仮名'이 의도하는 뜻을 확인, 보충해 주는 역할을 해주기 때문이다. 따라서 平仮名만 보고 어원을 찾으면 실패할 경우가 많다. 왜냐하면 平仮名은 '한글'과 달리 音価가 고정되어 있지 않기 때문이다. 예를 들면 'た'의 音価는 '다' '따' '타' 등으로 변한다.

3 초대 천황, 명치(1867년 : 고종 15년) 이후 일본정부 산하 조선어 비밀연구원들이 위의 말을 함부로 갈라서 아래와 같은 사전적 단어를 만들어 내었다. 사실은 여기서 부터가 백제말(조선말)과 일본말?과의 경계선이다.

 とかげ [蜥蜴. 石龍子] : 도마뱀   (蜥 : 도마뱀 석, 蜴 : 도마뱀 척)

4 언어로 확인한 참 역사
- ●●● 위 단어는 "蜥蜴. 石龍子"자를 정책적으로 뜻으로 해석하여 백제 말, '도카게'가 '도마뱀'으로 바뀌고 말았다.
- ●●● 위와 같은 방법으로 일본어?의 단어를 만든 결과 '蜥蜴'와 '石龍子'를 'とかげ'라고 읽는 웃지 못할 꼴이 되었다. 이런 것을 우리는 지금까지 **"명치식 읽기"**라고 명명해 왔다.
- ●●● '蜥蜴. 石龍子'자가 없었다면 'とかげ'가 원래 무엇을 의미했던 백제 말인지 영영 몰랐을 것이다.
- ●●● 조선인(한국인)들이 이두인 **줄** 모르게 '蜥蜴. 石龍子'처럼 가운데 점을 찍어 분리시켜 두었다. 이런 사실을 모르고 우리나라 국어사전들이 하나같이 蜥蜴은 물론 '石龍子'에 '도마뱀'이라는 뜻을 붙여 준 것은 잘못이다.
- ●●● 모든 일본말?은 이렇게 만들어졌다.

 # 辰龍(진룡)

1 연구하는 교실

일본말을 만들 때 모델이 된 말은 "찔리어 탔었다"이다. 이 말을 일본인들은 사투리로 "찔리오 타쓰다."라고 했다. 이 말을 다시 현대 일본인들이 주로 사용하는 "백제글자"와 "이두"로 써보면 아래와 같다.

  辰龍 たつ闥
  진룡 타쓰달 (이두 한자의 종성을 없애면)
  지료 타쓰다. (이합사 '료'자를 풀어 쓰면)
  지리오 타쓰다. (한자에는 "찌"자가 없으므로 "지"자로 대용)
  찌리오 타쓰다. (이 사투리를 현대인이 알기 쉽게 고치면)
  찔리어 탔었다. (의 뜻이 된다)

- 지료→ 지리오 : '찔리어'의 이두 표현.
- 龍(룡)→ 료 : '리오'의 이합사.
- たつ闥(타쓰다) : '탔었다' 또는 '탔다'의 이두.
- "찔리어 탔다"라는 말은 구차스럽게 설명하지 않아도 그 자세를 알 수 있을 것이다.

2

초대 천황, 명치(1867년 : 고종 15년) 이후 일본정부 산하 조선어 비밀연구원들이 위의 말을 함부로 갈라서 아래와 같은 사전적 단어를 만들어 내었다. 사실은 여기서 부터가 백제말(조선말)과 일본말?과의 경계선이다.

 たつ[辰] : ①십이지의 다섯째 ②진시(오전 7시~9시)
   [龍] : 용
   [闥] : 문, 문짝 (闥 : 문지방 달)

3 언어로 확인한 참 역사

- 위 단어는 "辰. 龍. 闥"자를 정책적으로 뜻으로 해석하여 백제 말 "타쓰(다)"가 "용, 진시, 문짝" 등의 뜻으로 바뀌고 말았다.
- 위와 같은 방법으로 일본어?의 단어를 만든 결과 "辰. 龍. 闥"자를 'たつ'라고 읽는

웃지 못할 꼴이 되었다. 이런 것을 우리는 지금까지 "명치식 읽기"라고 명명해 왔다.
- '辰. 龍. 闥'자가 없었다면 'たつ'가 원래 무엇을 의미했던 백제 말인지 영영 몰랐을 것이다.
- 일본인들이 'たつ'를 어떻게 발음하든 간에 어원상으로 보면 "타쓰"라고 발음해야 한다.
- 모든 일본말?은 이렇게 만들어졌다.

 # "소라"가 왜 "하늘"인가?

1 연구하는 교실

일본말을 만들 때 모델이 된 말은 "(정말) 고소해라!"이다. 이 말을 일본인들은 사투리로 "고소라!"라고 했다. 이 말을 다시 현대 일본인들이 주로 사용하는 "백제 글자"와 "이두"로 써보면 아래와 같다.

  空そら
  공소라   (이두인 '공'자의 종성을 없애면)
  고소라!   (이 사투리를 현대인이 알기 쉽게 고치면)
  (정말) 고소해라! (의 뜻이 된다)

- ~라 : 어감에 감탄을 나타내는 맺음 끝.
- 고소라 : "(정말) 고소해라!"의 사투리.

2 초대 천황, 명치(1867년 : 고종 15년) 이후 일본정부산하 조선어 비밀 연구원들이 위의 말의 띄어쓰기를 무시하고 함부로 갈라서 아래와 같은 사전적 단어를 만들어 내었다. 사실은 여기서 부터가 백제말(조선말)과 일본말?과의 경계선이다.

  そら [空] : 하늘 (空 : 하늘 공)

3 언어로 확인한 참 역사

- 위 단어는 이두인 "空"자를 정책적으로, 뜻으로 해석하여 백제말 "(고)소라"가 "하늘"이라는 뜻으로 바뀌고 말았다.
- 위와 같은 방법으로 일본어?를 만든 결과 "空"자를 "そら"라고 읽는 웃지 못할 꼴이 되었다. 이런 것을 우리는 지금까지 "**명치식 읽기**"라고 명명해 왔다.
- "空"자가 없었다면 "そら"가 원래 무엇을 의미했던 백제말인지 영영 몰랐을 것이다.
- 모든 일본말?은 이렇게 만들어졌다.

# 태풍 이름 "쿠지라"에 숨겨진 뜻

1 연구하는 교실

모델이 된 말은 "끼워(서) 구웠지!"이다. 이 말을 일본인들은 사투리로 "껴 꿋지라!"라고 했다. 이 말을 다시 현대 일본인들이 주로 사용하는 "백제 글자"와 "이두"로 써보면 아래와 같다.

```
鯨 くじら!
경 꾸지라!        (이두인 '경'자의 종성을 없애면)
겨 꾸지라!        (한자에는 '껴'자가 없으므로 '겨'자로 대용하고 있음)
껴 꾸지라         ("꾸"의 종성 "ㅅ"을 발음하지 못한 상태)
껴 꿋지라!        (이 사투리를 현대인이 알기 쉽게 고치면)
끼워(서) 구웠지!  (의 뜻이 된다)
```

2 역사를 보는 눈

●●● 鯨(경) → 겨 → 껴 : '끼워'의 이두, 사투리.
●●● 꾸다 → 꿉다 : '굽다'의 사투리.
●●● ~지라 : '~지'의 사투리.
●●● 이른바 平仮名(뜻을 '펴가며'의 의미)으로 백제 말을 기록하고 있으므로 "백제 글자"라고 하는 것이다. 결코 "일본 글자"가 아니다. "일본 말"도 아니다.

3 초대 천황, 명치(1867년 : 고종 15년) 이후 일본정부 산하 조선어 비밀연구원들이 위의 말의 띄어쓰기를 무시하고 함부로 갈라서 아래와 같은 사전적 단어를 만들어 내었다. 사실은 여기서 부터가 백제말(조선말)과 일본말?과의 경계선이다.

```
くじら [鯨] : 고래    (鯨 : 고래 경)
```

●●● 위 단어 "くじら"의 뜻은 이두인 '鯨'자를 정책적으로 뜻으로 해석하여 백제 말 "**꾸지라**"가 "고래"라는 뜻으로 바뀌고 말았다.
●●● 위와 같은 방법으로 일본어?의 단어를 만든 결과 '鯨'자를 'くじら'라고 읽는 웃지

못할 꼴이 되었다. 이런 것을 우리는 지금까지 "**명치식 읽기**"라고 명명해 왔다.
- '鯨'자가 없었다면 'くじら'가 원래 무엇을 의미했던 백제 말인지 영영 몰랐을 것이다.
- 일본인들이 'くじら'를 어떻게 발음하든 간에, 어원으로 보면 "꾸지라"라고 발음 되어야 한다. "쿠지라"가 뭡니까?
- 일본인들이 모델로 삼은 말들이 그러하여 어원 설명이 야하게 되어버리곤 했다. 그러므로 글쓴이를 너무 나무라지 말았으면 하고 부탁드린다.
- 전철을 타면 "ARITAUM"이라는 글을 볼 수 있다. 이 글을 "아리타움"이라고 읽으면 말이 되지 않는다는 것을, 우리는 너무나 잘 알고 있다. 그러나 일본정부는 백제말(한국말)을 이런 식으로 바꾸어 발음해 가고 있다. 한국사람들이 한국말인 **줄** 깨달을까봐 두려워해서 이다. 그리고 이런 정책을 세운 데는 미국에 대한 사대사상도 한 몫하고 있다고 본다.
- 모든 일본말?은 이렇게 만들어졌다.

꾸-새뼈

1 연구하는 교실

일본말을 만들 때 모델이 된 말은 "구어시어 버려"이다. 이 말을 일본인들은 사투리로 "꾸-새뼈"라고 했다. 이 말을 다시 현대 일본인들이 주로 사용하는 "백제 글자"와 "이두"로 써보면 아래와 같다.

    くせ癖
    꾸새벽   (이두인 '벽'자의 종성을 없애면)
    꾸새벼   (한자에는 "뼈"자가 없으므로 "벼"자로 대용)
    꾸새뼈   (이 사투리를 현대인이 알기 쉽게 고치면)
    꾸<u>시어</u> 버려
    구어시어 버려   (의 뜻이 된다)

●●● 꾸다 : '굽다'의 사투리.
●●● ~벼 : '~버려'의 사투리.

2

초대 천황, 명치(1867년 : 고종 15년) 이후 일본정부 산하 조선어 비밀연구원들이 위의 말의 띄어쓰기를 무시하고 함부로 갈라서 아래와 같은 사전적 단어를 만들어 내었다. 사실은 여기서 부터가 백제말(조선말)과 일본말?과의 경계선이다.

    くせ [癖] : 버릇, 습관.   (癖 : 버릇 벽)

3 언어로 확인한 참 역사

●●● 위 단어는 이두인 '癖'자를 정책적으로 뜻으로 해석하여 백제 말 "꾸-새"가 "버릇"이라는 뜻으로 바뀌고 말았다.
●●● 위와 같은 방법으로 일본어?의 단어를 만든 결과 '癖'자를 'くせ'라고 읽는 웃지 못할 꼴이 되었다. 이런 것을 우리는 지금까지 "**명치식 읽기**"라고 명명해 왔다.
●●● '癖'자가 없었다면 'くせ'가 원래 무엇을 의미했던 백제 말인지 영영 몰랐을 것이다.

●●● 일본인들이 'くせ'를 어떻게 발음하든 간에, 어원으로 보면 일본말이라는 것을 감안 하더라도, "꾸-새"라고 발음 되어야 한다. "쿠새"가 뭡니까?
●●● 모든 일본말?은 이렇게 만들어졌다.

아새하

1 연구하는 교실
일본말을 만들 때 모델이 된 말은 "(앞날을) 아시어"이다. 이 말을 일본인들은 사투리로 "아새하"라고 했다. 이 말을 다시 현대 일본인들이 주로 사용하는 "백제 글자"와 "이두"로 써보면 아래와 같다.

あせ汗
아새한　(이두인 '한'자의 종성을 없애면)
아새하　(이 사투리를 현대인이 알기 쉽게 고치면)
아시어　(의 뜻이 된다)

●●● 아새하 : "아시어"의 사투리.

2 초대 천황, 명치(1867년 : 고종 15년) 이후 일본정부 산하 조선어 비밀연구원들이 위의 말의 띄어쓰기를 무시하고 함부로 갈라서 아래와 같은 사전적 단어를 만들어 내었다. 사실은 여기서 부터가 백제말(조선말)과 일본말?과의 경계선이다.

あせ [汗] : 땀　　(汗 : 땀 한)

3 언어로 확인한 참 역사
●●● 위 단어는 이두인 '汗'자를 정책적으로 뜻으로 해석하여 백제 말 '아새'가 '땀'이라는 뜻으로 바뀌고 말았다.
●●● 위와 같은 방법으로 일본어?의 단어를 만든 결과 '汗'자를 'あせ'라고 읽는 웃지 못할 꼴이 되었다. 이런 것을 우리는 지금까지 **"명치식 읽기"**라고 명명해 왔다.
●●● '汗'자가 없었다면 'あせ'가 원래 무엇을 의미했던 백제 말인지 영영 몰랐을 것이다.
●●● 모든 일본말?은 이렇게 만들어졌다.

 "麻生"을 "아소"라고 읽는 이유

1 연구하는 교실

일본말을 만들 때 모델이 된 말은 "마셔요"이다. 이 말을 일본인들은 사투리로 "마새아소"라고 했다. 이 말을 다시 현대 일본인들이 주로 사용하는 "백제 글자"와 "이두"로 써보면 아래와 같다.

    麻生あそ
    마생아소   (이두인 '생'자의 종성을 없애면)
    마새아소   (이 사투리를 현대인이 알기 쉽게 고치면)
    마시어소
    마셔요   (의 뜻이 된다)

••• 마새아소 → 마새아오

2 이 말을 사용하는 家系는 다른 일본인들과 마찬가지로 위의 말의 띄어쓰기를 무시하고 함부로 갈라서 아래와 같은 姓을 만들었다.

    あそ [麻生] : 姓

3 언어로 확인한 참 역사

••• 위와 같은 방법으로 姓을 만든 관계로 "麻生"을 "あそ"라고 읽는 웃지 못할 꼴이 되었다.
••• 이런 것을 우리는 지금까지 "**명치식 읽기**"라고 명명해 왔다.

 끼 주자 傷生酢

1 연구하는 교실

"끼워 주자 싸셨지요" 이 말을 일본인들은 사투리로 "끼주자 싸새쪼"라고 했다. 이 말을 다시 현대 일본인들이 주로 사용하는 "백제 글자"와 이두로 써보면 아래와 같다.

```
きず疵 傷生酢
끼주자 상생초      (이두인 '상, 생'자의 종성을 없애면)
끼주자 사새초      (한자에는 '싸, 쪼'자가 없으므로 '사,초'자로 대용함)
끼주자 싸새쪼      (이 사투리를 현대인이 알기 쉽게 고치면)
끼워주자 싸셨죠    (의 뜻이 된다)
```

- ●●● 끼 : "끼워"의 사투리.
- ●●● 傷生酢(상생초) → 사새초 → 싸새쪼 : '싸셨죠'의 이두, 사투리.

2

초대 천황, 명치(1867년 : 고종 15년) 이후 일본정부 산하 조선어 비밀연구원들이 위의 말의 띄어쓰기를 무시하고 함부로 갈라서 아래와 같은 사전적 단어를 만들어 내었다. 사실은 여기서 부터가 백제말(조선말)과 일본말?과의 경계선이다.

```
きず [疵. 傷] : 상처, 흠.   (疵 : 흠 자, 傷 : 다칠 상)
き-ず [生酢] : 순수 식초.   (酢 : 신맛 나는 초)
```

3 언어로 확인한 참 역사

- ●●● 위 단어는 이두인 '疵. 傷. 生酢'자를 정책적으로 뜻으로 해석하여, 백제 말 "끼 주"가 "상처, 식초"라는 뜻으로 바뀌고 말았다.
- ●●● 위와 같은 방법으로 일본어?의 단어를 만든 결과 '疵. 傷. 生酢'자를 'きず'라고 읽는 웃지 못할 꼴이 되었다. 이런 것을 우리는 지금까지 "명치식 읽기"라고 명명해 왔다.
- ●●● '疵. 傷. 生酢'자가 없었다면 'きず'가 원래 무엇을 의미했던 백제 말인지 영영 몰랐을 것이다.
- ●●● 여기에서 주의해서 봐야 할 대목은 "<u>ず疵 傷生酢</u>"라는 말의 띄어쓰기를 바꾸어 "<u>疵.</u>

傷"이라는 단어를 만들어 내었다는 점이다.
- ●●● 일본인들이 "きず"를 어떻게 발음하든 간에 어원으로 보면 "끼 주"라고 발음해야 한다.
- ●●● 일어 사전은 "疵. 傷"을 "きず"로, "生酢"를 "き-ず"로, 다른 말인 듯 구분하여 실었지만 사실은 같은 맥락에서 나온 말이다.
- ●●● 모든 일본말?은 이렇게 만들어졌다.

이어령님의 "남의 땅 끌어오는 신화"를 읽고

1 연구하는 교실

이어령님은 '남의 땅 끌어오는 신화, 역사로 바꿔서는 안된다.' 제하의 기고문(중앙일보 2005.3/21)에서 '교토의 관광명소의 하나인 이총(耳塚)은 임진왜란 때 왜병들이 도요토미에게 수급 대신 조선인의 귀를 잘라 바쳤던 것을 묻은 무덤입니다. 그러나 사실은 "귀는 두개라 전공을 속일지 모른다 하여 코를 잘라 보내라"고 명했고, 1597년 9월 한 달 전라도 진원과 영광에서 보내온 코가 기록된 '요시가와(吉川)문서'에만 1만400개나 됩니다.'라고 했다.

중략

"신화의 하나가 여러분이 더 잘 알고 있는 '구니비키(國引き-나라 땅 끌어오기)'라는 신화입니다. 기운이 센 '야스카미즈오미즈누노미코토(八束水臣津野命)'의 신이 자기 나라 땅이 너무 좁고 작은 것을 알고 어디 남의 나라 땅을 끌어 올 데가 없나 높은 산 위에 올라 바다너머를 살펴봅니다. 그때 제일 먼저 눈에 띈 것이 바로 '신라의 곶' 땅이었습니다."라는 대목도 있다.

어떻든 간에 "길천(吉川)"은, 기처→귀처, 즉 귀를 처서 묻었다는 뜻이다. 吉川을 '요시가와'라고 읽는 것은 명치이후 어느 때인가, 고쳐서 발음했기 때문이다.

2 이중에 또 흥미를 끄는 부분은 신의 이름이다.

八束 水臣津野命
팔속! 수신진야명   (이두한자의 종성을 없애면)
파소! 수시지야며   (이 사투리를 현대인이 알기 쉽게 고치면)
파소! 쑤셔져야 하며 (라는 뜻이 된다)

위에서 한자로 된 말은 결코 신의 이름이 아니며, 일본말로 처리하기 어려운 백제말을 신의 이름으로 만들어 버린 것에 지나지 않는다. 일본에는 신도, 신화도 없는 나라이다. 위의 예처럼 신도, 신화도 모두 만들어 낸 이야기이기 때문이다. 일본서기에 등장하는 모든 신의 이름들도 모두 위와 같은 내력으로 **출**생하였다.
(앞으로 자세하게 다루어 나갈 것이다)

일본정부는 이런 류의 우화를 만들어 내기 위하여 명치(1867년) 이후부터 1945년 종전될 때까지 약80년 간, 수많은 연구원과 학자를 양성하였다. 아니 지금도 계속 연구해 나가고 있다고 본다. 이들이 한국학자(역사, 국어, 사회 등)들을 배**출**시켰으므로, 한국 학자들에게 지대한 영향을 미쳤음은 주지의 사실이다.

 사무이

1 연구하는 교실

일본말을 만들 때 모델이 된 말은 "삶아, 이~"이다. 이 말을 일본인들은 사투리로 "사무하, 이~"라고 했다. 이 사투리를 보면 "삶아"라고 하기 전에 "사(ㄹ)무하 → 사무하 → 삶하"라고 했다는 것을 알 수 있다. 이런 류의 예는 많이 있다. "사무하, 이~"를 "백제글자"와 "이두"로 써보면 아래와 같다.

　　さむ寒, い~
　　사무한, 이~　　(이두 '寒'자의 종성을 없애면)
　　사무하, 이~　　(이 사투리를 현대어로 고치면)
　　삶아, 이~　　　(의 뜻이 된다)

••• 이~ : 이야기의 흥을 돋우거나 동의를 청하는 도움말.

2 초대 천황, 명치(1867년 : 고종 15년) 이후 일본정부 산하 조선어 비밀연구원들이 위의 말의 띄어쓰기를 무시하며 함부로 갈라서 아래와 같은 사전적 단어를 만들어 내었다. 사실은 여기서 부터가 백제말(조선말)과 일본말?과의 경계선이다.

　　さむい [寒い] : 춥다　　(寒 : 찰 한)

3 언어로 확인한 참 역사

••• 위 단어는 '寒'자를 뜻으로 해석하여, 백제말 '삶아, 이~'가 '춥다'라는 뜻으로 바뀌어져 버렸다. 이렇게 단어를 만든 결과 "寒い"를 "さむい"라고 읽는 웃지 못할 꼴이 되었다. 이런 것을 우리는 지금까지 "명치식 읽기"라고 명명해 왔다.
••• '寒'자가 없었다면 'さむい'가 원래 무엇을 의미했던 백제말인지 영영 몰랐을 것이다.
••• 이 낱말을 이해하면 '사무라이'도 더욱 쉽게 이해할 수 있겠다.
••• 위에서 보듯이 "백제글자"와 "이두"가 한 치의 착오도 없이 걸맞아 들어가므로 일본어는 백제어(조선어)를 이리저리 가공하여 만든 언어?라는 것을 속 시원하게 밝혀주

고 있다.

4 잘못된 역사는 바로잡아야 한다.

●●● 이렇게 왜인들은 일상생활에서 백제말을 사용하였다. 그래서 <u>왜인들은 백제왕의 신민</u>이었고, 왜는 <u>백제고을</u>이었다고 천명할 수 있는 것이다.

●●● 전후 사정이 이러 한데도, 일본정부와 그 어용학자들은 거꾸로, 왜가 백제를 쳐부수고 백제를 신민으로 삼았다고 학생들에게 가르치고 있다. 그리고 왜를 천황이 다스리고 있었다고도 했다. 백제고을에 무슨 천황 같은 것이 있을 수 있었겠는가? 이제 우리는 한·일 간의 역사를 바로잡아야 한다. 바야흐로 그래야 할 시대가 도래해 왔다!

寂淋(저리)

1 연구하는 교실

일본말을 만들 때 모델이 된 말은 "저렇게 삶으시어, 이~. (결국은) 싸버리시어, 이~." 이다. 이 말을 일본인들은 사투리로 "저리 사무시, 이~. 싸비시, 이~"라고 했다. 이 말을 다시 현대 일본인들이 주로 사용하는 "백제 글자"와 "이두"로 써보면 아래와 같다.

寂淋　　さむし，　　い~. さびし，い~.
적림　　사무시，　　이~. 사비시, 이~.　　(이두한자의 종성을 없애면)
저리　　사무시，　　이~. 사비시, 이~.　　(백제글자에는 '싸'자가 없으므로 '사'자로 대용)
저리　　사무시，　　이~. 싸비시, 이~.　　(이 사투리를 현대인이 알기 쉽게 고치면)
저렇게　삶으시(어), 이~. 싸버리시(어), 이~. (의 뜻이 된다)

2 역사를 보는 눈

- 寂淋(저리) : "저렇게"의 이두, 사투리.
- 사무시, 이~ : '삶으시어, 이~'의 일본지방 사투리.
 (이 낱말을 이해하면 다음회 '사무라이'도 더욱 쉽게 이해할 수 있겠다.)
- 사비시, 이~ : '싸버리시어, 이~'의 일본지방 사투리.
- 平仮名으로 백제말을 표기하였으므로 "백제글자"이지, 결코 "일본글자"가 아니다. 일본말도 아니다.
 [위의 말들 중에 "일본말"이라는 것이 한 글자라도 보입니까?]

3 초대 천황, 명치(1867년 : 고종 15년) 이후 일본정부 산하 조선어 비밀연구원들이 위의 말의 띄어쓰기를 무시하며 함부로 갈라서 아래와 같은 사전적 단어를 만들어 내었다. 사실은 여기서 부터가 백제말(조선말)과 일본말?과의 경계선이다.

　　さむしい [寂しい. 淋しい] : 쓸쓸하다. =さびしい
　　　　　　　　　　　　　　　　　(寂 : 쓸쓸할 적, 淋 : 물방울 떨어질 림)

●●● さびしい의 어원은 이렇게 찾지 않으면 찾을 수가 없다.

4 언어로 확인한 참 역사

●●● 위 단어는 특히 '寂'자를 뜻으로 해석하여 '사무시, 이'라는 백제말을 '쓸쓸하다'라는 뜻으로 바꾸어버렸다. 이렇게 단어를 만든 결과 백제말 "寂. 淋"자를 "さむ"라고 읽는 웃지 못할 꼴이 되었다. 이런 것을 우리는 지금까지 "**명치식 읽기**"라고 명명해 왔다.
●●● "寂. 淋" 옆에 있는 "しい"자는 "さむしい"와 균형을 맞추기 위하여 일본의 어용학자들이 의도적으로 갖다 붙인 자이다.
●●● '寂. 淋'자가 없었다면 'さむしい'가 원래 무엇을 의미했던 백제말인지 영영 몰랐을 것이다.
●●● 일본인들이 "さびしい"를 어떻게 읽든 간에 어원상으로 보면 "싸비시-"라고 발음해야 한다. 그리고 이 단어는 사전에서 직접 찾으면 답이 나오지 않는다. 위에서 우리가 해온 것처럼 'さむしい'에서 어원을 찾아야 한다.
●●● 이렇게 모든 일본어는 위와 같이 존칭어로 이루어져 있다고 해도 과언이 아니다. 원주민들은 백제인을 하늘처럼 모셨다.
●●● 모든 일본말?은 이렇게 만들어졌다.

 # 누가 "사무라이"를 "싸울아비"라 했나?

1 연구하는 교실

"싸울아비"가 변하여 "사무라이"라는 말이 되었다. 세상에 이처럼 근거도 없고 말도 안 되는 헛소문을 퍼뜨려, 그 말이 사실인 것처럼 만든 장본인은 도대체 누구인가? 그리하여 "사무라이"가 "무사"라는 뜻을 가졌다고 인정해 준 꼴이 되어버리지 않았는가? 그리고 또 "백제말과는 다른 "일본어"라는 것이 있다는 듯 인정해준 결과가 되어 버리지 않았는가? "사무라이"와 "싸울아비"는 발음자체부터 완전히 다르다. 그런데도 어떤 사람은 "싸울아비"라는 영화도 만든다고 들었다. "사무라이"에는 "武士"라는 뜻이 조금도 없다.

"사무라이"라는 말을 만들 때 모델이 된 말은 "시, 무시어 삶으라, 이~"이다. 이 말을 일본인들은 더 심한 사투리로 "시, 무사 사무라, 이~"라고 했다. 일본인들이 "삶으라"라는 발음을 하는 것은 영원한 꿈이다. 이 말을 다시 현대 일본인들이 주로 사용하는 "백제 글자"와 "이두"로 써보면 아래와 같다.

   侍, 武士 さむら, い~.　(이두한자에 종성이 없으므로 그대로 백제말이다)
   시, **무사** 사무라, 이~.　(이 사투리를 현대인이 알기 쉽게 고치면)
   X, **무시어** 삶으라, 이~.　(의 뜻이 된다)

- 시 : 여성기의 옛 이름.
 '侍'라고 쓰기도 하고 '神'이라고 표기하기도 했다. 이외에도 다양한 이두표기 방법이 있다.
- 武士(무사) → (깨)물어시어 : '무시어'의 이두, '무시어'의 **줄인** 말.
- 사무라 : '삶으라'의 일본지방 사투리.
- 이~ : 이야기의 흥을 돋우거나 동의를 청하는 도움말.

2 초대 천황, 명치(1867년 : 고종 15년) 이후 일본정부 산하 조선어 비밀연구원들이 위의 말의 띄어쓰기를 무시하며 함부로 갈라서 아래와 같은 사전적 단어를 만들어 내었다.

사실은 여기서 부터가 백제말(조선말)과 일본말?과의 경계선이다.

さむらい [侍] : 武士(무사)   (侍 : 모실 시)

3 언어로 확인한 참 역사

••• 위 단어는 이두인 "侍, 武士(시, 무시어)"라는 문장을 억지로 분리하여 단어의 뜻, 즉 '무사'라는 의미로 만들어버렸다. 어떻게 '삷으라, 이~'라는 백제 말이 '무사(武士)'라는 뜻이 될 수 있는가? 이런 것도 비극이라고 하면 엄청난 '비극'일 것이다. 아니, 일본정부와 그 어용학자들이 만들어 낸 **지구상 최고의 '희극'**이다.

••• 이와 같은 방법으로 일본어의 단어를 만든 결과 '侍'자를 '**さむらい**'라고 읽는 웃지 못할 꼴이 되었다. 이런 것을 우리는 지금까지 "**명치식 읽기**"라고 명명해 왔다.

••• '侍. 武士'자가 없었다면 'さむらい'가 원래 무엇을 의미했던 백제말인지 영영 몰랐을 것이다. 다시 한 번 강조하지만 왜나 백제에서 '**무사**'를 '**사무라이**'라고 말한 적이 없다. 그리고 兵이나 卒이면 몰라도 '武士'라는 말 자체도 없었다. 국어사전에 있는 '武士' 의 뜻을 한 번 찾아보자.

武士 : 지난날, 武道를 닦아서 武事에 종사하던 사람, 싸울아비.

이처럼 兵卒과 武士는 그 격이 다르다. (싸울아비가 사전에도 올라 있다. 이제 이런 말은 사용하지 말자! 사무라이도 사용해선 안 되겠다.) 이제 일본의 역사 전체가 거짓이라는 사실을 깨달을 때가 되었다. 백제고을에 왠 "천황"이라는 것이 있을 수 있다는 말인가?

••• 모든 일본말?은 이렇게 만들어졌다.

野武士

1 연구하는 교실

일본말을 만들 때 모델이 된 말은 "야무시어야 부어 넣어버리셔"이다. 이 말을 일본인들은 사투리로 "야무사야 보 노부시"라고 했다. 이 사투리를 현대 일본인들이 주로 사용하는 平仮名['(뜻을 실어) 펴가며'의 의미 : 훈민정음을 보고 배운 후 만들어 붙인 이름이라고 판단 됨]과 이두로 써보면 아래와 같다.

    野武士野   伏   のぶし
    야무사야   복   노부시   (이두인 '복'자의 종성을 없애면)
    야무사야   보   노부시   (이 사투리를 현대인이 알 수 있게 고치면)
    야무시어야 보어 넣(어)버리시어   (의 뜻이 된다.)

2 역사를 보는 눈

- 야무사야(野武士野) : '야무시어야'의 줄인 말. 이두.
- 야물다 : 굳고 단단하다.
- 보(伏) : '부어'의 사투리. 이두.

   다른 예 (覆盆子 : 한방에서 '복분자 딸기의 열매'를 약재로 이르는 말.)
      '보부자'라는 뜻이며 '부어버리자'의 사투리이다. "복분자"가 정력에 **좋**다고 하는 이유는 우리말, 이두를 보면 그 이유를 잘 알 수 있다. 그리고 한자를 뜻으로 새겨 "동이를 넘어뜨릴 정도로…" 어쩌구 하는 설명은 식자우환의 표본이라고 할 만 하겠다.
      (覆 : 엎을 복, 盆 : 동이 분, 子 : 아들 자)

- 노 : '넣어'의 일본지방 사투리.
- ~부시 : '~버리시어'의 사투리.
- 노부시(のぶし) : '넣어버리시어'의 일본지방 사투리.

이 말을 보면 平仮名도 결국 백제 말을 기록하기 위하여 만들어 낸, "**백제 글자**"라는 것을 명백히 알 수 있다.

3 초대 천황, 명치이후 일본정부 산하 조선어 비밀연구원들이 위의 말의 띄어쓰기를 무시하고, 함부로 갈라서 아래와 같은 사전적 단어를 만들어 내었다. 사실은 여기서 부터가 백제 말(조선 말)과 일본 말?과의 경계선이다.

のぶし [野武士] : 鎌倉(かまくら), 室町(むろまち)시대에 산야에 숨어 살면서 패잔병들의 무기를 빼앗아 무장한 무사, 토민의 집단, 또는 산적의 무리.
[野伏] : 산야에서 노숙하며 수행하는 중   (野 : 들 야, 伏 : 엎드릴 복)

4 언어로 확인한 참 역사

- 위 단어의 뜻은 일본정부가 만들어 낸 **새빨간 거짓말**임을 우리는 이미 알고 있다. 왜냐하면 위에서 보듯이 '野伏'이라는 말은 백제 말의 띄어쓰기를 무시하여 조작해낸 말이므로 '노숙하며 수행하는 중'이 있을 수 없으며, 武士라는 말은 '야무사 → 야무시어'라는 뜻을 나타내는 이두이므로 鎌倉(かまくら), 室町(むろまち)시대에 '무장한 무사'나 '산적의 무리' 같은 것은 있을 수가 때문이다. 일본정부는 일본의 모든 역사를 책상 위에서 만들어 내었다는 것을 단적으로 알 수 있다.
- 어쨌든 위와 같이 단어를 만든 결과 野武士를 のぶし라고 읽는 웃지 못할 꼴이 되었다.
- 그리고 우리는 여기에서 일본사람들이 왜 野자를 'の(노)'라고 읽고, 武자를 'ぶ(부)'라고 읽으며, 士자를 'し(시)'라고 읽는지 그 이유를 알게 되었다. 여기 쯤 오게 되면 우리는 더 웃지도 못하고 비통한 심정이 되고 만다.
- 또 한 가지 깨달은 사실은, 일본어 사전에 나오는 한자들은 이두이므로 平仮名으로 쓴 백제 말과 함께 읽어야 본래의 백제 말이 의미하는 뜻을 명확하게 알 수 있게 된다. 마치 부러진 칼을 맞추어 부자관계를 확인 했듯이 한 치의 오차도 없이 맞아들어 가게 된다. 野武士나 のぶし 그리고 野伏 중 어느 한 쪽만 있었다면 원래의 백제 말이 의미하는 뜻을 영영 몰랐을 것이다.
- 이런 것이 일본 말이다.

5 허망한 미래는 나라를 망친다.

이런 엄청난 일을 일개 학자의 의지만으로 조작해 낼 수 없는 일.

지금도 일본정부와 학자?들이 혼연일체가 되어 끊임없는 거짓말 역사를 만들어 내며 한국의 재 지배를 노리고 있다. 100년이 모자라면 200년 후에... 이런 음모를 꾸미면서도 일본의 지식인? 중 어느 누구도 일본의 역사가 엉터리라고 폭로하는 자가 없다. 정말로 신기할 정도다.

 옛 일본은 왜 백제의 고을인가?

1 문제의 제기

근세에 와서 일본에게 합병 당했던 일은 감당할 수없는 치욕이었다. 그러나 일본은 요즘에 와서도 한국에 대한 야욕을 버리지 못하고 독도가 자기네 땅이라고 우기고 있다. 그러므로 또 다시 수치나 수탈을 당하지 않으려면, 어떤 나라가 공략해 와도 흔들림 없는 대비가 있어야 함은 말할 것도 없다. 문제는 일본이 조선을 합병했던 일을 계기로 한국은 고대부터 임나일본부를 통하여 일본의 지배를 받았던 나라라고 주장하고 있는 사실이다.

뿐만 아니라 광개토 대왕비에 '왜가 신묘년(서기 391년)에 바다를 건너와 백제와 신라를 파하고 신민으로 삼았다'고 기록되어 있다고 주장하기도 한다.

또 일본서기에서 백제왕이 일본왕에게 굴욕스럽게도 칠지도를 헌납했다면서 그 칼을 자기네 창고에 보관하고 있다. 심지어는 신라 神을 엄지손가락 만하게 묘사하여 "산짐승 가죽으로 만든 배를 타고, 굴뚝새 깃털로 만든 옷을 걸치고 있었다. 일본 神은 그 모습이 하도 신기하여 신라 神을 손으로 집어 손바닥에 올려놓고 놀았다"고 조롱하고 있다. 일본정부가 이런 식으로 묘사한 한국비하는 헤아릴 수 없이 많다. 그런데도 한국 학자나 교수들은 옛날 일을 옛날로 가서 확인할 수도 없고 마땅한 물증이 있는 것도 아니다 보니 속 시원한 반박 한번 못해 왔다. 그냥 '그런 것이 아니다'만 되풀이 하다 보니 한국 교수들이 오히려 생떼만 쓰는 꼴이 되었다. 그러므로 일본은 옛날부터 지배해온 한국을 또 쳐들어간다고 해도 일본의 땅을 찾기 위한 당연한 귀결이라는 논리를 내세우려는 속셈이다.

따라서 글쓴이는 이런 류의 일본의 주장이 사실과 다르며, 특히 일본서기는 일본의 역사서가 아니라 일본이 조작해 낸 3류 소설이라는 것을 입증하고자 했다. 그래서 한국 사람들이 미래에 겪을지도 모르는 참혹한 전쟁을 미연에 방지할 수 있기를 기대하면서 이글을 썼다.

2 이론적 배경

① 일본어사전에 나오는 한자는 모두가 우리말을 한자로 기록한 이두이다. 그러나 우리말에는 한자로 표기할 수 없는 발음들이 많다. 그래서 先賢들은 이런 音들을 다른 音으로 대치하여 사용하였다.

(예. 가) 따 : '타' 혹은 '다'
       빠 : '파' 혹은 '하'
       찌 : '치' 혹은 '지' 等

       쓰 : ㅅ
       ㄲ : 'ㅋ' 혹은 'ㄱ'
       ㅂ : ㅇ 等等

(예. 나) 특히 '며' '으' 등은 한자 '명'자나 '응'자의 종성을 없애고 읽었다. 훈민정음 원문 해설에서도 '으' 발음을 설명할 때 '応'자의 종성을 발음하지 않으면 '으'자가 된다고 했다.

(예. 다) 이 결과 '이'자의 경우, 글자가 많이 있지만, '일'자의 종성을 없애고 '이'자로 읽은 경우도 있다. 그래서 모든 이두한자는 종성이 있으면 종성을 없애고 읽었다. 그런데 '角'자 등의 경우에는 '가꾸'라고 읽어서 종성을 연철시키듯 하기도 했다. 물론 일본의 원주민 어머니가 말을 할 줄 몰랐던 관계로 그 후손들이 말을 배우지 못하여 종성을 발음하지 못한 탓도 있다. 그런데 반대로 꼭 종성을 표기해야 할 경우에는 先賢들은 어떻게 하였을까? 이미 설명해 온 것처럼 한자에는 ㅅ, ㅈ 등을 표기할 수 있는 한자는 없다. 그래서 부득이 수, 사, 자, 파, 字 등을 종성으로 활용하였다.

② 明治 때 '일본어'라는 것을 만들 때 한 개의 문장, 혹은 2~3개의 문장에서 '백제말(조선말)'의 머리를 떼어내거나 꼬리를 떼어내어 만들었다. 그런데 떼어낸 백제말(조선말)은 다행히 이두한자로 남겨 두었으므로 백제말의 원형을 찾고 싶을 때는 이두한자와 平仮名(백제 글자)을 함께 읽으면 된다.

③ '平仮名(평가명)'도 종성을 없애고 읽으면 '(신민의 뜻을) 펴 가며'라는 뜻이 된다. 훈민정음을 보고 흉내 낸 듯하다. 이 사실을 입증이라도 하듯 平仮名을 한자의 뜻으로 해석해 봐도 신통한 뜻이 없다.

④ 일본어의 원형을 찾아보면 한국 전국의 사투리가 망라되어 있다는 것을 알 수 있다. 그러므로 일본어의 어원을 캐려면 한국의 사투리를 잘 이해해야 한다.
⑤ 일본의 고서중에는 명치 이전에 만들어진 책에도 이른바 '일본 글자'라는 것이 나오기도 한다. 이것은 명치이전에도 일본 글자라는 것이 있었다는 것을 의미하는 것이 아니다. 광개토대왕의 비도 감쪽같이 고쳐 놓는 사람들이니까, 책상 앞에 놓여 있는 옛날 책들을 고쳐 놓는 일은 어렵지 않았을 것이다. 일본정부란 이런 정부이다.

3 연구 결과(이미 많은 예를 제시했으므로 하나만 들고자 한다)
① きみ
모델이 된 말은 "(~를) 구기면서"이다. 이 말을 일본인들은 사투리로 "구기미"라고 했다. 이 말을 다시 현대 일본인들이 주로 사용하는 "백제 글자"와 "이두"로 써보면 아래와 같다.

 君きみ
 군기미 (이두인 '군'자의 종성을 없애면)
 구기미 (이 사투리를 현대인이 알 수 있게 고치면)
 구기면서 (의 뜻이 된다.)

••• ~미 : '~면서'의 사투리.
••• '君'자는 이두이므로 그 뜻에 현혹되지 말 것.

② 명치이후 일본정부 산하 조선어 비밀연구원들이 위의 말의 띄어쓰기를 무시하고 함부로 갈라서 아래와 같은 사전적 단어를 만들어 내었다. 사실은 여기서 부터가 백제 말(조선말)과 일본말?과의 경계선이다.

 きみ [君] : ①임금 ②자네, 그대. (君 : 임금 군)

③ 언어로 확인한 참 역사
••• 위 단어 'きみ'의 뜻은 이두인 "君"자를 정책적으로 뜻으로 해석하여, 백제 말, '(구)기

미'가 '임금'이라는 뜻으로 바뀌고 말았다.
- ••• 위와 같은 방법으로 일본어?의 단어를 마든 결과 '君'자를 'きみ'라고 읽는 웃지 못할 꼴이 되었다. 이런 것을 우리는 지금까지 "명치식 읽기"라고 명명해 왔다.
- ••• 그러므로 부러진 칼로 부자관계를 확인하듯, "백제 글자"와 이두가 한 치의 착오도 없이 걸맞아 들어가므로 일본말이라는 것은 바로 백제 말이다.

(양주동 천재 박사의 이두는 이두가 아니다. 양주동 박사의 이두로는 '현대일본어 사전'이나 '일본서기' 등을 지금까지 해석해 보인 것처럼 명쾌하게 해석해 낼 수가 없다. 실지로 그런지 글 읽는 이들이 확인해 보면 알 수 있다. 그러다 보니까 지금까지 어떤 분도 '일본서기' 등을 해석한 적이 있을 수 없었다)

4 결론

옛 일본(倭)은 백제의 한 고을에 불과했다. 물론 부여보다 작은 고을이었다. 그 백성은 백제왕의 신민이었다. 그들은 일상생활에서 백제말을 사용했다. 일본말?같은 것은 존재한 적도 없었다. 일본 글자 같은 것도 존재한 적이 없었다. 백제 글자이다. 그리고 절대로 독자 국가가 아니었다. 그런데 어떻게 "왜"가 바다를 건너 와서 백제를 쳐부술 수가 있었겠는가?

일본정부의 생각으로는 광개토대왕의 비를 남모르게 고쳐 놓으면 옛날 일을 누가 알 수 있을까? 했겠지만 이제 만천하에 만행이 들어나고 말았다. 그런데도 우리나라 학계는 아직도 "왜"가 독자 국가였으며 옛날부터 천황이 다스렸던 나라, 라고 하고 있으니, 이를 어찌 하랴? 백제고을에 무슨 천황이 있을 수 있었겠는가? 명치가 초대 천황이다.

 # 혹시 "九 州"의 이두 뜻을 아십니까?

1 연구하는 교실

일본말을 만들 때 모델이 된 말은 "끼우세요!"와 "구워 줘!"이다. 이 말을 일본인들은 사투리로 "끼우슈"와 "구 주"라고 했다. 이 말을 다시 현대 일본인들이 주로 사용하는 "백제 글자"와 "이두"로 써보면 아래와 같다.

  きゅうしゅう! 九 州!　(이두한자에 종성이 없으므로 그대로 백제말이다)
  뀨　　슈 ! 구 주!　　(이 사투리를 현대인이 알기 쉽게 고치면)
  끼우 시우! 구워 주!
  끼우세요! 구워 줘!　　(의 뜻이 된다)

- 이른바 平仮名(뜻을 '펴가며'의 의미)으로, 백제 말을 기록하고 있으므로 "**백제 글자**"라고 하는 것이다. 결코 "일본 글자"가 아니다. "일본 말"도 아니다.
- 백제에서 옛 일본을 들르는 길목에서 きゅうしゅう 마을 사람들은 백제 본토인을 이렇게 맞이했다.

2 초대 천황, 명치(1867년 : 고종 15년) 이후 일본정부 산하 조선어 비밀연구원들이 위의 말의 띄어쓰기를 무시하고 함부로 갈라서 아래와 같은 사전적 단어를 만들어 내었다. 사실은 여기서 부터가 백제말(조선말)과 일본말?과의 경계선이다.

  きゅうしゅう [九 州] : 일본 서남부의 섬 이름.

3 언어로 확인한 참 역사

- 일본인들은 "끼우시우"와 "구 주"라는 백제 말을 그대로 사용할 수가 없어서 '섬 이름'으로 바꾸어 버렸다.
- 위와 같은 방법으로 일본어?의 단어를 만든 결과 '九 州'를 'きゅうしゅう'라고 읽는 웃지 못할 꼴이 되었다. 이런 것을 우리는 지금까지 "**명치식 읽기**"라고 명명해 왔다.
- '九 州'자가 없었다면 'きゅうしゅう'가 원래 무엇을 의미했던 백제 말인지 영영 몰랐을 것이다.

●●● 일본인들이 'きゅうしゅう'를 어떻게 발음하든 간에, 어원으로 보면 "규슈"라고 발음되어야 한다. "규슈"가 아니다. "큐슈"도 아니다.
●●● 파생

 きゅう [九] : 9, 아홉.

9(아홉)가 여기에서 파생된 말이었다니, 이 사실을 발견한 후, 그 감동은 이루 말할 수 없었다.

●●● 모든 일본말?은 이렇게 만들어졌다.

 # 이따 주라

1 연구하는 교실

일본말을 만들 때 모델이 된 말은 "또 (좀) 있다가 주어라"이다. 이 말을 일본인들은 사투리로 "또 이따 주라"라고 했다. 이 말을 다시 현대 일본인들이 주로 사용하는 "백제 글자"와 "이두"로 써보면 아래와 같다.

  徒 いた ずら (이두한자에 종성이 없으므로 그대로 백제 말이다)
  도 이따 주라 (한자에는 '또'자가 없으므로 '도'자로 대용)
  또 이따 주라 (이 사투리를 현대인이 알 수 있게 고치면)
  또, 좀 있다가 주어라! (의 뜻이 된다)

2 사색하는 교실

- '徒'자는 이두이므로 그 뜻에 현혹되지 말 것.
  '도'자로 쓰였지만 '또'자로 읽을 줄 아는 혜안이 필요하다. 물론 '도'자 대신에 '토'자를 쓸 수도 있다. (이 이두 해석방법은 다른 자에도 원용되므로 항상 주의해야 한다) 또 한 가지 주의할 점은 '연철'이다. 일본에서는 초기로 갈수록 이두한자의 종성까지 표기하려고 애 쓴 흔적이 있다. 그래서 위에서 아래로, 심지어는 아래에서 위로 연철시킨 경우도 있다. 후기로 갈수록 불편하고 어려우니까 종성을 표기하지 않는 경우가 늘어가는 경향이다. 이런 점만 주의 한다면 이두는 한글처럼 쉽다.
- 이따 : "있다가"의 준말, 사투리 : 조금 지난 뒤에.
- 또래의 아이들이 놀이를 하는 중에, 무엇을 달라고 할때 제 때 주지 않고 조금 지난 뒤에 주면 약 올라 하는 모습이 고소하여 이런 장난을 했다.
- 훈민정음을 "조선 글자"라고 한다면, 平仮名('펴 가며'의 의미)은 사실 일본 글자가 아니고 백제글자이다.

3 초대 천황, 명치(1867년 : 고종 15년) 이후 일본정부 산하 조선어 비밀연구원들이 위의 말의 띄어쓰기를 무시하고 함부로 갈라서 아래와 같은 사전적 단어를 만들어 내었다. 사실은 여기서 부터가 백제말(조선말)과 일본말?과의 경계선이다.

いたずら [徒] : 쓸데없음.　 (徒 : 헛될 도)
　　　　　[惡戲] : 장난.

4 언어로 확인한 참 역사

- 위 단어는 이두인 "徒"자를 정책적으로 뜻으로 해석하여 백제 말, '이따주라'가 '쓸데없음'이라는 뜻으로 바뀌고 말았다. 또 한 가지 '이따주라'의 뜻인 '장난'을 '惡戲'라고 표현했지만 이것은 '이두'가 아니다. 일본에서 당시에 '(짓궂은) 장난'을 묘사할 마땅한 말이 없어서 '惡戲'라고 했을 뿐이다. 한자를 (이두로 사용하지 않고) 뜻으로 사용한 것을 보면 <u>일제시대 때 만들어 진 말이라고 판단된다</u>. '무라사끼'는 '무러 재끼'라는 사투리에서 나온 말인데, 시퍼렇게 멍든 것을 '紫(자줏빛 자)'라고 표기한 것도 같은 맥락이라고 본다.

  다른 예를 하나 더 든다면 "(앞을) <u>모아</u>에 → <u>마에</u>"에서 비롯된 말의 뜻을 '前'자로 표기한 예가 있다. 이것은 당시에 '앞'이라는 마땅한 말이 없었기 때문에 한자를 뜻으로 새겨서 '前'자로 대신할 수밖에 없었다.

- 위와 같은 방법으로 일본어?의 단어를 만든 결과 '徒'자를 'いたずら'라고 읽는 웃지 못할 꼴이 되었다.
- '徒'자가 없었다면 'いたずら'가 원래 무었을 의미했던 백제말인지 영영 몰랐을 것이다. 이런 것을 우리는 지금까지 **"명치식 읽기"**라고 명명해 왔다.
- 모든 일본말?은 이렇게 만들어졌다.

海地獄

1 연구하는 교실

모 방송국에서 규슈(굳이 '규슈'라고 쓰는 이유는 앞 회에서 설명했음)의 온천을 취재하면서, 이 좋은 온천을 왜 모두 '지옥'이라고 간판하느냐고 물으니까, 김이 서려서 올라가는 모습이 지옥을 연상하게 하기 때문이라고 했다고 한다. 세상에 온천을 '지옥'이라고 표현하는 나라는 어디에도 없다. 그러니까 취재 기자는 그럴듯하지도 못한 거짓말에 속아 넘어가고 만 것이다.

일본말을 만들 때 모델이 된 말은 "해 줘"이다. 이 말을 일본인들은 사투리로 "해 조"라고 했다. 이 말을 다시 현대 일본인들이 주로 사용하는 "이두"로 써보면 아래와 같다.

 海 地獄
 해 지옥 (이두인 '옥'자의 종성을 없애면)
 해 지오 (현대인이 알기 쉽게 고쳐 쓰면)
 해 죠!
 해 줘! (의 뜻이 된다)

●●● 地獄(지옥) → 지오 → 죠 : '줘'의 이두 표현, 사투리.
 그렇다면 다른 '地獄'들도 살펴 볼 필요가 있다.
●●● ガマド 地獄 (가마도 지옥) → 가마도 지오 → 가마도 죠! → 감아도 줘!
●●● 龍卷 地獄 (용권 지옥) → 요귀 지오 → 요거 죠! → 요것 줘!
●●● 血の池 地獄 (혈노지 지옥) → 혀 노지 죠! → 혀 노지, 줘!

이 글을 이해하기 위하여 다른 설명이 더 필요하지 않으리라고 본다. 아하! 그랬었구나! '地獄'이 아니라 바로 '天國'이었었구나! 그렇다면 한자로 쓰인 '일본서기'도 '이두'로, '백제 말'로 읽어야 겠구나!

이런 생각이 들었다면, 그 때부터 글 읽는 이 여러분도 지금까지 알고 있던 일본의 역사는 전부 조작된 역사라는 사실을 깨닫게 된 것이다. 또한 '일본서기'는 일본의 역사책이 아니라 재미있는 백제의 "깨물어"이야기라는 사실도 깨닫게 된 경지에 들어서게 된 것이다. 앞으로 기회가 닿으면 '만엽집'은 물론, 고사기, 일본서기 등도 부분 부분 백제, 고구려, 신라와 관련이 있는 글을 골라서 소개할 계획이다. 무엇보다 중요한 것은 현대 일본에 이렇게 버젓이 간판을 걸어 놓고 영업을 하고 있으니 여기가 백제 땅, 아니 한국 땅이었다는 사실을 믿지 않으려 해도 믿지 않을 수가 없을 것이다. 일본의 역사는 곧 백제의 역사이니만큼 우리역사요, 우리 문화이며 우리 땅이다. 독도는 말할 것도 없다.

 # 또 니 가구

1 연구하는 교실

일본말을 만들 때 모델이 된 말은 "(좋은 일이 있으면 좌우당간) 또 니(가) 가구, (나는) 또 못 가구"이다. 이 말을 일본인들은 사투리로 "또 니 가구, 또 모 가구"라고 했다. 이 말을 다시 "백제 글자"와 "이두"로 써보면 아래와 같다.

(1) 글자별 의미

  と に かく, と も かく (백제 글자)
  또 니 가구, 또 모 가구 (조선 글자)
  또 니(가) 가구, 또 못 가구 (백제나 조선, 글자만 다르고 뜻은 같다)

(2) 이두의 의미

 兎に角, 兎も角
 토니각, 토모각   (이두인 '각'자의 종성을 없애면)
 토니가구, 토모가구 (한자에는 '또'자가 없으므로 '토'자로 대용함)
 또니가구, 또모가구 (이 사투리를 현대인이 알기 쉽게 고치면)
 또 니(가) 가구, (나는) 또 못 가구 (의 뜻이 된다)

●●● 일본어로는 '못'자를 쓸 수 없으므로 종성을 생략하고 그냥 "모(も)"라고 썼다.
●●● 한자에는 '또'자가 없으므로 '토'자 대신에 '도'자로 대용할 수도 있다. 이런 예는 뒤에서 계속 나오므로 주의해야 한다. 또 다른 예로서, '짜'자 대신에 '차'나 '자'로 대용할 수도 있다는 것을 자연스럽게 알 수 있다.

2

명치이후 일본정부 산하 조선어 비밀연구원들이 위의 말의 띄어쓰기를 무시하고 함부로 갈라서 아래와 같은 사전적 단어를 만들어 내었다. 사실은 여기서 부터가 백제말(조선말)과 일본말?과의 경계선이다.

 とにかく [兎に角] : 좌우당간 (=ともかく)

3 언어로 확인한 참 역사

●●● 위 단어는 이두 한자나 그 뜻 모두가 한국말로 구성되어 있다고 볼 수 있다.
●●● 결과적으로 봐도 "とにかく"는 우리말로 "또 니 가구"를 기록하려고 했다는 사실을 알 수 있다. 글자만 다를 뿐이다. 그러므로 平仮名을 일본글자가 아닌 "백제글자"라고 하는 것이다.

 # 요꼬 하마

1 연구하는 교실

항구 도시인 "요꼬하마"의 모델이 된 말은 "(지금 하고 있는 것) 요것 하고 나면 빼버려"이다. 이 말을 일본인들은 사투리로 "요꼬 하마, 빼비"라고 했다. "요고"라는 말이 그렇게 어려웠던가? "요꼬"라고 하게…? 어쨌든 이 말을 다시 현대 일본인들이 주로 사용하는 "백제 글자"와 "이두"로 써보면 아래와 같다.

  よこ はま, 横浜
  요꼬 하마, 횡빈   (이두 한자의 종성을 없애면)
  요꼬 하마, 회비   (한자에는 '빼'자가 없으므로 '회'자로 대용하고 있다)
  요꼬 하마, 빼비   (이 사투리를 현대인이 알기 쉽게 고치면)
  요고 하마, 빼비
  요것 하면 빼버려   (의 뜻이 된다)

●●● 요꼬 → 요고 : '요것'의 사투리.
●●● 요고 : '이것'을 얕잡거나 귀엽게 또는 축소하여 일컫는 말.
●●● 하마 : '하면'의 사투리.
●●● 빼비 : '빼버려'의 사투리.
●●● 일본어의 어원을 찾을 때는 위에서처럼 "平仮名(=백제 글자)"과 "이두 한자"를 함께 읽어야 올바른 어원을 찾아낼 수 있다.

2 명치이후 일본정부 산하 조선어 비밀연구원들이 위의 말을 함부로 갈라서 아래와 같은 사전적 단어를 만들어 내었다. 사실은 여기서 부터가 백제말(조선말)과 일본말?과의 경계선이다.

  よこはま [横浜] : 서울과 인천처럼 동경에 가깝다. 불평등 조약으로 개항된 사실도 동일함.
               (横 : 가로 횡, 浜 : 물가 빈)

3 언어로 확인한 참 역사

●●● 위와 같은 방법으로 일본어?의 단어를 만든 결과 "橫浜"자를 'よこはま'라고 읽는 웃지 못할 꼴이 되었다. 이런 것을 우리는 지금까지 "**명치식 읽기**"라고 명명해 왔다.

●●● '橫浜'자가 없었다면 'よこはま'가 원래 무엇을 의미했던 백제 말인지 영영 몰랐을 것이다.

●●● '요고'라는 우리말을 일본은 '옆'이라는 뜻으로 바꾸어버렸다. 일본은 이때 사실상 조선침략 계획을 입안했다고 봐야 할 것이다.

●●● 파생

　　よこ [橫] : 가로, 옆.
　　はま [浜] : 바닷가, 호숫가.

●●● 모든 일본말?은 이렇게 만들어졌다.

우미

1 연구하는 교실

일본말을 만들 때 모델이 된 말은 "(숫자를) 헤아리면서, 놀면서, 싸면서, 해"이다. 이 말을 '왜'인들은 사투리로 "세미, <u>노우미</u>, 싸미, 해"라고 했다. 이 말을 다시 현대 일본인들이 주로 사용하는 "백제 글자"와 "이두"로 써보면 아래와 같다.

　　生み, <u>膿うみ</u>, 産み, 海.
　　생미, 농우미, 산미, 해.　　(이 이두에서 종성을 제거하면)
　　새미, <u>노우미</u>, 사미, 해.　　(이 말을 현대인이 알기 쉽게 고치면)
　　헤아리면서, 놀면서, 싸면서, 해.　(의 뜻이 된다)

- 미 : "면서"의 사투리.
- (産み) 사미 : '싸면서'의 이두 표현.
　　　　　　　한자에는 "싸"자가 없으므로 "사"자로 대용하였다.
- 새미 : '(수를) 헤아리면서'의 옛 사투리.
- 노우미 → 노-미 → 놀미 : '놀면서'의 옛 사투리.

2 초대 천황, 명치(1867년 : 고종 15년) 이후 일본정부산하 조선어 비밀 연구원들이 위의 말의 띄어쓰기를 무시하고 함부로 갈라서 아래와 같은 사전적 단어를 만들어 내었다. 사실은 여기서 부터가 백제말(조선말)과 일본말?과의 경계선이다.

　　うみ [産み, 生み] : 출산
　　　　[膿] : 고름　　(膿 : 고름 농)
　　　　[海] : 바다

3 언어로 확인한 참 역사

- 위 단어는 이두인 "産. 生. 膿. 海"자를 정책적으로 뜻으로 해석하여 백제말 "(노)우미"가 "**출산, 바다**" 등의 뜻으로 바뀌고 말았다.
- 위와 같은 방법으로 일본어?를 만든 결과 "産み. 生み. 膿. 海"자를 "うみ"라고 읽는

웃지 못할 꼴이 되었다. 이런 것을 우리는, 지금까지 "명치 식 읽기"라고 명명해 왔다.
- "産み. 生み. 膿. 海"자가 없었다면 "うみ"가 원래 무엇을 의미했던 백제말인지 영영 몰랐을 것이다.
- 모든 일본말?은 이렇게 만들어졌다.

쏘와라

1 연구하는 교실

일본말을 만들 때 모델이 된 말은, 무엇을 쏘는지는 몰라도 "쏘아라, 이~"이다. 이 말을 일본인들은 사투리로 "쏘와라, 이~"라고 했다. 이 말을 다시 현대 일본인들이 주로 사용하는 백제글자와 이두로 써보면 아래와 같다.

笑わら, い~.　(한자에 종성이 없으므로 그대로 백제말이다)
소와라, 이~.　(한자에는 "쏘"자가 없으므로 "소"자로 대용)
쏘와라, 이~.　(현대인이 알기 쉽게 고치면)
쏘아라, 이~.　(의 뜻이 된다)

2

초대 천황, 명치(1867년 : 고종 15년) 이후 일본정부 산하 조선어 비밀연구원들이 위의 말의 띄어쓰기를 무시하고 함부로 갈라서 아래와 같은 사전적 단어를 만들어 내었다. 사실은 여기서 부터가 백제말(조선말)과 일본말?과의 경계선이다.

わらい [笑い] : 웃음　(笑 : 웃을 소)

3 언어로 확인한 참 역사

●●● 위 단어는 이두인 '笑'자를 정책적으로 뜻으로 해석하여 백제 말 "(쏘)와라, 이~"가 "웃음"이라는 뜻으로 바뀌었다.

●●● 위와 같은 방법으로 일본어?의 단어를 만든 결과 '笑'자를 'わら'라고 읽는 웃지 못할 꼴이 되었다. 이런 것을 우리는 지금까지 "명치식 읽기"라고 명명해 왔다.

●●● 다행히 <u>백제 말을 한자로 기록해 놓은</u> '笑'자가 없었다면 'わらい'가 원래 무엇을 의미했던 백제 말인지 영영 몰랐을 것이다.

●●● 한편, '笑'자 옆에 있는 'い'는 "わらい"와 균형을 맞추기 위하여 일본정부와 어용학자들이 만들어 넣은 字이다.

●●● 파생

わらう [笑う] : 웃다.

■■■ 모든 일본말?은 이렇게 만들어졌다.

 # 오끼나와

1 연구하는 교실

일본말을 만들 때 모델이 된 말은 "옥이 나와"와 "주웠어"이다. 이 말을 일본인들은 사투리로 "오끼나와"와 "쮸쓰"라고 하기도 하고 "쮸오쓰"라고 하기도 했다. 유구는 옛날부터 나전칠기로 유명했던 곳, 아이들이 길에서 주울 정도로 수공업이 번창했었다. 보통 '주웠어'라고 말하면 되지만, 어린아이들이 주은 사실을 부끄러워하거나 어리광을 부릴 때 이런 말투를 쓴다. 이 말을 다시 현대 일본인들이 주로 사용하는 "백제 글자"와 "이두"로 써보면 아래와 같다.

 おき なわ.　沖縄
 오기 나와.　충승　　(이두 한자의 종성을 없애면)
 오기 나와.　추스　　(한자에는 '쮸,쓰'자가 없으므로 '추,스'자로 대용)
 오기 나와!　쮸쓰!　(현대인들이 알기 쉽게 고치면)
 옥이 나와!　주웠어!　(의 뜻이 된다)

2 역사를 보는 눈

- 沖縄(쮸쓰) 또는 沖澳縄(쮸오쓰) : "주웠어"의 이두, 어린애들의 말.
- '쮸'자 표기와 비슷한 다른 예.
 한자에는 '또'자가 없으므로 '兎'자를 쓰기도 하고 '徒'자를 쓰기도 했다. 다른 글자들도 모두 이와 같은 방법으로 이두 표기를 했다. (아주 중요)
- 오끼나와 : "옥이 나와"의 일본지방 사투리.
- 원래는 琉球(유구)였으나 1879년(명치 12년- 고종 16년) 오끼나와로 개명하였다. 따지고 보면 '유구'도 나전칠기를 '이우구' 즉 '이어 붙이구'라는 뜻이다. 琉球는 옛날부터 섬 이름이 백제말로 불리어진 백제 땅이었다. 琉球의 역사에 대해서는 다음 기회에 부연 설명을 할 계획이다.
- 명치 때 일본말이라는 것을 만들어 일반인들에게 교육하기 시작했으므로 정작 명치 본인은 일본말이라는 것이 무엇인지 몰랐었다고 판단된다.

3 초대 천황, 명치(1867년 : 고종 15년) 이후 일본정부 산하 조선어 비밀연구원들이 위의 말의 띄어쓰기를 무시하고 함부로 갈라서 아래와 같은 사전적 단어를 만들어 내었다. 사실은 여기서 부터가 백제말(조선말)과 일본말?과의 경계선이다.

  おきなわ [沖縄] : 섬 이름　　(沖 : 빌 충, 깊을 충. 縄 : 새끼 승)

4 언어로 확인한 참 역사

- 그러나 일본 정부가 한자를 뜻으로 새겨서 수십 톤이나 되는 **줄**을 만들어 **줄다리기**를 하는 모습을 보고 실소를 금하지 못하였다. 오끼나와가 옛날부터 한자의 뜻처럼 **줄다리기**와 연관이 있었다는 것을 암시하며 새로운 전통을 만들어 나가려는 속셈이다.
- 위와 같은 방법으로 일본어?의 단어를 만든 결과 '[沖・澳]'자를 'おき'라고 읽고 '縄' 자를 'なわ'라고 읽는 웃지 못할 꼴이 되었다. 이런 것을 우리는 지금까지 "**명치식 읽기**"라고 명명해 왔다.
- '沖縄'자가 없었다면 'おきなわ'가 원래 무엇을 의미했던 백제말인지 영영 몰랐을 것이다.
- 일본인들이 'おきなわ'를 어떻게 발음하든 간에, 어원으로 보면, 일본인들의 발음을 고려하드라도 "오기 나와"라고 발음 되어야 한다.
- 파생

  おき [沖. 澳] : 앞바다　　(澳 : 깊을 오)
  なわ [縄] : 새끼줄

- 모든 일본말?은 이렇게 만들어졌다.

 **(글씨를) 쓰구에**

1 연구하는 교실

일본말을 만들 때 모델이 된 말은 "(책상을) 괴어 (글씨를) 쓰고요"이다. 이 말을 일본인들은 사투리로 "괴 쓰구에"라고 했다. 이 말을 다시 현대 일본인들이 주로 사용하는 "백제 글자"와 "이두"로 써보면 아래와 같다.

　　机 つくえ　　　(이두인 '궤'자에는 종성이 없으므로 그대로 백제말이다)
　　궤 쓰구에　　　(이 사투리를 현대인이 알 수 있게 고치면)
　　괴어 쓰고요　　(의 뜻이 된다)

●●● 机(궤) → 괴 : '괴어'의 이두, 사투리.
●●● 쓰구에(つくえ) : "쓰고요"의 사투리.
"쓰구에"나 "つくえ"나 모두 백제말을 기록하고 있다.
●●● 이른바 平仮名(뜻을 '펴가며'의 의미)으로 백제 말을 기록하고 있으므로 "백제 글자"라고 하는 것이다. 결코 "일본 글자"가 아니다. "일본 말"도 아니다.

2

초대 천황, 명치(1867년 : 고종 15년) 이후 일본정부 산하 조선어 비밀연구원들이 위의 말을 함부로 갈라서 아래와 같은 사전적 단어를 만들어 내었다. 사실은 여기서 부터가 백제말(조선말)과 일본말?과의 경계선이다.

　　つくえ [机 : 책상　　(机 : 책상 궤)

3 언어로 확인한 참 역사

●●● 위 단어 "つくえ"는, 일본정부가 이두인 '机'자를 뜻으로 해석하여 백제 말 "쓰구에=(글씨를) 쓰구요"가 "책상"이라는 뜻으로 바뀌고 말았다.
●●● 위와 같은 방법으로 일본어?의 단어를 만든 결과 '机'자를 'つくえ'라고 읽는 웃지 못할 꼴이 되었다. 이런 것을 우리는 지금까지 **"명치식 읽기"** 라고 명명해 왔다.
●●● '机'자가 없었다면 'つくえ'가 원래 무엇을 의미했던 백제 말인지 영영 몰랐을 것이다.

●●● 일본인들이 'つくえ'를 어떻게 발음하든 간에, 어원으로 보면 "쓰구에"라고 발음 되어야 한다.

 # 다께(시마)

1 연구하는 교실

일본말을 만들 때 모델이 된 말은 "자 주어요! (그래서) 타 갔당께"이다. 이 말을 일본인들은 "자 주아요! 타 가따께"라고 했다. 이 말을 다시 "이두"와 "(백제글자)"로 써보면 아래와 같다.

    丈 竹 岳 茸 他 家 たけ
    장 죽 악 용   타 가따께   (이두한자의 종성을 없애면)
    자 주아요,   타 가따께   (이 말을 현대인이 알기 쉽게 고치면)
    자 주어요! 타 갔당께   (의 뜻이 된다)

※ 다께 : '~~다니까'의 일본지방 사투리. '당께'와 같은 뜻의 사투리. 다시 말하면, "(여자가) 자 주어요! (하고, 매달려서) 타 갔다니까." 그런 뜻이다.

2 초대 천황, 명치(1867년 : 고종 15년) 이후 일본정부 산하 조선어 비밀연구원들이 위의 말을 함부로 갈라서 아래와 같은 사전적 단어를 만들어 내었다. 사실은 여기서 부터가 백제말(조선말)과 일본 말과의 경계선이다.

    たけ [丈] : 키   (丈 : 길 장)
         [竹] : 대나무
         [岳] : 높은 산   (岳 : 큰산 악)
         [茸] : 버섯   (茸 : 녹용 용, 무성할 용)
         [他家] : 남의 집(가정)

3 언어로 확인한 참 역사

••• 위 단어는 이두인 '丈竹岳茸他家'자를 뜻으로 해석하여 '당께'라는 백제말을 '키, 대나무' 등이라는 뜻으로 바꾸어버렸다. 이렇게 단어를 만든 결과 '丈竹岳茸他家' 자를 "다께"라고 읽는 웃지 못할 꼴이 되었다. 이런 것을 우리는 지금까지 "명치식 읽기"라고 명명해 왔다.

●●● 茸자는 '녹용 용, 무성할 용'자인데 그 뜻을 '버섯'이라고 한 것은 한자의 뜻과는 관계 없이 일본정부가 정책적으로 만들어 낸 뜻으로 봐야한다.
●●● '丈竹岳茸 他家'자가 없었다면 '다께'가 원래 무엇을 의미했던 백제말인지 영영 몰랐을 것이다.
●●● 모든 일본말?은 이렇게 만들어졌다.
●●● 따라서 "たけ(다께)"는 백제 말이다. 그리고 옛 일본인들이 "자 주아요, 타 가따께"라고 기록했던 사실을 보아도 그들이 일상생활에서 백제말을 사용한 것은 명백한 사실이다. 그러므로 독도가 일본 땅이기 전에, 일본 전체가 백제 땅이요, 한국 땅이다, 그런데도 일본정부는 거꾸로 '임나 일본부'가 한국의 남쪽을 지배했다고 역사를 뒤집어 주장해 왔다. 역사란 결코 꾸며지지도 않고, 그 치부가 덮혀지는 것도 아니다. 또 그래서도 안 된다.

 # 심어도

1 연구하는 교실

일본말을 만들 때 모델이 된 말은 "또 또 심어도"이다. 이 말을 일본인들은 사투리로 "또 또 시마호도"라고 했다. 이 말을 현대 일본인들이 주로 사용하는 백제글자와 이두로 써보면 아래와 같다.

    島 嶋　しま縞島　　(이두한자에 종성이 없으므로 그대로 백제말이 된다)
    도 도　시마호도　　(이 말을 현대인이 알기 쉽게 고치면)
    또 또　시마으도
    또 또　심어도　　　(의 뜻이 된다)

●●● 도 : 한자에 "또"자가 없으므로 "도"자로 대용하고 있다.
●●● しま縞島(시마호도) → 시마으도 : "심어도"의 이두, 사투리.

2

초대 천황, 명치(1867년 : 고종 15년) 이후 일본정부 산하 조선어 비밀연구원들이 위의 말의 띄어쓰기를 무시하고 함부로 갈라서 아래와 같은 사전적 단어를 만들어 내었다. 사실은 여기서 부터가 백제말(조선말)과 일본말?과의 경계선이다.

    しま [島. 嶋] : 섬　(島 : 섬 도, 嶋 : 섬 도)
      [縞島] : 줄무늬 (남양 섬 지방에서 줄무늬를 넣어서 짠 직물이 도래한 데서 비롯됨)
      (縞 : 흰명주 호)

3 언어로 확인한 참 역사

●●● "縞島"에 "줄무늬"라는 한자 뜻은 없다. 또 한 "남양 섬 지방에서 줄무늬를 넣어서 짠 직물이 도래한 데서 비롯됨". 이처럼 막연하게 "남양 섬지방"이라고 한 것을 보면 이와 관련된 직물이 도래한 적도 없다는 것을 알 수 있다. 이 말이 얼마나 황당한 거짓말인가를 알 수 있다. 일본정부와 어용학자들은 백제사를 없애기 위해서는 수단 방법을 가리지 않았다.
●●● 위 단어는 이두인 '島. 嶋. 縞島'자를 정책적으로 해석하여 백제 말 "시마"가 "섬,

줄무늬"라는 뜻으로 바뀌고 말았다.
- ●●● 위와 같은 방법으로 일본어?의 단어를 만든 결과 '島, 嶋, 縞島'자를 'しま'라고 읽는 웃지 못할 꼴이 되었다. 이런 것을 우리는, 지금까지 "명치식 읽기"라고 명명해 왔다.
- ●●● '島. 嶋. 縞島'자가 없었다면 'しま'가 원래 무엇을 의미했던 백제 말인지 영영 몰랐을 것이다.
- ●●● 모든 일본말?은 이렇게 만들어졌다.

 심으수

1 연구하는 교실

일본말을 만들 때 모델이 된 말은 "심으세요!"이다. 이 말을 일본인들은 사투리로 "시모-수"라고 했다. 이 사투리를 "백제글자"와 "이두"로 써보면 아래와 같다.

申もうす
신모- 수   (이두인 "신"자의 종성을 없애면)
시모- 수!   (이 사투리를 현대인이 알기 쉽게 고치면)
심으세요! (의 뜻이 된다.)

2

초대 천황, 명치(1867년 : 고종 15년) 이후 일본정부 산하 조선어 비밀연구원들이 위의 말의 띄어쓰기를 무시하고 함부로 갈라서 아래와 같은 사전적 단어를 만들어 내었다. 사실은 여기서 부터가 백제말(조선말)과 일본말?과의 경계선이다.

もうす [申す] : "言(い)う" (말하다)의 겸사말.   (申 : 펼 신)

3 언어로 확인한 참 역사

- 위와 같은 방법으로 일본어?의 단어를 만든 결과 '申す'를 'もうす'라고 읽는 웃지 못할 꼴이 되었다. 이런 것을 우리는 지금까지 **"명치식 읽기"**라고 명명해 왔다.
- 申자 옆에 있는 "す"자는 "もうす"와 균형을 맞추기 위하여 일본정부의 어용학자들이 써넣은 글자이다.
- '申'자가 없었다면 'もうず'가 원래 무엇을 의미했던 백제 말인지 영영 몰랐을 것이다.
- 모든 일본말?은 이렇게 만들어졌다.

 # 히게

1 연구하는 교실

일본말을 만들 때 모델이 된 말은 "연세를 잡수시어 수염이 희게 되었다"이다. 이 말을 일본인들은 사투리로 "잡수이어 히게…"라고 했다. 이 말을 다시 현대 일본인들이 주로 사용하는 "백제글자"와 "이두"로 써보면 아래와 같다.

　　髭鬚髯 ひげ
　　자수염 히게　　　(이두한자의 종성을 없애면)
　　자수여 히게　　　(이 말을 풀어 쓰면)
　　자수이어 히게　　(현대인이 알기 쉽게 고치면)
　　잡수어 희게　　　(의 뜻이 된다)

2 미래에 시선을 둬야 하는 이유

●●● 髭鬚髯 : '자수여'의 이두.
●●● 자수여 → 자수이어 : '잡수어'의 피동, '자'의 종성 'ㅂ'을 표기하지 못한 상태. 사실 나이는 '잡수'는 것이 아니라, '잡수이'는 것이 맞다. 옛날이지만 정확하게 표현하였다.
●●● 위에 기록된 글은 객관적으로 누가 봐도, 백제말을 기록하였으니 모두 **백제말**이요, **백제글자**이다. 결코 일본말이나 일본글자가 아니다.

(여기에서 누가 이 사실을 부정할 수 있겠는가?)

3
초대 천황, 명치(1867년 : 고종 15년) 이후 일본정부 산하 조선어 비밀연구원들이 위의 말의 띄어쓰기를 무시하며 함부로 갈라서 아래와 같은 사전적 단어를 만들어 내었다. 사실은 여기서 부터가 백제말(조선말)과 일본말?과의 경계선이다.

　　ひげ [髭. 鬚. 髯] : 수염　　(髭 : 위수염 자, 鬚 : 수염 수, 髯 : 구레나룻 염)

4 언어로 확인한 참 역사

- 위 단어 "ひげ"는 '髭鬚髯'자를 뜻으로 해석하여, 백제말 '히게'가 '수염'이라는 뜻으로 바꾸어져 버렸다. 이렇게 단어를 만든 결과 "髭. 鬚. 髯"자를 "ひげ"라고 읽는 웃지 못할 꼴이 되었다. 이런 것을 우리는 지금까지 "명치식 읽기"라고 명명해 왔다.
- '髭鬚髯'자가 없었다면 'ひげ'가 원래 무엇을 의미했던 백제말인지 영영 몰랐을 것이다.
- 위의 3한자가 모두 "수염"을 의미하므로 사전의 뜻처럼 '수염'을 의미하려면 3한자 중 어느 한자만 택해도 '수염'이라는 의미를 충분히 전달할 수 있다. 그런데도 굳이 '髭. 鬚. 髯' 3자를 쓴 것은 "자수여 → 자수이어 → 잡수어"라는 의미를 전달하기 위해서라는 것을, 글 읽는 이 여러분도 이미 주지하고 있는 사실이다. 이렇게 설명된 이두가 앞으로도 몇 차례 더 나올 것이다.
- 모든 일본말?은 이렇게 만들어졌다.

5 잘못된 역사는 정정되어야 한다.

이렇게 왜인들은 일상생활에서 백제말을 사용하였다. 그래서 <u>왜인들은 백제왕의 신민</u>이었고, 왜는 <u>백제고을</u>이었다, 고 천명할 수 있는 것이다. 전후 사정이 이러 한데도, 일본정부와 그 어용학자들은 거꾸로, 왜가 백제를 쳐부수고 백제를 신민으로 삼았다고 학생들에게 가르치고 있다. 그리고 천황이 왜를 다스리고 있었다고도 했다. 백제고을에 무슨 천황 같은 것이 있을 수 있었겠는가? 일본인들은 마치 고을마다 천황이 있었던 듯, 하고 있다. <u>그러므로 분명 일본땅은 한국땅이다.</u>

 "다꽝"이 뭔지, 정말 너무 모른다

일본 말이라는 것을 만들어 낸 일본의 어용학자들이나 글깨나 했다는 지식인들은 "다꽝?"의 의미를 누구보다도 잘 알고 있지만 입을 다물고 진실을 말하지 않고 있다. (일본의 거룩한? 국익을 위하여…) 그 외 대다수의 일본 사람이나, 한국 사람들이 "다꽝?"의 실상을 너무 모르고 있다. 오랜 세월동안 역사의 부침이 심했던 탓에 그 맥이 끊겨졌었기 때문일까? 하루 빨리 일본이 걸어놓은 최면에서 깨어나 우리의 역사와 문화와 백제글자(평가명)와 백제말과(일본말이 아닌…) 모든 것을 우리의 것으로 찾아와야 한다.

1 연구하는 교실

일본말을 만들 때 모델이 된 말은 "(무를 등겨에 묻어) 띄웠지"이다. 이 말을 일본인들은 사투리로 "때와찌 → 때아찌"라고 했다. 이 말을 다시 현대 일본인들이 주로 사용하는 이두로 써보면 아래와 같다.

澤庵漬
택암지   (이두인 한자의 종성을 제거하면)
태아지   (한자에는 '때'자가 없으므로 '태'자로 대용하고 있음)
때아지   (이 사투리를 현대인이 알 수 있게 고치면)
때와찌
띄웠지   (의 뜻이 된다.)

●●● 띄우다 : 메주 따위를 뜨게 하다.

2 초대 천황, 명치(1867년 : 고종 15년) 이후 일본정부산하 조선어비밀 연구원들이 "澤庵漬"를 고의로 줄여서 "澤庵"으로 쓰면서 "명치 식 읽기"로 "たくあん(다꾸앙)"이라고 했다. 그리고는 아래와 같은 단어를 만들어 내었다.

たくあん [澤庵] : 단무지. "澤 庵"은 단무지를 만드는 법을 고안해낸 중의 이름.

3 언어로 확인한 참 역사

- '庵'은 '암자 암'자 이므로 일본정부나 학자?들이 "澤庵"을 스님 이름 이라고 지어내도 조선이나 한국 사람들이 그것이 거짓임을 깨닫지 못하였다. 일본정부는 이런 방법으로 백제문화를 일본 문화라면서 바꾼 예가 수없이 많다.
- 몇 달 전인가도, '澤庵'이 스님 이름이라고 강변한 분이 계셨는데 말도 안 되는 주장을 했다.
- 단무지는 옛날부터 한국인의 음식이다.
- 일본정부나 학자?들이 선대나라 백제를 부정한다면 그 어떤 문화나 유적도 순수 일본의 것은 없다. 모두가 백제에서 물려받은 것이다.

 # 미쳐도

1 일본말을 만들 때 모델이 된 말은 "다시 미쳐도…"이다. 이 말을 일본인들은 사투리로 "도로 미치도…"라고 했다. 이 말을 현대 일본인들이 주로 사용하는 "백제 글자"와 "이두"로 써보면 아래와 같다.

　　道路 みち途　　(이두한사에 종성이 없으므로 그대로 백제말이 된다)
　　도로 미찌도　　(이 사투리를 현대인이 알기 쉽게 고치면)
　　도로 미치도
　　다시 미쳐도　　(의 뜻이 된다)

- 平仮名에는 "치"자가 없으므로 "ち"자를 쓸 수밖에 없었다.
- 도로 : ①본래와 같이 다시. ②되돌아서 반대쪽을 향하여.
　　　　글 읽는 이들은 "道路"라는 말의 뜻에 **홀려서는 안된다**.

2 초대 천황, 명치(1867년 : 고종 15년) 이후 일본정부 산하 조선어 비밀연구원들이 위의 말을 함부로 갈라서 아래와 같은 사전적 단어를 만들어 내었다. 사실은 여기서 부터가 백제말(조선말)과 일본말?과의 경계선이다

　　みち [道. 路. 途] : 길. 도로.　　(道 : 길 도, 路 : 길 로, 途 : 길 도)

3 언어로 확인한 참 역사
- 위 단어 "みち"는 일본정부가 "道. 路. 途"자를 뜻으로 해석하여 백제 말 "미치"를 "길"이라는 뜻으로 바꾸고 말았다.
- 위와 같은 방법으로 일본어?의 단어를 만든 결과 '道. 路. 途'자를 'みち'라고 읽는, 웃지 못할 꼴이 되었다. 이런 것을 우리는 지금까지 "**명치식 읽기**"라고 명명해 왔다.
- 일본인들이 "みち"를 뭐라고 읽든 간에 어원상으로 보면 "미치"라고 읽어야 한다.
- "道. 路. 途"자가 없었다면 "みち"가 원래 무엇을 의미했던 백제 말인지 영영 몰랐을 것이다.

- ●●● 옛 일본은 백제의 한 고을이었으므로 그 고을에 "고을 원(가칭)" 정도가 있었겠지만, 일본정부나 어용학자들의 주장처럼 "천황"이 있었다, 또는 <u>倭가 독자국가</u>이었다, 고 주장하는 것은 <u>말이 성립되지 않는다.</u>
- ●●● 모든 일본말?은 이렇게 만들어졌다.

미도리

1 연구하는 교실

일본말을 만들 때 모델이 된 말은 "찌르면서 돌려"이다. 이 말을 일본인들은 사투리로 "찌로미 돌리"라고 했다. 이 말을 다시 현대 일본인들이 주로 사용하는 "백제글자"와 "이두"로 써보면 아래와 같다.

```
翠綠み どり
취록미 도리      (이두인 '록'자의 종성을 없애면)
취로미 도리      (한자에는 '찌'자가 없으므로 '취'자로 대용)
찌로미 도리      (이 사투리를 현대인이 알기 쉽게 고치면)
찌러면서 돌려    (의 뜻이 된다)
```

- (翠綠み)찌로미 : "찌러면서"의 이두, 사투리.
- 도리(どり) : 平仮名(백제글자)으로는 "돌리"를 "도리"라고 밖에 표기할 수 없다

2
초대 천황, 명치(1867년 : 고종 15년) 이후 일본정부산하 조선어 비밀 연구원들이 위의 말의 띄어쓰기를 무시하고 함부로 갈라서 아래와 같은 사전적 단어를 만들어 내었다. 사실은 여기서 부터가 백제말(조선말)과 일본말?과의 경계선이다.

  みどり [翠. 綠] : 녹색   (翠 : 비취색 취, 綠 : 초록빛 록)

3 언어로 확인한 참 역사

- 위에서 보듯이 "(찌로)미 도리[(翠綠)み どり]"는 띄어 써야 하는데도 달아쓰서 "みどり"라는 단어를 만들어 냈다. 이 단어 역시 일본어?를 만든 방법 중, 가장 악랄한 방법 중의 하나이다.
- 위 단어는 이두인 "翠. 綠"자를 정책적으로 뜻으로 해석하여 백제말, "~미 돌리"가 '녹색'으로 바뀌고 말았다.
- 위와 같은 방법으로 일본어?를 만든 결과 "翠. 綠"자를 "みどり"라고 읽는 웃지 못할

꼴이 되었다. 이런 것을 우리는, 지금까지 "**명치 식 읽기**"라고 명명해 왔다.
- 마침, "翠. 綠"자가 없었다면 "みどり"가 원래 무엇을 의미했던 백제말인지 영영 몰랐을 것이다.
- 일본정부는 조선(한국)사람들로 하여금 "翠. 綠"이 백제말 이두인 **줄** 알아보지 못하도록 글자 사이에 점을 찍어 두었다.
- 모든 일본말?은 이렇게 만들어졌다.

내 주미

1 연구하는 교실

일본말을 만들 때 모델이 된 말은 "(꽃씨를) 내어 주면서…"이다. 이 말을 일본인들은 사투리로 "(~을) 내주미…"라고 했다. 이 말을 다시 현대 일본인들이 주로 사용하는 "백제글자"와 "이두"로 써보면 아래와 같다.

   ね　ずみ 鼠　　　(이두한자에 종성이 없으므로 그대로 백제말이다)
   내　주미서　　　(이 사투리를 현대인이 알기 쉽게 고치면)
  내(어) 주면서　　　(의 뜻이 된다)

••• 거듭 밝히지만, 위에 예시된 말들은 분명히 백제말(조선말)이다. 이 말을 平仮名과 "이두"로 썼지만 그 글자로 백제말을 기록했으므로 平仮名도 결국 "백제글자"로 볼 수밖에 없다. 그러므로 모두 백제말이요, 백제글자이다. "平仮名(평가명)"이라는 말도 "(뜻을) 펴가며"라는 이두이다. "平仮名"을 한자의 뜻으로 해석해 봐도 신통한 뜻이 나오지 않는다.

2 초대 천황, 명치(1867년 : 고종 15년) 이후 일본정부 산하 조선어 비밀연구원들이 위의 말의 띄어쓰기를 무시하며 함부로 갈라서 아래와 같은 사전적 단어를 만들어 내었다. 사실은 여기서 부터가 백제말(조선말)과 일본말?과의 경계선이다.

   ねずみ [鼠] : 쥐　　(鼠 : 쥐 서)

3 언어로 확인한 참 역사

••• 위 단어는 '鼠'자를 뜻으로 해석하여 '내 주미'라는 백제말이 '쥐'라는 뜻으로 바꾸어버렸다. 이렇게 단어를 만든 결과 "鼠"자를 "ねずみ"라고 읽는 웃지 못할 꼴이 되었다. 이런 것을 우리는 지금까지 "**명치식 읽기**"라고 명명해 왔다.
••• 모든 일본말?은 이렇게 만들어졌다.

 고노미

1 연구하는 교실

일본말을 만들 때 모델이 말은 '그놈이 (크고 좋아요)하면서 (물고기 중에서 꽝어 한마리를 가리켰다.) 이다. 이 말을 왜인들은 사투리로 '고노미 호미'라고만 하였다. 이 말을 현대 일본인들이 사용하는 백제글자와 이두로 표기하면 아래와 같다.

    こ のみ 好み　　(이두한자에 종성이 없으므로 그대로 백제말이 된다)
    고 노미 호미　　(이 사투리를 현대인이 알기 쉽게 고치면)
    그 놈이 하면서　(의 뜻이 된다)

••• 호미 : '하며, 하면서'의 옛 사투리.

2 초대 천황, 명치(1867년 : 고종 15년) 이후 일본정부 산하 조선어 비밀연구원들이 위의 말의 띄어쓰기를 무시하고 함부로 갈라서 아래와 같은 사전적 단어를 만들어 내었다. 사실은 여기서 부터가 백제말(조선말)과 일본말?과의 경계선이다.

    このみ [好み] : 좋아함, 취향.　(好 : 좋을 호)

3 언어로 확인한 참 역사

••• 위 단어는 위에서 모델이 된 말에 "좋아한다"는 뜻이 내재되어 있는데다가 이두인 "好"자를 정책적으로 뜻으로 해석한 탓으로 '고노미'가 '좋아함'이라는 뜻으로 바뀌고 말았다.
••• 위와 같은 방법으로 일본어?의 단어를 만든 결과 "好み"자를 "このみ"라고 읽는 웃지 못할 꼴이 되었다.
••• '好み'자가 없었다면 'このみ'가 원래 무엇을 의미했던 백제말인지 영영 몰랐을 것이다.
••• 파생

このむ [好む] 좋아하다.

●●● 모든 일본말?은 이렇게 만들어졌다.

 # 阿! 多 福於多

1 연구하는 교실

일본말을 만들 때 모델이 된 말은 "아! 다 볶었다. (그런데 잠깐 안보는 사이에) 까매지고..."이다. 이 말을 '야마되 현 사람들은 사투리로 "아! 다 보꺼따, 까매(지)구..."라고 했다. 이 말을 다시 현대 일본인들이 주로 사용하는 이두한자와 백제글자로 써보면 아래와 같다.

阿! 多 福於多. かめ 龜
아! 다 복어다. 까매 구   (이두한자의 종성을 없애면)
아! 다 보거따. 까매 구   (다시 현대인이 알기 쉽게 고치면)
아! 다 볶었다. 까매 지구 (의 뜻이 된다.)

2

초대 천황, 명치(1867년 : 고종 15년) 이후 일본정부 산하 조선어 비밀연구원들이 위의 말의 띄어쓰기를 무시하고 함부로 갈라서 아래와 같은 사전적 단어를 만들어 내었다. 사실은 여기서 부터가 백제말(조선말)과 일본말?과의 경계선이다.

おたふく [阿多福. 於多福] : ⇒ おかめ (오까매)
(명치식 읽기)

おかめ [御龜] : 'お多福'의 가면처럼 생긴 여자.

3 언어로 확인한 참 역사

••• 위 단어는 이두인 '阿! 多 福於多. 龜'자를 정책적으로 해석하여 백제 말 "아! 다 볶었다"가 "おかめ", 즉 "'お多福'의 가면처럼 생긴 여자."라는 뜻으로 바뀌고 말았다.

••• 위와 같은 방법으로 일본어?의 단어를 만든 결과 '阿多福. 於多福'자를 'おたふく'라고 읽는 웃지 못할 꼴이 되었다. 이런 것을 우리는 지금까지 "**명치식 읽기**"라고 명명해 왔다.

••• "於多"자 옆에 있는 福자는 "阿多福"자와 균형을 맞추기 위하여 일본정부와 어용학자들이 만들어 붙인 字이다.

●●● 일본정부와 그 어용학자들은, 조선사람들이 "阿! 多 福於多. 龜"가 조선말 이두인 줄 몰라보도록 글자사이에 점을 찍어 두었다.
●●● 모든 일본말?은 이렇게 만들어졌다.

4 이 단어가 시사하는 것들

●●● 백제가 망한 후 1300여년이 지났지만 현대 일본어 사전에 백제 말을 한자로만 기록했던 흔적이 이렇게 남아 있다. 이처럼 백제의 야마되 현 사람들은 일상생활에서 백제 말을 사용하였고 이 말을 한자로 기록했었다. 그러므로 일본서기, 만엽집 등의 한자도 이두 식으로 흠으로만 읽어야 한다.
●●● 그리고 '야마되' 현에는 'お多福'라는 여자도, 가면도 없었다. '가면처럼 생긴 여자'는 책상 위에서 만들어 낸 말이다.
●●● 그런데 '오까매'라는 여자가 만든 '우동'이라 하여 일본인들은 'おかめうどん'(오까매 우동)이라는 말도 만들어 내었다. 이쯤 되면 '오까매'란 여자가 실제로 존재했던 것처럼 보인다. 또한 일본인들은 め(매)자만 들어가면 여자라고 인식하고 있다. '머슴애'를 'むすめ'로 잘못 알았던 것처럼...
●●● 또한, 일본정부는 명치이후 한자를 주로 뜻으로 해석해 왔는데, '阿多 福於多'를 뜻으로 해석해 봐도 별 의미를 찾지 못하자, '오까메'라는 사람 이름으로 처리해 버린 것이다. 그러므로 일본서기 등에서도, 일본 말로 바꾸기 힘든 백제 말들은 신의 이름, 산 이름, 강 이름, 섬 이름, 신사 이름, 사람 이름 등으로 바꾸어 놓았다. 일본정부 산하 조선어 비밀 연구원들은 참으로 엉터리 연구를 했다고 아니 할 수 없다.
●●● 단어 앞에 御자를 붙여 놓는 다든가 위와 같은 처리를 하면 원래의 백제 말을 찾아내기 어려울 것이라는 일본정부의 예측은 옳은 판단이었다. 지금까지 대학교수를 비롯하여 어떤 학자도 일본어의 비밀을 파 해쳐 낸 적이 없었으니까.
●●● 참고로, 요즈음 우리말을 한자로 바꾸어 써서 광고하는 case가 더러 있다. "(..)속에 多 있다."가 그 예이다. 백제의 야마되 현에서도 백제 말을 이렇게 썼다.

 야외온천에서 생긴 일

1 연구하는 교실

오늘은 万葉集 권 제1의 9절, 「야외온천에서 생긴 일」을 소개하고자 한다. 참고로 "万葉集"이라는 말의 뜻은 아래와 같다.

　　만엽집　　　(이 이두의 종성을 없애면)
　　마여지　　　(이 사투리를 현대인이 알기 쉽게 고치면)
　　모아 넣었지　(의 뜻이 된다)

- 마(万) : "모아"의 사투리, 이두.
- 여지(葉集) : "넣었지"의 사투리, 이두.

2 사색하는 교실

일본인이나 한국인이나(李寧熙, 朴炳植, 金仁培 등) 이 글을 해석하려고 했던 모든 이들은 額田(누가다)이 천지천황을 따라 紀伊온천에 갔을 때 지은 노래라고 하나, 額田이나 천지천황은 실존인물이 아니라, 일본 역사소설의 한 주인공에 불과하므로 정확한 시대배경은 알 수가 없다. 그러나 이 글에 나오는 이두표현법이 日本書紀나 古事記보다 이전의 기법이 쓰이고 있으므로 주의해서 살펴나가야 한다. 그리고 위 李寧熙 등은 양주동 박사가 해석한 방법대로, 이두문장을 어떤 곳은 뜻으로 읽고, 어떤 곳은 音 으로 읽는 등 일관성이 없었던 관계로 빗나간 해석을 하고 말았다. 이 이야기는 후일 한 번 더 밝힐 계획이다.

1. 原文과 音譯

　　莫囂圓 隣之　　(막효원 인지)
　　大相 七兄 爪　　(대상 칠형 조)
　　謁氣吾瀨　　　　(알기오뢰)
　　子之 射立爲兼　(자지 사립위겸)
　　五可新何 本　　(오가신하 본)

2. 종성을 없애면

　　마ㄱ효워 이지
　　대사 치르혀 조
　　아기오뢰
　　x지 사리브워겨
　　오가시ㄴ하 보

3. 그 시대 말맛을 그대로 살리면

　　마쿄어 있지?
　　대사 치려 조!
　　아끼오래
　　x지 살리비겨
　　오가시나 보

4. 현대인이 알기 쉽게 고치면

　　막혀 있지?
　　대사 치뤄 조!
　　아끼어래
　　x지 살려 버릴꺼
　　오가시나 보(오)

5. 도움말

　공동 야외온천이지만, 남이 못 보게 개인용 거적대기 등으로 가리고 있는 상황이다. 당시 '왜'지방의 풍속도를 보는 듯하다.

3 과거를 알아야 참 역사를 만든다.

- 마ㄱ효워 → 마쿄어 : '막혀'의 옛 일본지방 사투리.
- 이지 : '있지'의 뜻이나 한자로 백제말을 기록하는 관계로 어려워서, 'ㅆ'을 누락시켰다. 이런 예가 많이 나온다. 뿐만 아니라 긴 문장에서 더 중요한 낱말까지도 누락시킨 예가 허다하다.
- 대사 : '성행위'를 빗댄 말.

- ••• '~래' : '~라해'의 준말. (남의 말을 인용하여 전하는 뜻 − 빨리 오래)
- ••• 마ㄱ효원(莫嚻圓) → **마쿄어** : '막혀'의 이두 표현, 옛 사투리.
  이 표현 방법은 너무 절묘하여 오늘을 사는 우리를 놀라게 하고 있다. 이하 단어들도 같은 맥락이다.
- ••• 치르혀 : '치뤄'의 옛 사투리.
- ••• 사리브위겨 → 사리뷔겨 → 살리비겨 → 살려버릴꼐 : '살려 버릴거야'의
- ••• 시ㄴ하 → '(오가)시나'의 사투리.

4 언어로 확인한 새 역사

- ••• 백제말을 한자로 기록하면서도 얼마나 정확하게 잘 기록했는지 감탄하지 않을 수 없다. <u>이제 '왜'가 백제의 한 지방이었다는 사실은 명백해졌다. 무엇을 더 증명하랴!</u>
- ••• 일본에서는 지금까지도 이 노래를 해석하지 못했다고 한다. 해석했다고 해도 보나마나 엉터리이다. 백제말을 일본말?로 해석하니 해석이 될 리가 없다.

 고구려는 "고마"가 아니다

1 연구하는 교실

일본말을 만들 때 모델이 된 말은 "그만 꼬라봐!"이다. 이 말을 왜인들은 더 심한 사투리로 '고마 꼬려 봐!'라고 했다. 이 말을 다시 현대 일본인들이 주로 사용하는 이두한자와 백제글자로 써보면 아래와 같다.

　　こま 高麗 狛
　　고마 고려 박　　(이 말에서 '박'자의 종성을 없애면)
　　고마 꼬려 바　　(현대인이 알 수 있게 고쳐 쓰면)
　　그만 꼬라 봐　　(의 뜻이 된다.)

2 역사를 보는 눈

- 고마 : '그만'의 사투리.
- 고려 바→ 꼬려 봐→'꼬라 봐 : '노려 봐'의 사투리.
- 고구려, 고려인의 눈매가 매서워 왜인들이 감히 직시할 수 없었으면서도 '꼬려 봐'에 국가 명을 사용함으로서 고구려, 고려와 고구려인, 고려인을 그렇게라도 비하해 봤다.

3
초대 천황, 명치(1867년 : 고종 15년) 이후 일본정부 산하 조선어 비밀 연구원들이 위의 말을 함부로 갈라서 아래와 같은 사전적 단어를 만들었다. 사실은 여기서 부터가 조선말(백제 말)과 일본 말?의 경계선이다.

　　こま [高麗. 狛] : 고구려, 또는 고려.　　(狛 : 조선개 박)

4 언어로 확인한 참 역사

- 위 단어는 이두인 '高麗. 狛'자를 정책적으로 해석하여 백제 말 "고마"가 "고구려, 또는 고려"라는 뜻으로 바뀌고 말았다.
- 위와 같은 방법으로 일본어?의 단어를 만든 결과 '高麗. 狛'자를 'こま'라고 읽는 웃지 못할 꼴이 되었다. 이런 것을 우리는 지금까지 **"명치식 읽기"**라고 명명해 왔다.

- 백제 말을 한자로 기록해 놓은 '高麗. 狛'자가 없었다면 'こま'가 원래 무엇을 의미했던 백제 말인지 영영 몰랐을 것이다.
- 일본정부와 그 어용학자들은, 조선사람들이 "高麗. 狛"자가 조선말 이두인 **줄** 몰라보도록 글자사이에 점을 찍어 두었다.
- 남의 나라 이름을 '고마'라고 대 놓고 비하하는 나라는 세계에서 일본밖에 없다. 이것은 新羅(신라)를 '시라기'('돌리기'의 사투리)라고 비하하는 것과 같은 맥락이다. 그러나 실지로 "신라"의 의미는 "시라" 즉 "(힘) 세어라"의 뜻이었다.
- 우리나라 교수, 학자들이 이런 사실을 몰랐으니, 지금까지 항의 한 번 한 적이 없었다. 항의는 커녕, 고려(고구려)를 주저하지 않고 "고마"라고 칭했다. 앞으로는 일본말?을 좀 할 **줄** 안다고 고구려나 고려를 "고마"라고 칭하는 교수, 학자는 없어야겠다. 거룩한 고구려라는 이름을 놔두고 "고마"라니…
- 모든 일본말?은 이렇게 만들어졌다.

따라서 일본은 <u>이두의 나라</u>이며, <u>백제의 나라</u>이다. 일본이 백제인을 渡來人이라고 일컫는 것은 주객을 전도시켜 놓은 새빨간 거짓말이다. <u>백제인이 역사의 주인이며 일본의 주인이다</u>. 그러므로 분명 일본땅은 한국땅이다.

高麗 쥐

1 연구하는 교실

일본말을 만들 때 모델이 된 말은 "빙빙 돌면서 그만 꼬라 봐!"이다. 이 말을 왜인들은 더 심한 사투리로 "도라서, 고마 꼬려!"라고 했다. 이 말을 다시 현대 일본인들이 주로 사용하는 이두한자와 백제글자로 써보면 아래와 같다.

獨樂鼠, こま 高麗
독락서, 고마 고려　　　(獨, 樂자의 종성을 없애면)
도라서, 고마 꼬려!　　　(현대인들이 더 잘 알 수 있게 고쳐 써면)
돌면서 그만 꼬라 (봐!)　(의 뜻이 된다.)

- 꼬라보다 : 노려보다.
- 도라서(獨樂鼠) → 돌아서 : "돌면서"의 의미. 이두.

2 초대 천황, 명치(1867년 : 고종 15년) 이후 일본정부 산하 조선어 비밀 연구원들이 위의 말을 함부로 갈라서 아래와 같은 사전적 단어를 만들었다. 사실은 여기서 부터가 백제말(조선말)과 일본말?과의 경계선이다.

こま-ねずみ [獨樂鼠. 高麗鼠] : (중국 원산의) 흰 생쥐
(온 몸이 희며 평면을 뱅뱅 도는 습성이 있음)

- 모델로 삼았던 말에는 "ねずみ"라는 말은 없었다. 다만 "鼠"자를 명치식으로 읽다보니 붙여진 결과이다.
- 이 단어에서 "뱅뱅 도는"이라는 설명을 보면 獨樂鼠가 "돌아서"라는 이두임을 잘 알고 사용했다는 것을 알 수 있다.

3 언어로 확인한 참 역사

- 위 단어는 이두인 '獨樂鼠. 高麗鼠'자를 정책적으로 해석하여 "(중국 원산의) 흰 생쥐"라는 뜻이 되었다.
- 위와 같은 방법으로 일본어?의 단어를 만든 결과 '獨樂鼠. 高麗鼠'를 'こま-ねずみ'라고 읽는 웃지 못할 꼴이 되었다. 이런 것을 우리는 지금까지 "명치식 읽기"라고

명명해 왔다.

[鼠(쥐 서)자를 ねずみ(내주미)라고 읽게 된 어원은 이미 앞에서 설명된 바 있다]

●●● 高麗자 옆에 있는 "鼠"자는 원래는 없었던 字이나 "獨樂鼠"와 균형을 맞추기 위하여 일본정부가 써넣은 字이다.
●●● 일본정부와 그 어용학자들은, 조선사람들이 "獨樂鼠. 高麗鼠"가 조선말 이두인 줄 몰라보도록 글자사이에 점을 찍어 두었다.
●●● 거듭 밝히지만 일본정부는 '고려 쥐가 뱅뱅 도는 습성이 있다'고 했으므로 獨樂鼠(독락서 → 도라서 → 돌아서)가 '돌아서'라는 의미임을 이미 잘 알고 있었다는 것을 증명해 주고 있다.
●●● 그런데 쓰기는 '高麗鼠'라고 써놓고 '중국 원산의 쥐'라고 설명을 곁들이고 있다. '高麗鼠'를 왜 '중국 원산의 쥐'라고 설명했을까? 일본정부의 어용학자들은 옹졸하게도 쥐 한 마리에 라도 "高麗(高句麗)"라는 이름을 붙이기 싫었기 때문에 이런 <u>웃기는 모순</u>을 저질렀다고 판단된다. (실제는 고려 쥐도 중국 쥐도 원래의 어원과는 상관없다는 사실을 우리는 너무나 잘 알고 있다. 왜냐하면 "高麗나 鼠"자는 모두 백제말의 이두이기 때문이다.) 이렇게 속 보이는 일본의 이율배반성은 맛있는 고려차, 宇治茶(우찌다)도 송나라에서 들여 온 차라고 속이고 있다. 여기에서 "宇治茶(우찌다)"는 "[향기가 매(<u>우 짙 대</u>)는 뜻이기 때문이다. 백제, 신라, 고구려, 고려 등 어디에서 가져 왔거나 만들었던 간에, 무엇이든 중국에서 가져오고, 만들었다고 했으면 했지 죽어도 옛 한국에서 만든 것이라고 말하지 않는 것이 그들의 습성이요 아픔이요 슬픔이요 병폐이다. **백제국의 한 고을이, 어느 나라 제품을 사용했겠는가? 일본은 싫어도 다시 한국에서 배워야하는 시대가 반드시 올 것이다. 이미 오고 있다. 역사는 되풀이 된다고 하지 않았든가?**
●●● 모든 일본말?은 이렇게 만들어졌다.

 '名古屋'을 '나고야'라고 읽는 이유

1 연구하는 교실

일본말을 만들 때 모델이 된 말은 ["나, 고아야 (해)"(라)며 고애]이다. 이 말을 일본인들은 사투리로 ["나, 고야"며 고오]라고 했다. 무척 급했던 모양이다. 이 말을 다시 현대 일본인들이 주로 사용하는 平仮名(백제글자)과 이두로 써보면 아래와 같다.

```
な, ごや 名 古屋
"나, 고야"명 고옥           (이두인 '명'자, '옥'자의 종성을 제거하면)
"나, 고야"며 고오           (이 사투리를 현대인이 알 수 있게 고치면)
["나, 고아야 (해)"(라)며 고애  (의 뜻이 된다.)
```

- 나 : 일인칭 대명사.
- 고야 : '고아야'의 일본지방 사투리.
- 고오 : '고야'의 일본지방 사투리.
- 고다 : 푹 삶다.

2
초대 천황, 명치(1867년 : 고종 15년) 이후 일본정부 산하 조선어 비밀연구원들이 위의 말의 띄어쓰기를 무시하고 함부로 갈라서 아래와 같은 사전적 단어를 만들어 내었다. 사실은 여기서 부터가 백제말(조선말)과 일본말?과의 경계선이다.

　　なごや [名古屋] : 愛知현의 현청 소재지.   (일본의 3번째 대도시, 상공업 중심지)

3 미래로 가는 교실

일본정부는 일일이 해석하기 곤란한 많은 한자들을 지명, 섬 이름, 신의 이름, 천황 이름 등으로 바꾸어 놓았다. 그렇게 하지 않으면 이두문장을 한문의 문장으로 바꿀 수가 없기 때문이다. 그러므로 신의 나라라는 일본에는 신이란 한 위도 없는 셈이다. 글 읽는 이도 한번 씩 확인해 보면 명확해 질 것이다.
- 위와 같이 지명을 만든 결과 '名'자를 'な(나)'라고 읽는 웃지 못할 꼴이 되었다.

고아가미

1 연구하는 교실

일본말을 만들 때 모델이 된 말은 "(그 여자를) 사자, 고아가며, x이 찝어"이다. 이 말을 일본인들은 사투리로 "사자, 과가미 시, 지바"라고 했다.

사실, 사투리를 잘 모르는 이가 처음 이 말을 들으면 무슨 말인지 알아듣기가 어려울 정도다. 덕천이 조선통신사를 모셔가며 일본인들에게 조선말을 가르쳐 봤지만 별 신통한 진전이 없었다.

그렇다면 차라리 새로운 말을 만드는 편이 낫지 않을까? 명치가 '일본 말'이라는 것을 만들게 된 한 원인이 되지 않았나 생각되기도 한다. 물론 일본정부가 백제말을 바꾼 가장 큰 이유는 망한 백제를 이어받을 경우 조선(한국)과의 관계도 미묘해질 뿐더러 세계에 처음 데뷔하는 입장에서 좋은 이미지를 줄 수 없다고 판단했기 때문이라고 여겨진다.

어쨌든 위의 말을 현대 일본인들이 주로 사용하는 "백제 글자"와 "이두"로 써보면 아래와 같다.

上長, 官かみ 神, 紙髮
상장, 관가미 신, 지발   (이두한자의 종성을 없애면)
사자, 과가미 시, 지바   (이 사투리를 현대인이 알기 쉽게 고치면)
사자, 고아가며 x이 찝어   (의 뜻이 된다)

2 새 역사가 잉태되다

- ~자 : 어떤 동작이 막 끝나고, 다른 동작이나 상태가 바로 이어짐을 나타내는 연결어미. (까마귀 날자…)
- 과(官) : '고야'의 사투리. 이두.
- 시(神) : '여성기'의 옛 이름, 이두.
- 지바(紙髮) → 찌바 : "찝어"의 이두, 사투리. (한자에는 '찌'자가 없으므로 '지'자로 대용함)
- 한자의 뜻에 현혹되면 안 되겠다.

3 초대 천황, 명치(1867년 : 고종 15년) 이후 일본정부 산하 조선어 비밀연구원들이 위의 말의 띄어쓰기를 무시하며 함부로 갈라서 아래와 같은 사전적 단어를 만들어 내었다. 사실은 여기서 부터가 백제말(조선말)과 일본말?과의 경계선이다.

かみ [上] : 위쪽, 상류.
　　　[長官] : 대신.
　　　[神] : 신.
　　　[紙] : 종이.　　(紙 : 종이 지)
　　　[髮] : 머리칼.　(髮 : 머리털 발)

4 언어로 확인한 참 역사

••• 위 단어는 "上長官神紙髮"자를 정책적으로 뜻으로 해석하여 백제 말 "~가미"가, 일본말에서는 "상류, 대신, 신, 종이, 머리칼" 등으로 바뀌어 졌다.
••• 위와 같은 방법으로 일본어?의 단어를 만든 결과 "上. 長官. 神. 紙髮"자를 'かみ'라고 읽는 웃지 못할 꼴이 되었다. 이런 것을 우리는 지금까지 "**명치식 읽기**"라고 명명해 왔다.
••• 원래 "上長. 官"이라는 글을 띄어쓰기를 무시해 가며 "上. 長官"으로 바꾸어, 엉뚱한 "장관"이라는 말을 만들어 내기도 했다.
••• '上. 長官. 神. 紙髮'자가 없었다면 'かみ'가 원래 무엇을 의미했던 백제 말인지 영영 몰랐을 것이다.
••• 이 단어를 보면 옛 오사카에 가보지 않아도 당시의 시대상을 알 수 있다.
••• 모든 일본말?은 이렇게 만들어졌다.

　　　　　　　　잘못된 역사는 정정되어야 한다.

 # 고고마

1 연구하는 교실

일본말을 만들 때 모델이 된 말은 "그것만..."이다. 이 말을 일본인들은 사투리로 "고고마..."라고 했다. 이 사투리를 다시 현대 일본인들이 주로 사용하는 백제글자와 이두로 써보면 아래와 같다.

困こま
곤고마 　　(이두인 "困"자의 종성을 없애면)
고고마 　　(이 사투리를 알기 쉽게 고치면)
그것만 　　(의 뜻이 된다)

2

초대 천황, 명치(1867년 : 고종 15년) 이후 일본정부 산하 조선어 비밀연구원들이 위의 말을 함부로 갈라서 아래와 같은 사전적 단어를 만들어 내었다. 사실은 여기서 부터가 백제말(조선말)과 일본말?과의 경계선이다.

こまる [困る] : 난처해지다. 　　(困 : 어려울 곤)

3 언어로 확인한 참 역사

- 위 단어는 이두인 困자를 뜻으로 해석한 결과 백제말 "[(고)고마(루)]가 "난처해지다"라는 뜻으로 바뀌고 말았다.
- 위와 같은 방법으로 일본어?의 단어를 만든 결과 "困る"를 "こまる"라고 읽는 웃지 못할 꼴이 되었다.
- 또한 困자가 없었다면 "고마(루)"가 원래 무엇을 의미했던 백제말인지 영영 몰랐을 것이다. 이런 것을 우리는 지금까지 "**명치식 읽기**"라고 명명해 왔다.
- "る"자는 물론 일본정부가 갖다 붙인 字이다.
- 모든 일본말?은 이렇게 만들어졌다.

 # "게다"가 왜 백제말인가?

1 연구하는 교실

저 어른이 '왜나막신'을 처음 만드셨다고 하시던데 처음에 어떻게 만드셨대? 나도 그것이 궁금하여 그 집 식구들한테 슬며시 물어 봤더니, 단지 "나무발판 밑을 '괴(씨)다' 라고만 '하(셨)대'". 그러나 위의 대화에서 실제로 왜인들이 남긴 말은 "괴(씨)다, 하(셨)대" 밖에 남아있지 않다. 이 말을 현대 일본인들이 사용하는 "백제글자"와 이두 한자로 쓰면 아래와 같다.

げた, 下 駄　(이두한자에 제거할 종성이 없으므로, 그대로 백제말임)
게따, 하 태　(한자에는 '때'자가 없으므로 駄(태)자로 대용했음)
<u>게따</u>, 하 때　('하셨대'를 '하 때'로 밖에 표현하지 못했음)
　　　　　　　(이 사투리를 현대인이 알기 쉽게 고치면)
<u>괬다</u>, 하셨대　(의 뜻이 된다)

2 역사를 보는 눈

- ~대 : 남의 말을 옮기는 뜻을 나타내는 해체의 종결어미. (다 먹었대)
- 우리말은 어간도 변화한다. 그러나 일본인들은 아래와 같은 변화를 몰랐었다고 볼 수도 있다.

① ~했대 → ~해때
　라고 말해야 할 것을

② ~ 하였대 → ~했대 → ~해때 → ~하때(下 駄)라고 하였다.
　(이처럼 동사의 어간을 변하시키지 않고 사용한 예는 많이 나온다)

3
초대 천황, 명치(1867년 : 고종 15년) 이후 일본정부 산하 조선어 비밀연구원들이 위의 말의 띄어쓰기를 무시하고 함부로 갈라서 아래와 같은 사전적 단어를 만들어 내었다. 사실은 여기서 부터가 백제말(조선말)과 일본말?과의 경계선이다.

げた [下駄] : 왜나막신　　(駄 : 짐 실을 태)

4 언어로 확인한 참 역사

- 위 단어는 "(나무발판 밑을) '괴(쓰)다' (라고) '하(셨)대'"라는 말에서 "왜 나막신"이라는 단어의 뜻이 나왔다. 이 결과 백제 말 "게 따"가 "왜 나막신"이라는 뜻으로 바뀌고 말았다.
- 위와 같은 방법으로 일본어?의 단어를 만든 결과 '下駄'자를 'げた'라고 읽는 웃지 못할 꼴이 되었다. 이런 것을 우리는 지금까지 "명치식 읽기"라고 명명해 왔다.
- <u>백제 말을 한자로 기록해 놓지</u> '下駄'자가 없었다면 'げた'가 원래 무엇을 의미했던 백제 말인지 영영 몰랐을 것이다.
- 또한, 일본인들은 조선 사람들이 눈치 채지 못하게 '괬다→ 게따'를 '게다'로 발음하고 있다.
- 파생

　　げ [下] : 낮음, 열등.

- 모든 일본말?은 이렇게 만들어졌다.

5

'왜'가 독자적인 외교관계를 가졌었다고 주장하는 이들은 일본의 '역사 만들기'에 취하여 왜인들이 일상생활 중에 백제말을 사용했다는 사실이 믿기지 않는가 보다. 게다가 일본인들은 "'칠지도'를 보라, 일본의 창고에 보관되어 있고, 일본서기에 백제왕이 일왕에게 헌상 했다고 쓰여 있지 않느냐'고 외치고 있다. 아무리 외쳐대도 '칠지도' 는 '찌지도' 라는 말에 불과하다. '칠지도'라는 칼은 존재한 적이 없다. (후에 칠지도 관계 일본서기를 해석해 보일 계획이다)창고에 보관되어 있는 칼은 가짜이다. '왜'에 관한 고대역사는 바로 잡아져야 한다.

곰방와

1 연구하는 교실

일본말을 만들 때 모델이 된 말은 "(걔는) 끄면, 금방 와"이다. 이 말을 어용학자들은 사투리로 "끄마, 곰방 와"라고 기록했다. 이 말을 "백제 글자"와 "이두"로 써보면 아래와 같다.

    今晩, こんばん は
    금만,   곰방   와   (이두한자의 종성을 없애면)
    그마,   곰방   와   (한자에는 "끄"자가 없으므로 "그"자로 대용)
    끄마,   곰방   와   (이 사투리를 현대인이 알기 쉽게 고치면)
    끄면,   금방   와   (의 뜻이 된다)

- 곰방 : "금방"의 일본지방 사투리.
- 끌다 : 자리를 옮기도록 잡아당기다.
- "は(하)"를 "와"로 읽는 이유는 따로 있으므로 여기에서는 뒤로 미룬다.

2
초대 천황, 명치(1867년 : 고종 15년) 이후 일본정부 산하 조선어 비밀연구원들이 위의 말을 함부로 갈라서 아래와 같은 사전적 단어를 만들어 내었다. 사실은 여기서 부터가 백제말(조선말)과 일본말?과의 경계선이다.

    こんばんは [今晩は] : 저녁, 밤의 인사말.   (今 : 이제 금, 晩 : 저물 만)

3 언어로 확인한 참 역사

- 위 단어는 '今晩'자를 정책적으로 또는, 뜻으로 해석한 결과, 백제말 "금방 와"라는 말이 "저녁, 밤의 인사말"이라는 뜻으로 바뀌고 말았다. 이렇게 단어를 만든 결과 "今晩は"를 "こんばんは(곰방와)"라고 읽는 웃지 못할 꼴이 되었다. 이런 것을 우리는 지금까지 "**명치식 읽기**"라고 명명해 왔다.
- '今晩'자가 없었다면 'こんばんは'가 원래 무엇을 의미했던 백제말인지 영영 몰랐을

것이다.
- "今晩"자 옆에 있는 "は"자는 일본정부와 어용학자들이 "こんばんは"와 균형을 맞추기 위하여 만들어 붙인 글자이다.
- 이처럼 부러진 칼을 맞추어 보고 부자관계를 확인하듯, "백제글자"와 "이두"가 한 치의 착오도 없이 걸맞아 들어가므로 일본말은 백제말이라고 해도 누구도 부정할 수 없는 산 증거로 남게 된 것이다.
- 파생

    こん [今] : 현재, 지금.
    ばん [晩] : 저녁, 밤.

- 모든 일본말?은 이렇게 만들어졌다.

사요나라

여러분은 지금 1700년 전쯤, 규슈의 한 골목을 지나다가 거리의 여자와, 백제 본국에서 **출장** 왔을지도 모를 젊은이 사이에 오가는 대화를 듣고 있다.

1 연구하는 교실

일본말을 만들 때 모델이 된 여자의 말, "さよう"부터 먼저 연구해 봐야 "사요나라" 전체의 뜻을 알 수 있다. 이 말의 모델이 된 말은 "(나를) 사요! (그리고) 자야! 넣어야!"이다. 이 말을 옛 일본 여인은 사투리로 "사요! 자야! 여야!"라고 했다. 이 말을 다시 현대 일본인들이 주로 사용하는 "백제 글자"와 "이두"로 써보면 아래와 같다.

    さよう! 左樣! 然樣!
    사요-! 좌양! 연양!   (이두 한자의 종성을 없애면)
    사요-! 좌야! 여야!   (이 사투리를 현대인이 알기 쉽게 고치면)
    사요-! **자야! 넣어야!**   (의 뜻이 된다)

●●● 然樣(연양) → 여야 : '넣어야'의 이두, 사투리.

2
초대 천황, 명치(1867년 : 고종 15년) 이후 일본정부 산하 조선어 비밀연구원들이 위의 말을 함부로 갈라서 아래와 같은 사전적 단어를 만들어 내었다. 사실은 여기서 부터가 백제말(조선말)과 일본말?과의 경계선이다.

    さよう [左樣. 然樣 : 그러함, 그러한.   (樣 : 모양 양, 然 : 그럴 연)

3 언어로 확인한 참 역사

●●● 위 단어는 이두인 '左樣. 然樣'자를 정책적으로, 뜻으로 해석하여 백제 말, "(나를) 사요-"가 "그러한"이라는 뜻으로 바뀌고 말았다.
●●● 위와 같은 방법으로 일본어?의 단어를 만든 결과 "左樣. 然樣"자를 "さよう"라고 읽는 웃지 못할 꼴이 되었다. 이후 "左"자를 "사(さ)"라고 읽게 되었다. 이런 것을 우리는

지금까지 "명치식 읽기"라고 명명해 왔다.
- '左樣. 然樣'자가 없었다면 'さよう'가 원래 무엇을 의미했던 백제 말인지 영영 몰랐을 것이다.
- 그러나 "さよう"가 아래의 "なら(나래)"를 만나면 "그러한"이라는 뜻은 사라지고, 위에서 설명했던 "사요-! 자야! 넣어야!"의 뜻이 되살아나게 된다.

4 남자의 말인 "なら(나래)"는 "놔라"라는 뜻.

따라서 위의 "여자의 말"과 "남자의 말"을 종합하면, 가장 일본적인 말 "사요나라"는 "(나를) 사요! (그리고 자야!, 넣어야!)"라는 말과 "놔라!"라는 말을 합친 뜻으로 바뀌게 된다. 다시 말하면, 여자가 "사요!"하고 붙잡으니까, 남자가 "놔라"하고 뿌리치는 모습을 그린 말이다. 여기에서, 단어 이해 차원에서 짚고 넘어 가야할 것은, 남자가 처음에 잔다고 해 놓고 "넣지 않았다"면서 대금 지불을 하지 않았던 모양이다. 여북하면 여자가 "자야, 넣어야"라고 기록으로 남겼을까? 옛 일본은 백제고을이었으므로 그들의 말을 연구하노라면 당시의 생활상과 애환을 함께 호흡할 수 있다.

5 그래서 일본정부는 정책적으로 뜻을 만들어 아래와 같은 단어를 만들어 내었다.

さよなら : 작별, 이별.

그러고 보면 이 단어는 정말 애처롭기 그지없는 뜻이 담긴 단어이다.

- "奈良(なら)시대"의 "나라"도 "우리나라"의 "나라"에서 나온 말이 아니라 "놔라"라는 뜻이다. 다음에 일본역사를 설명할 때 한 번 더 설명할 기회가 있을 것이다.

잘못된 역사는 정정되어야 미래지향적인 한일관계가 구축된다.

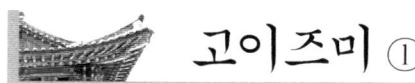 고이즈미 ①

1 연구하는 교실

여기에서는 "小泉" 이전에 "小"자를 "こ"라고 읽는 까닭부터 먼저 캐어내야겠다. 따라서 백제국 뀨슈 고을에 사는 이로서, '(내 것은) 크고도 좁아(라고) 하매'를 어떻게 말했는지를 고민해보면, 일본인들은 사투리로 "코고도 솔어 호매."라고 했다. 글쓴이의 판단으로는 옛 일본인들이 "크고도"라고 말했으리라 본다.

그러나 일본정부가 "こ"의 音價를 예전에는 "고 또는 꼬"라고 하다가 최근에는 "코"라고 정하고 있어서 어떻게 발음하든 "크" 발음과는 거리가 있다. 게다가 명치이후 일본정부는 한국인(조선인)을 의식하여 조선인 발음과 조금씩 다르게 발음 할려는 의도가 있다. 일본지방 사투리가 원주민 탓도 있지만, 平仮名(백제글자)의 音價에 의해서 백제본국 말과 조금씩 달라지게 되었다. 어쨌든 위 사투리를 "백제글자"와 "이두"로 써보면 아래와 같다.

  こごと 小言　戸毎
  고고또 소언　호매　　（이두한자의 종성을 없애면）
  고고또 소어 호매　　（"솔"자의 종성을 표기하지 못한 상태이다）
  코고도 솔어 호매　　（이 일본지방 사투리를 알기 쉽게 고치면）
  크고도 솔아 하매　　（의 뜻이 된다）

- 소어(小言) → 솔어 : "솔아"의 사투리, 이두. ※ 솔다 : (너비나 넓이가) 좁다.
- 호매(戸毎) → "하매"의 사투리, 이두.

2
초대 천황, 명치(1867년 : 고종 15년) 이후 일본정부 산하 조선어 비밀연구원들이 위의 말의 띄어쓰기를 무시하고 함부로 갈라서 아래와 같은 사전적 단어를 만들어 내었다. 사실은 여기서 부터가 백제말(조선말)과 일본말?과의 경계선이다.

  こごと [小言] : 잔소리, 꾸지람.
    [戸毎] : 집집마다.　　（戸 : 출입구 호）

3 언어로 확인한 참 역사

- 위 단어는 이두인 '小言. 戶每'자를 정책적으로 뜻으로 해석하여 백제 말 "코고도(크고도)"가 "잔소리" 등의 뜻으로 바뀌어버렸다.
- 위와 같은 방법으로 일본어?의 단어를 만든 결과 '小言. 戶每'자를 'こごと'라고 읽는 웃지 못할 꼴이 되었다. 이런 것을 우리는 지금까지 "**명치식 읽기**"라고 명명해 왔다.
- '小言. 戶每'자가 없었다면 'こごと'가 원래 무엇을 의미했던 백제말인지 영영 몰랐을 것이다.
- 일본인들이 'こごと'를 어떻게 발음하든 간에, 어원으로 보면 "크고도"라고 발음 되어야 한다.
- 파생

    こ [小] : 작은
        [戶] : ①건물의 출입구, 또는 그 문짝 ②집
    こと [言] : 말, 이야기.
    ごと [每] : ~마다.

4 사색하는 교실

"小泉"이라는 이름에서 "小"자를 "고(こ)"라고 읽는 이유가 여기에 있다. 그러나 일본인들은 여기에서 "こ"를 "꼬"나 "코"로 읽지 않는다. 이처럼 예상과 달리 일반 音價와 다르게 발음하는 경우가 많다. 平仮名의 音價는 고정 된 것이 아니다. 일어라는 것이 조선말(백제말)이라는 사실을 숨기기 위하여 제멋대로 발음하고 있다. 다음 회에서는 "이즈미"에 대하여 발표할 계획이다.

- 모든 일본말?은 이렇게 만들어졌다.

고이즈미 ②

1 연구하는 교실

일본말을 만들 때 모델이 된 말은 "처이어 주며"이다. 이 말을 일본인들은 사투리로 "처이 주미"라고 했다. 이 사투리를 다시 현대 일본인들이 주로 사용하는 "백제 글자"와 "이두"로 써보면 아래와 같다.

   泉い ずみ
    천이 주미   (이두 '천'자의 종성을 없애면)
    처이 주미   (이 사투리를 현대인이 알기 쉽게 고치면)
   처이어 주며   (의 뜻이 된다.)

••• ずみ(주미) : "주며"의 사투리.
 일본인들이 "ず"자를 어떻게 발음 하든 간에 어원상으로 보면 "주"로 발음 되어야 한다.

2 초대 천황, 명치(1867년 : 고종 15년) 이후 일본정부 산하 조선어 비밀연구원들이 위의 말의 띄어쓰기를 무시하며 함부로 갈라서 아래와 같은 사전적 단어를 만들어 내었다. 사실은 여기서 부터가 백제말(조선말)과 일본말?과의 경계선이다.

   いずみ [泉] : 샘, 샘물.   (泉 : 샘 천)

3 언어로 확인한 참 역사

••• 위 단어는 "泉"자를 정책적으로 뜻으로 해석하여 백제의 '(처)이 주미'라는 말이 '샘'이라는 뜻으로 바뀌고 말았다.
••• 위와 같은 방법으로 일본어?의 단어를 만든 결과 "泉"자를 'いずみ'라고 읽는 웃지 못할 꼴이 되었다. 이런 것을 우리는 지금까지 "명치식 읽기"라고 명명해 왔다.
••• '泉'자가 없었다면 'いずみ'가 원래 무엇을 의미했던 백제 말인지 영영 몰랐을 것이다.
••• 모든 일본말?은 이렇게 만들어졌다.

 고치소, 싸 마

1 연구하는 교실

"(날 보고 식사 버릇 좀) 고치소! (해)쌓으면, (내가) 어떻게 (해) 주어야(만 마음에 들겠소?)"이다. 이 말을 일본인들은 사투리로 "고치소 싸마, 어찌 주야…"라고 했다. 이때 여인의 답은 식사를 맛있게 한 뒤에 ("맛있게 잘 먹었습니다."라고 하세요!) 이렇게 시켰으리라 예상된다. 이 말을 다시 현대 일본인들이 주로 사용하는 백제글자와 이두로 써보면 아래와 같다.

　　　ごちそう さま,　　御馳　走様…
　　　고찌소-　사마,　　어치　주양… (이두한자의 종성을 없애면)
　　　고치소　싸마,　　어치　주야… ("찌"자 대신에 "치"자로 대용)
　　　고치소-　싸마,　　어찌　주야… (이 사투리를 알기 쉽게 고치면)
　　　고치소　쌓으면, 어떻게 (해)주어야… (의 뜻이 된다.)

●●● ~쌓다 : "~대다"와 같은 말. (울어쌓다, 웃어대다.)
●●● ~마 : "~면"의 사투리.
●●● ~싸마 : "~쌓으면"의 일본지방 사투리. (平仮名에는 '싸'자가 없으므로 'さ'자로 대용하고 있음.)
●●● 御馳(어치) → 어찌 : "어떻게"의 일본지방 사투리. 이두. (한자에는 '찌'자가 없으므로 '치'자로 대용하고 있음)
●●● 走樣(주양) → 주야 : "(해)주어야"의 일본지방 사투리. 이두.

2 초대 천황, 명치(1867년 : 고종 15년) 이후 일본정부 산하 조선어 비밀연구원들이 위의 말을 함부로 갈라서 아래와 같은 사전적 단어를 만들어 내었다. 사실은 여기서 부터가 백제말(조선말)과 일본말?과의 경계선이다.

　　　ごちそうさま [御馳走樣] : 맛있게 잘 먹었습니다.
　　　　　　　　　　　　　　(馳 : 달릴 치, 走 : 달릴 주, 樣 : 모양 양)

3 언어로 확인한 참 역사

- ••• 위 단어의 뜻은 平仮名과 한자인 이두와 단어의 뜻이 잘 걸 맞는 백제 말로만 구성되어 있다고 여겨진다. 오랜만에 백제 말로만 만들어진 단어가 나왔다. 한자의 뜻으로 해석해 보면 신통한 뜻이 없다.
- ••• 위와 같은 방법으로 일본어?의 단어를 만든 결과 "御馳走樣"을 "ごちそうさま"라고 읽는 웃지 못할 꼴이 되었다.
- ••• 이 결과 '走'자를 'そう'라고 읽고, '樣'자를 'さま'라고 읽는, 웃지 못할, <u>역사적? 인 일본말</u>이 태어난 것이다.
- ••• 또한 "御馳走樣"가 없었다면 "ごちそうさま"가 원래 무엇을 의미했던 백제말인지 영영 몰랐을 것이다. 또한 이제는 <u>御자를 'お'가 아닌 'ご'라고 읽는 이유를 확실히 이해했을 것이다.</u>
- ••• (이 때의 <u>御와 "ご"는 원래 존칭어가 아니었다</u>는 사실을 알 수 있다)
- ••• 파생

    さま [樣] : ①모양, 모습 ②방법 ③님, 氏.

- ••• 모든 일본말이라는 것이 이렇게 만들어졌다. 그리고 종전의 양주동식 이두와는 전혀 다른, 이두의 바른 의미도 충분히 이해했을 줄 믿는다.

쓰나미

1 연구하는 교실

동네 젊은이에게 "(오늘은 왜 이렇게 파도가) 쳐오나, 이~?"하고 물었더니,
『"(그러게 말이에요. 이제는 동네까지 물이 차서 이렇게) 깊으지요!"(라고) 했소.』
이 말을 옛 일본인 (백제인)들은 사투리로

   A. (파도가) 쳐남, 이~?
   B. (이렇게) 지파지라! 했소.

이 말을 다시 현대 일본인들이 주로 사용하는 "백제 글자"와 "이두"로 써보면 아래와 같다.

   つなみ~?   津波津浪, 海嘯.
   쳐나미~?   진파진랑, 해소.   (이두 한자의 종성을 없애면)
   쳐나미~?   지파지라, 해소.   (현대인이 알기 쉽게 고쳐 쓰면)
   쳐남, 이~?   지파지라, 해소.
   쳐나, 이~?   깊으지요, 했소.   (의 뜻이 된다)

2 역사를 보는 눈

- つなみ~ → 쳐나미~ : "쳐남, 이~"의 일본지방 사투리.
- 일본어?에는 '쳐'자를 표기할 만한, 마땅한 字가 없다. 그래서 'つ(쓰)'자로 대용하고 있다. '쳐나미'를 '쓰나미'라고 발음하는 이유가 여기에 있다. 앞으로도 이런 예가 종종 있을 것이므로 주의해야 한다.
- 津波津浪(진파진랑) → '지파지라'의 이두.
- 지파지 : '깊으지'의 사투리. (다른 예→ 지다: '길다'의 사투리)
- ~라 : 어감에 감탄을 나타내는 맺음끝.
- 海嘯(해소) : '했소'의 이두. '했'자의 종성을 표기하지 못한 상태.
  종성 표기가 어렵다면 어렵고 거추장스러워 표기하지 않은 사례도 많으므로 주의를 요한다.
- 이~ : 이야기의 흥을 돋우거나 동의를 청하는 도움말.

3 초대 천황, 명치(1867년 : 고종 15년) 이후 일본정부 산하 조선어 비밀연구원들이 위의 말을 함부로 갈라서 아래와 같은 사전적 단어를 만들어 내었다. 사실은 여기서 부터가 백제말(조선말)과 일본말?과의 경계선이다.

  つなみ [津波. 津浪. 海嘯] : 해일, 해소.
    (津 : 나루 진, 넘칠 진, 波 : 물결 파, 嘯 : 휘파람불 소, 浪 : 물결 랑)

4 언어로 확인한 참 역사

●●● 위 단어는 "津波. 津浪. 海嘯"자를 정책적으로 뜻으로 해석하여 백제 말 "つなみ(처남이)"가 "해일, 해소"라는 뜻으로 바뀌고 말았다.

●●● 위와 같은 방법으로 일본어?의 단어를 만든 결과 "津波. 津浪. 海嘯"자를 'つなみ'라고 읽는 웃지 못할 꼴이 되었다. 이런 것을 우리는 지금까지 "**명치식 읽기**"라고 명명해 왔다.

●●● 津波. 津浪. 海嘯'자가 없었다면 'つなみ'가 원래 무엇을 의미했던 백제 말인지 영영 몰랐을 것이다.

●●● 우리는 2004년 말에 인도네시아에 밀어닥친 엄청난 해일을 기억한다. 신문들은 그것을 "쓰나미"라고 기록했었다.

●●● 조선사람(한국사람)들이 자기나라 말인 **줄** 깨닫지 못하게 '津波. 津浪. 海嘯'처럼 점을 찍어 두었다. 이 점 한 개로 인하여 '**지파지라, 했소**'라는 백제말을 찾아내는데 100년, 200년이 걸리게 된 것이다.

●●● 파생

  つ [津] : 나루터, 항구.
  なみ [波] : ①파도, 물결 ②주름.

5 국어사전의 오류

  해소(海嘯) : ①(강 어귀 같은 곳에서)밀물 때 일어나는 거센 파도.
      ②썰물 때 빠지는 조류가 해면과 충돌할 때 일어나는 파도 소리.

●●● 이런 단어는 국어사전에서 삭제되어야 한다.

 # 黑자를 "구로(くろ)"라고 읽는 이유

1 연구하는 교실

일본말을 만들 때 모델이 된 말은 사투리로 "~하그러, 이~"이다. 일본인들은 더 심한 사투리로 "~흐구로, 이~"라고 했다. 이 사투리를 현대 일본인들이 주로 사용하는 "백제글자"와 "이두"로 써보면 아래와 같다.

　　黑くろ, い~.
　　흑구로, 이~.　　(이두인 '흑'자의 종성을 없애면)
　　흐구로, 이~.　　(이 사투리를 현대인이 알기 쉽게 고치면)
　　하그러, 이~.
　　~하도록, 이~.　　(의 뜻이 된다.)

••• 이~ : 이야기의 흥을 돋우거나 동의를 청하는 도움말.

2
명치이후 일본정부 산하 조선어 비밀연구원들이 위의 말의 띄어쓰기를 무시하며 함부로 갈라서 아래와 같은 사전적 단어를 만들어 내었다. 사실은 여기서 부터가 백제말(조선말)과 일본말?과의 경계선이다.

　　くろい [黒い] : 검다　　(黑 : 검을 흑)

3 사색하는 교실

••• 위 단어는 '黑'자를 뜻으로 해석하여 '(흐)구로'이라는 백제말을 '검다'라는 뜻으로 바꾸어버렸다. 이렇게 단어를 만든 결과 "黑"자를 "くろい"라고 읽는 웃지 못할 꼴이 되었다. 이런 것을 우리는 지금까지 **"명치식 읽기"**라고 명명해 왔다.

••• 黑자 옆의 "い"자는 "くろい"와 균형을 맞추기 위하여 일본정부의 어용학자들이 만들어 써넣은 글자이다.

••• '黑'자가 없었다면 'くろい'가 원래 무엇을 의미했던 백제말인지 영영 몰랐을 것이다.

••• 위에서 보듯이 "백제글자"와 "이두"가 한 치의 착오도 없이 걸맞아 들어가므로 일본

129

어는 백제어(조선어)를, 머리떼고 꼬리 떼는 방식 등으로 만들어 낸 언어? 라는 것을 속 시원하게 밝혀주고 있다.
●●● 물론 명치이전에도 "일본어"라는 것을 사용한 흔적이 여기저기 남아있다. 들판에 있던 광개토대왕의 비도 감쪽같이 고쳐놓는 실력인데 책상 위에 있는 책 정도야 식은 죽 먹기였을 것이다.
●●● 모든 일본말?은 이렇게 만들어졌다.

(뭐하는) 짓이가

1 연구하는 교실

'이것이 무엇 하는 짓이냐?' 손아래 사람의 행동이 옳지 못함을 호되게 나무라는 어른의 말씀이시다. 그러나 왜인들이 사투리로 남겨놓은 말은 '(이게 뭐하는) 지시가?' 중에서 '지시가' 밖에 없다. 점수로 치면 20~30점 정도밖에 안 된다. 말을 할 줄 몰랐던 원주민들이 여러 세대에 걸쳐 말을 배웠지만 이처럼 신통치 못했다. 이 말을 현대 일본인들이 주로 사용하는 백제글자와 이두한자로 써보면 아래와 같다.

叱しか　　(백제글자가 발명되기 전에는 모두 한자로 기록했다)
질시가　　(이두한자의 종성을 없애면)
지시가　　(이 사투리를 현대인이 알기 쉽게 고치면)
짓이가?　 (라는 뜻이 된다)

2 초대 천황, 명치(1867년 : 고종 15년) 이후 일본정부산하 조선어 비밀 연구원들이 위의 말의 띄어쓰기를 무시하고 함부로 갈라서 아래와 같은 사전적 단어를 만들어 내었다. 사실은 여기서 부터가 백제말(조선말)과 일본말?과의 경계선이다.

① しかる [② 叱る] : 꾸짖다. 나무라다.　　(* 叱 : 꾸짖을 질)

3 언어로 확인한 참 역사

●●● 위 단어는 이두인 '叱'자를 정책적으로 뜻으로 해석하여 백제 말 "(지)시가(루)"가 "꾸짖다"라는 뜻으로 바뀌고 말았다. 또한, "(지)시가"라는 백제말 자체가 "꾸짖다"라는 의미를 가지고 있기도 하다.

●●● 위와 같은 방법으로 일본어?의 단어를 만든 결과 '叱る'자를 'しかる'라고 읽는 웃지 못할 꼴이 되었다. 이런 것을 우리는 지금까지 "**명치식 읽기**"라고 명명해 왔다.

●●● <u>백제 말을 한자로 기록해 놓은</u> '叱'자가 없었다면 'しか(る)'가 원래 무엇을 의미했던 백제 말인지 영영 몰랐을 것이다.

●●● 단어 양쪽에 붙어 있는 "る"자는 일본정부가 갖다 붙인 자이다.

••• 모든 일본말?은 이렇게 만들어졌다.

4 일본어?에서 백제말을 복원 해내는 방법

백제 말을 두 부분으로 갈라서 이런 단어를 만들었으므로,
   ①부분의 단어의 원형과
   ②부분의 한자를 흡으로 함께 읽으면
백제말을 복원해 낼 수 있게 된다. 단 한자의 종성이 있을 경우에, 그 종성을 제거하든지 아니면, 간혹 아래로 내려 보내어 읽어야 하는 경우가 있다. 일본어?에는 종성이 없기 때문에 일어나는 부득이한 현상이다.

   * 예) 角(각) → 가꾸→ 가구 (일종의 연철 현상이라고 해둔다)

'일본서기'나 '만엽집' 등을 백제말로 복원할 때에도 같은 방법으로 읽어야 한다.
(그 외의 사항들은 실제로 복원해 나가면서 설명할 계획이다)

 ## "싸게"와 "사께"

1 연구하는 교실

일본말을 만들 때 모델이 된 말은 "빨리 해주"이다. 이 말을 일본인들은 사투리로 "싸게 해주"라고 했다. 이 말을 다시 현대 일본인들이 주로 사용하는 "백제글자"와 "이두"로 써보면 아래와 같다.

  さけ 鮭酒 (이두한자에 종성이 없으므로 그대로 백제말이다)
  사게 해주 (平仮名에는 "싸"자가 없으므로 부득이 "사"자 사용)
  싸게 해주 (이 사투리를 현대인이 알기 쉽게 고치면)
  빨리 해주! (의 뜻이 된다)

2 초대 천황, 명치(1867년 : 고종 15년) 이후 일본정부 산하 조선어 비밀연구원들이 위의 말을 함부로 갈라서 아래와 같은 사전적 단어를 만들어 내었다. 사실은 여기서 부터가 백제말(조선말)과 일본말?과의 경계선이다.

  さけ [鮭] : 연어 (鮭 : 연어 해)
    [酒] : 술   (酒 : 술 주)

3 언어로 확인한 참 역사

- 위 단어는 이두인 '鮭酒'자를 정책적으로 뜻으로 해석하여 백제 말 "싸게"가 "연어, 술"이라는 뜻이 되었다.
- 위와 같은 방법으로 일본어?의 단어를 만든 결과 '鮭酒'자를 'さけ'라고 읽는 웃지 못할 꼴이 되었다. 이런 것을 우리는 지금까지 "**명치식 읽기**"라고 명명해 왔다.
- 다행히 <u>백제 말을 한자로 기록해 놓은</u> '鮭酒'자가 없었다면 'さけ'가 원래 무엇을 의미 했던 백제 말인지 영영 몰랐을 것이다.
- 그리고 꼭 알아 두어야 할 일은, 일본인들이 "さけ"를 어떻게 읽든 간에 어원상으로 보면 "싸게"라고 발음해야 한다. 이 경우는 일본정부와 어용학자들이 백제말인 **줄 모르도록 가장 악랄하게 바꾸어 발음한 예이다.**
- 모든 일본말?은 이렇게 만들어졌다.

 鮨 鮓壽司

1 연구하는 교실

음식이 맛있어서 일까, 아니면 허기가 져서 일까. 모델이 된 말은 "쥐어 잡수시어"이다. 이 말을 일본인들은 "지 자수사"라고 했다. 이 말을 다시 현대 일본인들이 주로 사용하는 이두로 써보면 아래와 같다.

```
鮨  鮓壽司        (이두한자에 종성이 없으므로 그대로 백제말이다)
지   자수사       (현대인이 알기 쉽게 고치면)
쥐   자수사
쥐어 잡수시어    (의 뜻이 된다)
```

2 국어 연구

- 지 : "쥐어"의 사투리. (** "지"를 "주"로 표기하는 사투리도 있다.)

  쥐어 : 단어에 따라 말 그대로 "쥔다"는 뜻도 있으나 (그 뜻보다도) 여러 경우를 종합하여 보면
  : 동사 앞에 붙어서 동사의 움직임을 더욱 강하게, 심하게 움직이는 모습으로 묘사 해주는 역할을 해준다.

  (예) 조차다. (이때에는 "매우 차다"와 뜻이 같다.)
  이외에도 "주 차다, 쥐어 차다, 쥐 차다, 쥐어 뜯다, 쥐어 지르다, 쥐어 박다" 등으로 사용되기도 한다.

- 국어사전에는 이런 내용이 없다. 그러므로 국어원에서 이런 것을 연구하여 발표해야 하지 않을까?
- 자수다 : "잡수다, 자시다"의 의미.
- 쥐어 잡수시어 : 여기에서는 "급히" 또는 허기가 져서 "허급지급 잡수시어"의 의미이다.
- ~사 : "~시어"의 줄인 말.
- 자수사 → 자수시어

2 초대 천황, 명치(1867년 : 고종 15년) 이후 일본정부 산하 조선어 비밀연구원들이 위의 말의 띄어쓰기를 무시하고 함부로 갈라서 아래와 같은 사전적 단어를 만들어 내었다. 사실은 여기서 부터가 백제말(조선말)과 일본말?과의 경계선이다.

　　　すし [鮨. 鮓. 壽司] : 생선 초밥, 김밥.
　　　　　　　　　　(鮨 : 젓갈 지, 鮓 : 젓 자, 壽 : 목숨 수, 司 : 맡을 사)

3 언어로 확인한 참 역사

- 위 단어는 이두인 '鮨. 鮓. 壽司'자를 정책적으로 해석하여 백제 말 "(재)수시"가 "**생선 초밥**" 등의 뜻으로 바뀌고 말았다.
- 위와 같은 방법으로 일본어?의 단어를 만든 결과 '鮨. 鮓. 壽司'자를 'すし'라고 읽는 웃지 못할 꼴이 되었다. 이런 것을 우리는 지금까지 "**명치식 읽기**"라고 명명해 왔다.
- <u>백제 말을 한자로 기록해 놓은</u> '鮨. 鮓. 壽司'자가 없었다면 'すし'가 원래 무엇을 의미 했던 백제 말인지 영영 몰랐을 것이다.
- 또한, 일본정부와 그 어용학자들은 조선사람들이 "鮨. 鮓. 壽司"가 조선말 이두인 줄 몰라보도록 글자사이에 점을 찍어 두었다.
- 일본인들이 "すし"를 어떻게 읽든 간에, 일본말?이라는 것을 감안하드라도, 어원상으로 보면 "수시"라고 발음해야 한다.
- 그리고 "鮨. 鮓. 壽司"를 한자의 뜻으로 해석 해봐도 "생선 초밥"이라는 뜻은 없다. 위처럼, 백제말 "이두"로 읽어야 행간의 의미가 밝혀진다.
- 아무리 말을 만들어도 그렇지 "수시"만 달랑 떼어내어 말을 만들다니… **일본아! 반성 좀 해라!**
- 모든 일본말?은 이렇게 만들어졌다.

일본 전체가 우리 땅이라는 사실을 몰랐으면 몰라도, 이제 그 사실을 알아 낸 이상, 좌시 만 할 수 없다.

 **(잊어라, 카마) x도 잊죠!**

1 연구하는 교실

일본말을 만들 때 모델이 된 말은 "(잊어 달라고 하면) x도 잊지요!"이다. 이 말을 일본인들은 사투리로 "x도 이죠!"라고 했다. 그러나 이두 한자로는 "ㅈ" 종성을 표기하지 못하여 "x도"를 "조도(鳥渡)"라고만 표기했다. 平仮名(백제 글자)이 만들어진 이후는 "ちょっと"라고 백제말을 정확하게 표기했다. 이 말을 다시 현대 일본인들이 주로 사용하는 "이두"로 써보면 아래와 같다.

　　鳥渡 一寸
　　조도 일촌　　(이두 '촌'자의 종성을 없애면)
　　조도 이초　　(한자에는 '쬬'자가 없으므로 '초'자로 대용하고 있다)
　　조도 이쬬　　(현대인이 알기 쉽게 고쳐 쓰면)
　　x도 잊죠!　　(의 뜻이 된다)

2 과거도 미래도 같은 공간

어떤 거리의 사나이가 고관 댁 둘째마님과 우연히 한 번 회포를 푼 적이 있었는데, 다음에 또 한 번 찾아갔더니 자꾸만 잊어 달라고 한다. 그래서 나온 말이 "(잊어 달라고 하면) x도 잊죠!"이다. 선조대의 문장가 정철이 이런 광경을 보았다면 뭐라고 했을까? 임진왜란을 직접 겪은 장관으로서, 야만으로만 여겼던 그들과 전쟁을 해야만 했던 당시 심정이 착잡했으리라 본다.

3
초대 천황, 명치(1867년 : 고종 15년) 이후 일본정부 산하 조선어 비밀연구원들이 위의 말을 함부로 갈라서 아래와 같은 사전적 단어를 만들어 내었다. 사실은 여기서 부터가 백제말(조선말)과 일본말?과의 경계선이다.

　　ちょっと [一寸. 鳥渡] : 잠깐, 조금.　(鳥 : 새 조, 渡 : 건널 도)

4 언어로 확인한 참 역사

- 이 단어에서 우리는, 일본인들이 '鳥渡(조도)'라고 썼지만 'ちょっと(x도)'라고 읽었다는 사실을 알 수 있다. 또한 '鳥渡'는 백제말을 기록한 '이두'라는 사실도 함께 깨달을 수가 있다.
- 위 단어는 "一寸"자를 정책적으로 뜻으로 해석하여 'x도(ちょっと)'라는 백제말이 '잠깐'이라는 뜻으로 바뀌고 말았다. 이렇게 백제말(조선말)은 시해되어 사라져버렸다. 이때 일본정부는 이미 조선침략을 계획했다고 봐야한다.
- 위와 같은 방법으로 일본어?의 단어를 만든 결과 '一寸. 鳥渡'를 'ちょっと'라고 읽는 웃지 못할 꼴이 되었다. 이런 것을 우리는 지금까지 "명치식 읽기"라고 명명해 왔다.
- 그리고 '一寸. 鳥渡'자가 없었다면 'ちょっと'가 원래 무엇을 의미했던 백제 말인지 영영 몰랐을 것이다.
- 일본정부는 조선인(한국인)들이 이두인 줄 모르게 '一寸. 鳥渡'처럼 가운데 점을 찍어 분리시켜 두었다.
- 이처럼 일본정부는 조선말 중에서도 가장 비천한 말을 골라 일본말로 삼았다. 그러므로 앞으로 더 심한 비천한 말들이 쏟아져 나오더라도 글쓴이를 너무 나무라지 마시기를 당부드린다.
- 모든 일본말?은 이렇게 만들어졌다.

이렇게 일상생활에서 왜인들이 백제말을 사용한 증거가 있는데도 여기가 백제고을이 아니라고 할 수 있을까?

매우

1 연구하는 교실

일본말을 만들 때 모델이 된 한국말은 "매우 애절 하였어요"이다. 이 말을 왜인들은 사투리로 "매우 애절었어유." 또는, 이보다 더 심하게 "매우 애저로쓰유"라고 했다. 이 말을 현대 일본인들이 사용하는 백제글자와 이두로 써보면 아래와 같다.

  梅雨 液汁露 つゆ
   매우 액즙로 쓰유 (이두한자의 종성을 없애면)
   매우 애즈로 쓰유 (이 사투리를 현대인이 알기 쉽게 고치면)
   매우 애절었어유
   매우 애절 하였어요 (의 뜻이 된다)

2

명치(1867년 : 고종 15년) 이후 일본정부산하 조선어 비밀연구원들이 백제말의 띄어쓰기를 무시하고 함부로 갈라서 아래와 같은 사전적 단어를 만들어 내었다. 사실은 여기서부터가 조선말(백제말)과 일본말의 경계선이다.

  つゆ [梅雨] : 장마 (梅 : 매화 매, 雨 : 비 우)
   [液・汁] : 국물 (液 : 진 액, 汁 : 진액 즙)
   [露] : 이슬 (露 : 이슬 로)

3 언어로 확인한 참 역사

- 위 단어는 이두인 '梅雨 液汁露'자를 정책적으로 뜻으로 해석하여 백제 말 "(애즈로) 쓰유"가 "장마, 국물, 이슬" 등의 뜻으로 바뀌고 말았다.
- 위와 같은 방법으로 일본어?의 단어를 만든 결과 '梅雨. 液. 汁. 露'자를 'つゆ'라고 읽는 웃지 못할 꼴이 되었다. 이런 것을 우리는 지금까지 "명치식 읽기"라고 명명해 왔다.
- '梅. 雨. 液. 汁. 露'자가 없었다면 'つゆ'가 원래 무엇을 의미했던 백제 말인지 영영 몰랐을 것이다.
- 그리고 일본정부는 조선(한국) 사람들이 알아차리지 못하게 '液・汁'처럼 글자사이에

점까지 찍어 두었다.

또 한가지 통탄하지 않을 수 없는 것은, 어떤 국어사전에서,

『매우(梅雨) : (매실이 익어서 떨어질 무렵에 오는 비라는 뜻으로) '유월 중순께부터 칠월 초순까지 지는 장마'를 이르는 말.』이라고 했다.

거듭 밝히지만 梅雨란 '왜'에서 순 한국말인 '매우'를 한자를 빌려 표기한 말이다. 그 시대에는 문자라고는 한자밖에 없었으므로 梅雨(매우)라고 쓸 수 밖에 없었다. 그것을 일본정부가 위에서처럼 '장마'라는 뜻으로 조작해 낸 것인데, 이 사전이 맞장구를 쳐준 격이 되었다. 일본정부와 일본학자? 들이 박장대소 했을 것임은 보지 않아도 뻔한 일이다. '왜'는 분명히 백제의 한 지방이었고, 그곳에 살던 왜인들은 백제말을 사용하였고, 이 말을 한자로 기록 했었다. 일어 사전에 있는 모든 단어가 이 사실을 입증하고 있다.

 # "앙꼬"가 뭐꼬?

1 연구하는 교실

일본말을 만들 때 모델이 된 말은, 무엇을 했는지 모르지만, "안고 하고"이다. 이 말을 일본인들은 사투리로 "앙꼬 하고"라고 했다. 이 말을 "백제글자"와 "이두"로 써보면 아래와 같다.

    あんこ 餡こ
    앙꼬   함고   (이두인 "함"자의 종성을 없애면)
    앙꼬   하고   (이 사투리를 현대인이 알기 쉽게 고치면)
    안고   하고   (의 뜻이 된다)

2
초대 천황, 명치(1867년 : 고종 15년) 이후 일본정부 산하 조선어 비밀연구원들이 위의 말의 띄어쓰기를 무시하며 함부로 갈라서 아래와 같은 사전적 단어를 만들어 내었다. 사실은 여기서 부터가 백제말(조선말)과 일본말?과의 경계선이다.

    あんこ [餡こ] : 속에 채워 넣는 것.   (餡 : 떡의 소 함)

3 사색하는 교실

••• 위 단어는 '餡'자를 뜻으로 해석하여 '앙꼬'라는 백제말을 '속에 채워 넣는 것'이라는 뜻으로 바꾸어버렸다. 이렇게 단어를 만든 결과 "餡こ"자를 "あんこ"라고 읽는 웃지 못할 꼴이 되었다. 이런 것을 우리는 지금까지 "**명치식 읽기**"라고 명명해 왔다.

••• '餡'자가 없었다면 'あんこ'가 원래 무엇을 의미했던 백제말인지 영영 몰랐을 것이다.

••• 일본인들은 일본정부의 조선 비하정책에도 불구하고 자기들 쓰는 말이 조선말에서 비롯되었으므로 조선을 문화 선진국으로 인식하고 있었다. 그래서 조선인을 존경과 부러움으로 바라보았었다. 그러나 조선인들이 "앙꼬"라는 말을 듣고도 이 말이 조선말인 **줄** 몰라보는 것을 보고, 일본인들은 이 사람들 진짜 "바가야로" 아닌가, 하고 의아해 하기 시작했다.

••• 모든 일본말?은 이렇게 만들어졌다.

万葉集 — 熱愛

되도록 만엽집을 소개해 달라는 요청이 많아서 2탄으로 만엽집중 熱愛(글쓴이가 붙인 제목)를 소개하기로 하였다. 얼핏 보기에 "牽牛", "織女"라는 단어가 보이나 이런 단어에 현혹되어서는 안 된다. 그러나 일본지방(백제 고을)에서도 "牽牛", "織女" 역사가 파다하게 퍼져있었다는 것을 알 수 있다.

1 原文(万葉集 권 제8 — 1522)
牽牛者 織女等
天地之
別時由 伊奈宇之呂
河向立
思空 不安久尒
嘆空 不安久尒 (일부만 게재 — 일본인이 띄어쓰기 한 것임)

2 音譯
견우자 직녀등
천지지

별시유 이나모
지려 하향립

사공 불안구이
탄공 불안구이

3 종성 제거
겨우자 지여드
처지지

벼시유 이나모
지려 하햐리

사고 부아구이
타고 부아구이

4 현대인이 알기 쉽게 고치면(띄어쓰기 변경)

겨우 xx 넣었다.
(그래도) 처지지

볏이 윤이 나면
찔리어야 하리.

싸고 파 구니
타고 파 구니

5 언어로 확인한 참 역사

● (.)안의 글은 이해를 돕기 위하여 글쓴이가 써넣은 자임.
● 영다 : '넣다'의 사투리.
● 等(등) → ~드 : '~다'의 사투리. 이두 표현.
● 볏 : 닭, 꿩 등의 머리위에 세로로 붙은 붉은 살조각(음핵을 의미)
● 牟(모) : '면'의 사투리.
● 유이(由伊) : '윤이'의 이두 표현. 사투리.
● 윤 : 광택.
● ~나모 : '~나면'의 사투리.
● 지려하(之呂河) → 지리어하 → "찔리어야"의 사투리, 이두. (여성 상위를 의미)
● 려 : "리어"의 이합사.
● 하 : "아" "야"의 고어. (다른 예 : 사무하→ 삶아)
● 향립(向立) → 햐리 : "하리"의 사투리, 이두.

- 굴다 : 그러하게 행동함을 나타내는 말.
- 구이 : '구니'의 사투리.

※ 이영희는 '**牽牛者織女**'에서 牽(끌견)자만 뜻으로 읽고, 나머지는 音으로 읽어서 '**끌우 자치여**' 즉 '끌어 젖히어'라고 해석했다. (왜 牽자만, 뜻으로 읽어야만 했을까? 납득이 되지 않는다. 다른 자도 뜻으로 해석하면 얼마든지 다른 뜻으로 바뀔 수 있다. 그러므로 누가 해석을 해도 같은 뜻이 되도록, 위처럼 모두 **음역**을 해야 한다)

※ 지금까지 많은 이가 만엽집을 해석한 적이 있지만 모두 해석이 잘못 되었다.

아나따

1 연구하는 교실

일본말을 만들 때 모델이 된 말은 '안았다가 끼워 봐버려!'이다. 이 말을 일본인들은 사투리로 '아나따, 끼바뻬!'라고 했다. 이 말을 다시 현대 일본인들이 주로 사용하는 백제글자와 이두로 써보면 아래와 같다.

あなた,	貴方彼!	
아나따,	귀방피!	(이두한자의 종성을 없애면)
아나따,	귀바피!	(한자에는 '뻬'자가 없으므로 '피'자로 대용하고 있다.)
아나따,	귀바뻬!	(한자에는 "끼"자가 없으므로 "귀"자로 대용)
아나따,	끼바뻬!	(현대인이 알기 쉽게 고치면)
안았다(가)	끼워 봐버려!	(의 뜻이 된다)

- ~다 : '~다가'의 사투리. (비가 오다 그쳤다)
- 貴方彼(귀바뻬) → 끼바뻬 : '끼워 봐버려'의 이두, 사투리.

2

초대 천황, 명치(1867년 : 고종 15년) 이후 일본정부 산하 조선말 비밀연구원들이 위의 말을 함부로 갈라서 아래와 같은 사전적 단어를 만들어 내었다. 사실은 여기서 부터가 백제 말(조선 말)과 일본 말?과의 경계선이다.

あなた [貴方] : 당신.
　　　　 [彼方] : 저쪽, 저편.

3 언어로 확인한 참 역사

- 위 단어는 이두인 '貴方. 彼方'자를 정책적으로 뜻으로 해석하여 백제 말 "아나따"가 "당신, 저쪽"이라는 뜻으로 바뀌고 말았다.
- 위와 같은 방법으로 일본어?의 단어를 만든 결과 '貴方, 彼方'자를 'あなた'라고 읽는 웃지 못할 꼴이 되었다. 이런 것을 우리는 지금까지 "**명치식 읽기**"라고 명명해 왔다.
- 또한, <u>백제 말을 한자로 기록해 놓은</u> '貴方彼'자가 없었다면 'あなた'가 원래 무엇을

의미했던 백제 말인지 영영 몰랐을 것이다.
- 그리고 彼자 옆에 있는 方자는 "貴方"과 균형을 맞추기 위하여 일본정부가 갖다 붙인 字이다.
- 뿐만 아니라, 일본정부와 그 어용학자들은, 조선사람들이 "貴方彼"가 조선말 이두인 **줄** 몰라보도록 글자사이에 점을 찍어 두기도 하고, 새 단어도 만들어 두었다.
- 모든 일본말?은 이렇게 만들어졌다.

자이 끼노-?

1 연구하는 교실

"(여태까지 TV만 보고 있더니) 자니까 끼우나!" 이 말을 일본인들은 사투리로 "자이 끼노-!"라고 했다. 이 말을 다시 현대 일본인들이 주로 사용하는 "백제 글자"와 "이두"로 써보면 아래와 같다.

 昨日 きのう
 작일 끼노- (이두 "작일"자의 종성을 없애면)
 자이 끼노-! (이 사투리를 현대인이 알기 쉽게 고치면)
 자니까 끼우나! (의 뜻이 된다)

••• 昨日(작일) → 자이 : '자니까'의 이두, 사투리. 한자의 뜻에 현혹되면 안 되겠다.

2

초대 천황, 명치(1867년 : 고종 15년) 이후 일본정부 산하 조선어 비밀연구원들이 위의 말을 함부로 갈라서 아래와 같은 사전적 단어를 만들어 내었다. 사실은 여기서 부터가 백제말(조선말)과 일본말?과의 경계선이다.

 きのう [昨日] : 어제 (昨 : 어제 작)

3 역사를 보는 눈

••• 위 단어는 이두인 '昨日'자를 뜻으로 해석하여 백제 말 "끼노-"가 "어제"라는 뜻으로 바뀌고 말았다.
••• 위와 같은 방법으로 일본어?의 단어를 만든 결과 '昨日'자를 'きのう'라고 읽는 웃지 못할 꼴이 되었다. 이런 것을 우리는 지금까지 "**명치식 읽기**"라고 명명해 왔다.
••• '昨日'자가 없었다면 'きのう'가 원래 무엇을 의미했던 백제 말인지 영영 몰랐을 것이다.
••• 모든 일본말?은 이렇게 만들어졌다.

> 백제고을에 무슨 천황 같은 것이 있을 수 있었겠는가? 이제 우리는 한·일 간의 역사를 바로 잡아야 한다. 바야흐로 그래야 할 시대가 도래해 왔다!

 ## "가따 구나?" 이 사투리 꽤 어렵지요?

1 연구하는 교실

일본말을 만들 때 모델이 된 말은 "(그렇게 가지 말라고 말리는데도) 왜? 갔다고 그러나? (고집스럽게)"이다. 이 말을 일본인들은 사투리로 "와? 가따 구나?"라고 했다. 이 말을 다시 현대 일본인들이 주로 사용하는 "백제글자"와 "이두"로 써보면 아래와 같다.

頑? かた くな?
완? 가따 구나?　　(이두한자의 종성을 없애면)
와? 가따 구나?　　(이 사투리를 현대인이 알기 쉽게 고치면)
왜? 갔다 그나?
왜? 갔다고 그러나? (의 뜻이 된다)

- 頑(완) → 와? : '왜?'의 이두, 사투리.
- 가따 : '갔다고'의 사투리.
- 구노? → 구나? → 그나? : '그러나?'의 일본지방 사투리.
- 위에 기록된 글은 객관적으로, 누가 봐도 백제말을 기록하였으니 모두 "백제말"이요, "백제글자"이다. 결코 "일본말"이나 "일본글자"가 아니다.

2 초대 천황, 명치(1867년 : 고종 15년) 이후 일본정부 산하 조선어 비밀연구원들이 위의 말의 띄어쓰기를 무시하며 함부로 갈라서 아래와 같은 사전적 단어를 만들어 내었다. 사실은 여기서 부터가 백제말(조선말)과 일본말?과의 경계선이다.

かたくな [頑な] : 완고함, 고집스러움.　　(頑 : 완고할 완)

3 언어로 확인한 참 역사

- 위 단어는 위에 예시된 문장에 이미 "고집스럽다"는 뜻이 내재되어 있다. 게다가 일본의 어용학자들은 한자까지 頑(완고할 완)자를 착안해 내어 더욱 "고집스러움"이라는 뜻을 강조하였다.
- 頑자 옆에 있는 'な'자는 일본의 어용학자들이 "かたくな"와 균형을 맞추기 위하여

147

만들어 넣은 글자이다.
- 이렇게 단어를 만든 결과 "頑な"자를 "かたくな"라고 읽는 웃지 못할 꼴이 되었다. 이런 것을 우리는 지금까지 "명치식 읽기"라고 명명해 왔다.
- '頑な'자가 없었다면 'かたくな'가 원래 무엇을 의미했던 백제말인지 영영 몰랐을 것이다.
- 모든 일본말?은 이렇게 만들어졌다.

 # 가, 넣 죠삐여

1 연구하는 교실

어디에, 왜? 그 아이를 넣어주라고 했는지는 모르지만, "그 아이 넣어 줘버려!"라고 했다. 이 말을 일본인들은 사투리로 "가, 노 조삐여"라고 했다. 이 말을 다시 현대 일본인들이 주로 사용하는 "백제글자"와 "이두"로 써보면 아래와 같다.

  か, の じょ彼女! (이두 '彼女'에 종성이 없으므로 그대로 백제말이 된다)
  가, 노 죠피여! (한자에는 '삐'자가 없으므로 '피'자로 대용하고 있다.)
  가, 노 죠삐여! (이 사투리를 현대인이 알기 쉽게 고치면)
  걔, 넣어 줘버려! (의 뜻이 된다)

- 가→ 걔 : '그 아이'의 사투리, **줄인** 말.
- 노 : '넣어'의 일본지방 사투리.
- 죠삐여 : '줘버려'의 사투리.

2

초대 천황, 명치(1867년 : 고종 15년) 이후 일본정부 산하 조선어 비밀연구원들이 위의 말의 띄어쓰기를 무시하며 함부로 갈라서 아래와 같은 사전적 단어를 만들어 내었다. 사실은 여기서 부터가 백제말(조선말)과 일본말?과의 경계선이다.

  かの-じょ [彼女] : 그녀 (彼 : 저 피)

3 언어로 확인한 참 역사

- 위 단어는 '彼女'자를 뜻으로 해석한 결과, 백제말 "**가, 노죠**"라는 말이 "**그녀**"라는 뜻으로 바뀌고 말았다. 이렇게 단어를 만든 결과 "彼女"를 "かの-じょ"라고 읽는 웃지 못할 꼴이 되었다. 이런 것을 우리는 지금까지 "**명치식 읽기**"라고 명명해 왔다.
- '彼女'자가 없었다면 'かの-じょ'가 원래 무엇을 의미했던 백제말인지 영영 몰랐을 것이다.
- 파생

かの [彼の] : 저, 그.   (彼 : 저 피)
じょ [女] : 여자.

●●● 모든 일본말?은 이렇게 만들어졌다.

 # 가따 펴봐

1 연구하는 교실

일본말을 만들 때 모델이 된 말은 "(이것이 뭣이냐?) 갖다 펴 봐! (펴 봐도 모르겠는걸) 끼워서 해! (이렇게) 끼우고 해!"이다. 이 말을 일본인들은 사투리로 "가따 펴 바! 껴 혀! 껴고 혀!"라고 했다.

••• 가따 : "갖다"의 사투리.

이 말을 다시 현대 일본인들이 주로 사용하는 "백제글자"와 "이두"로 써보면 아래와 같다.

```
かた 片 方! 肩 形! 堅固 型!
가따 편 방! 견 형! 견고 형!      (이두한자의 종성을 없애면)
가따 펴 바! 껴 혀! 껴고 혀!      (한자에 '껴'자가 없어서 '肩, 堅'자로 대용)
가따 펴 바! 껴 혀! 껴고 혀!      (이 사투리를 현대인이 알기 쉽게 고치면)
갖다 펴 봐! 끼어 해! 끼어고 해!
갖다 펴 봐! 끼워 해! 끼우고 해!  (의 뜻이 된다)
```

2 초대 천황, 명치(1867년 : 고종 15년) 이후 일본정부 산하 조선어 비밀연구원들이 위의 말의 띄어쓰기를 무시하며 함부로 갈라서 아래와 같은 사전적 단어를 만들어 내었다. 사실은 여기서 부터가 백제말(조선말)과 일본말?과의 경계선이다.

```
かた [片] : 한 쪽
     [方] : 분
     [肩] : 어깨           (肩 : 어깨 견)
     [形] : 모양           (形 : 모양 형)
     [堅. 固] : 굳은, 딱딱한  (堅 : 굳을 견, 固 : 굳을 고)
     [型] : 틀, 본          (型 : 거푸집 형)
```

3 언어로 확인한 참 역사

- 위 단어는 이두한자 "片. 方. 肩. 形. 堅. 固. 型"자를 뜻으로 해석하여 백제말 "가따"가 '한 쪽, 분, 어깨' 등으로 바뀌어 버렸다.
- 이렇게 단어를 만든 결과 "片. 方. 肩. 形. 堅. 固. 型"자를 "かた"라고 읽는 웃지 못할 꼴이 되었다. 이런 것을 우리는 지금까지 "명치식 읽기"라고 명명해 왔다.
- '片. 方. 肩. 形. 堅. 固. 型'자가 없었다면 'かた'가 원래 무엇을 의미했던 백제말인지 영영 몰랐을 것이다.
- 모든 일본말?은 이렇게 만들어졌다.

 # 가마비수, 시(어), 이~

1 연구하는 교실

일본말을 만들 때 모델이 된 말은 "뼈대버리면 '감어버리소'(라고) 하시어, 이~"이다. 이 말을 일본인들은 사투리로 "뼈뽀, 가마비수, 시, 이~"라고 했다. 이 말을 다시 현대 일본인들이 주로 사용하는 백제글자와 이두로 써보면 아래와 같다.

喧囂, かまびす, し, い~.
훤효, 가마비수, 시, 이~. (이두인 '훤'자의 종성을 제거하면)
훠효, 가마비수, 시, 이~. (한자에는 '뼈'와 '뽀'자가 없으므로 '훠'와 '효'자로 대용하고 있음)
뼈뽀, 가마비수, 시, 이~ (이 사투리를 현대인이 알 수 있게 고치면)
빻어버리면, 감아버리소, 시(어), 이~. (의 뜻이 된다.)

- ●●● 훠 : '뼈'자가 연음화 된 것.
- ●●● 뼈 : '빻다'의 일본지방 사투리.
- ●●● 효 : '뽀'자가 연음화 된 것.
- ●●● ~뽀 : '~버려'의 일본지방 사투리.
- ●●● 이~ : 이야기의 흥을 돋우거나 동의를 청하는 도움말.

2

초대 천황, 명치(1867년 : 고종 15년) 이후 일본정부 산하 조선어 비밀연구원들이 위의 말의 띄어쓰기를 무시하고 함부로 갈라서 아래와 같은 사전적 단어를 만들어 내었다. 사실은 여기서 부터가 백제말(조선말)과 일본말?과의 경계선이다.

かまびすしい [喧しい, 囂しい] : ①시끄럽다. 소란스럽다.
(喧 : 시끄러울 훤, 囂 : 시끄러울 효)

3 언어로 확인한 참 역사

- ●●● 위 단어는 이두인 喧(훤)과 囂(효)자를 뜻으로 해석한 결과 백제말 "가마비수 시, 이"가 "시끄럽다"라는 뜻으로 바뀌고 말았다. 하기는, 위에서 빻어 오는데 감어버리시니 소란스럽기도 하겠다.

- 또한, '훤'과 '효'자 옆에 있는 'しい'는 위에서 보듯이 원래는 없던 자이나, 'かまびすしい'와 균형을 맞추기 위하여 써넣은 글자이다.
- 위와 같은 방법으로 일본어?의 단어를 만든 결과 喧(훤)과 囂(효)자를 'かまびす'라고 읽는 웃지 못할 꼴이 되었다.
- 모든 일본말?은 이렇게 만들어졌다.

 # 고아 보거라

1 연구하는 교실

일본말을 만들 때 모델이 된 말은 "고아 보거라 시어, 이~"이다. 이 말을 일본인들은 사투리로 "과 보고라 시, 이~"라고 했다. 이 말을 다시 현대 일본인들이 주로 사용하는 "백제글자"와 "이두"로 써보면 아래와 같다.

    誇 ほこら し, い~   (이두한자에 종성이 없으므로 그대로 백제말이다)
    과 호고라 시, 이~   ("과"자는 "고아"의 이합사이므로)
    고아 호고라 시, 이~   ('보'자를 '호'자로 연음화 하여 표기했음)
    고아 보고라 시, 이~   (다시 현대인이 알기 쉽게 고치면)
    고아 보거라 시어, 이~ (의 뜻이 된다)

●●● 일본 정부는 많은 경우에 "ㅂ"음을 "ㅎ"이나 "ㅇ"음으로 연음화하여 표기하였다.
●●● 일인들의 발음에 '거'라는 발음은 없다. 그래서 부득이 '고'라고 표기했다. 그러나 '거'자를 '구'로 표기한 경우도 많다. 이 경우에는 아주 특별한 사례가 있는데 후일로 미룬다.

2 초대 천황, 명치(1867년 : 고종 15년) 이후 일본정부 산하 조선어 비밀연구원들이 위의 말의 띄어쓰기를 무시하며 함부로 갈라서 아래와 같은 사전적 단어를 만들어 내었다. 사실은 여기서 부터가 백제말(조선말)과 일본말?과의 경계선이다.

    ほこらしい [誇らしい] : 자랑스럽다.   (誇 : 자랑할 과)

3 언어로 확인한 참 역사

●●● 위 단어는 '誇'자를 뜻으로 해석하여 '보고라시어, 이~'라는 백제말이 "자랑스럽다"라는 뜻으로 바뀌어버렸다.
●●● 이렇게 단어를 만든 결과 "誇"자를 "ほこ"라고 읽는 웃지 못할 꼴이 되었다. 이런 것을 우리는 지금까지 "명치식 읽기"라고 명명해 왔다.

- '誇'자가 없었다면 'ほこらしい'가 원래 무엇을 의미했던 백제말인지 영영 몰랐을 것이다.
- "誇"자 옆의 'らしい'는 "ほこらしい"와 균형을 맞추기 위하여 일본정부의 어용학자들이 써넣은 글자들이다.
- 모든 일본말?은 이렇게 만들어졌다.

 # 岡田克也?

1 연구하는 교실

이 사람 이름 "오까다 가쓰야" (지금은 미국 식 발음을 가미하여 '오카다'라고 발음하지만) 는 명치식 읽기를 한 것으로 보통 사람은 백제 말의 흔적을 찾기가 쉽지 않다. 그러나 위 한자를 이두로 읽어보면 그 선조를 어렴풋이나마 가늠케 해준다.

    岡田克也
    강전극야   (이두한자의 종성을 없애면)
    가저그야   (현대인이 알기 쉽게 고치면)
    갖을꺼야   (의 뜻이 된다)

비록 백제는 사라지고 없지만 그 정신은 살아, 이어지고 있다.

友達 ①

일본인들은 友達 을 "ともだち"라고 읽는다. 그렇다면 왜, 友자를 "とも"라고 읽고 達자를 "たち"라고 할까? 왜 그런지 한 번 알아봐야겠다.

とも

1 연구하는 교실

"(울고) 또 울고 (그렇게 사정하는데도 그 사내가 인정사정없이 등에) 괴어버리고 넣으면" 이런 기가 막힌 상황에서 여자는 어떻게 했을까? 이 말을 일본인들은 사투리로 "또 우고, 고벼 노모"라고 했다. 이 말을 다시 현대 일본인들이 주로 사용하는 백제글자와 이두로 써보면 아래와 같다.

と 友共	供鞊	**艫も**	
또 우공	공병	**노모**	(이두한자의 종성을 없애면)
또 우고,	고벼	노모	(이 사투리를 알기 쉽게 고치면)
또 울고,	괴어버려서	넣으면	(의 뜻이 된다)

●●● 고벼(供鞊) : "괴어버려서"의 사투리, 이두.
●●● 노모(艫も) : "넣으면"의 사투리, 이두.

2 초대 천황, 명치(1867년 : 고종 15년) 이후 일본정부 산하 조선어 비밀연구원들이 위의 말의 띄어쓰기를 무시하고 함부로 갈라서 아래와 같은 사전적 단어를 만들어 내었다. 사실은 여기서 부터가 백제말(조선말)과 일본말?과의 경계선이다.

とも [友] : 벗　　　　　　　　　　　　　　　(友 : 벗 우)
　　　[共] : 같음, 동시　　　　　　　　　　　 (共 : 함께 공)
　　　[供] : 수행원　　　　　　　　　　　　　(供 : 이바지할 공)
　　　[鞊] : 활을 쏠 때 왼쪽 팔목 안쪽에 대는 가죽으로 만든 물건.(鞊 : 활팔찌 병)
　　　[艫] : 선미　　　　　　　　　　　　　　(艫 : 뱃머리 노)

3 언어로 확인한 참 역사

- ●●● 위 단어는 이두인 '友. 共. 供. 鞆. 艫'자를 정책적으로 또는 뜻으로 해석하여 백제 말 "또, ~모"가 "벗, 선미" 등의 뜻으로 바뀌고 말았다.
- ●●● 위와 같은 방법으로 일본어?의 단어를 만든 결과 '友. 共. 供. 鞆. 艫'자를 'とも'라고 읽는 웃지 못할 꼴이 되었다. 일본어라는 것을 만든 것 중에서 가장 악랄한 방법이라고 하겠다. 이런 것을 우리는 지금까지 "명치식 읽기"라고 명명해 왔다.
- ●●● 또한, 백제 말을 한자로 기록해 놓은 '友. 共. 供. 鞆. 艫'자가 없었다면 'とも'가 원래 무엇을 의미했던 백제 말인지 영영 몰랐을 것이다.
- ●●● 뿐만 아니라, 일본정부와 그 어용학자들은, 조선사람들이 "友. 共. 供. 鞆. 艫"가 조선말 이두인 줄 몰라보도록 각각의 단어를 만들어 두었다.
- ●●● 이런 사유로 일본인들이 'とも'를 어떻게 읽든지 간에 어원상으로 보면 일본말?이라는 것을 감안 하더라도, "또모"라고 발음해야 한다.
- ●●● 모든 일본말?은 이렇게 만들어졌다.

たち

1 연구하는 교실

"(모닥불을 더 피우지 않아도 되니까) 나무를 가져오지 말라는 대도 (나무를) 지고 갔다지?" 이 말을 백제의 '야마되 현' 사람들은 사투리로 '다 때대도 지 갔다지?'라고 했다. 다시 이 말을 현대 일본인들이 주로 사용하는 이두한자와 백제글자로 써보면 아래와 같다.

	達	太大刀	質	舘たち	
	달	태대도	질	관다찌	(이두한자의 종성을 없애면)
	다	태대도	지	과다지	(한자에는 "때"자가 없어서 "태"자로 대용)
(불을)	다	때대도	지고	가다지?	(이 말을 현대인이 알기 쉽게 고치면)
	다	때었데도	지고	가까지?	
	다	때었데도	지고	갔다지?	(의 뜻이 된다.)

2 역사를 보는 눈

- 때다 : 아궁이 따위에 불을 넣다. (군불을 때다.)
- ~대도 : '~다 하여도'의 준말. (없대도 그러네.)
- 지 : '지고'의 사투리.
- 과 : 백제시대에는 '과'자와 '가'자를 구별 없이 사용한 때도 있었다.
- ~다지 : '~다 하지'의 준말. (줄 수 없다지?)
- 平仮名은 한글보다 음역이 넓다.

    (예) た: 타, 따, 다. ち: 치, 찌, 지 등.

    그러므로 た는 '따'로만 발음 해야만 된다는 고정관념을 버려야 한다. 백제 말을 기록하기 위하여 만들 때부터 그렇게 태어났다.

3 명치이후 일본정부 산하 조선어 비밀 연구원들이 위의 말을 함부로 갈라서 아래와 같은 사 전적 단어를 만들었다. 사실은 여기서 부터가 백제 말과 일본 말의 경계선 이다.

    たち [達] : 들. (복수를 나타냄)   (達 : 통달할 달)
    [太刀, 大刀] : 칼. 나라시대에는 도검의 총칭, 평안시대 이후는 허리에 차는 긴 칼.
                                              (太 : 클 태)
    [質] : 사람의 성질.   (質 : 바탕 질)
    [館] : 작은 성, 위인의 저택.   (館 : 객사 관)

4 언어로 확인한 참 역사

- 위 단어는 이두인 '達. 太大刀. 質. 館'자를 정책적으로 또는 뜻으로 해석하여 백제 말 "~다지"가 "들, 칼" 등의 뜻으로 바뀌고 말았다.
- 위와 같은 방법으로 일본어?의 단어를 만든 결과 '達. 太刀. 大刀. 質. 館'자를 'たち'라고 읽는 웃지 못할 꼴이 되었다. 이런 것을 우리는 지금까지 "명치식 읽기"라고 명명해 왔다.
- 또한, <u>백제 말을 한자로 기록해 놓은</u> '達. 太大刀. 質. 館'자가 없었다면 'とも'가 원래 무엇을 의미했던 백제 말인지 영영 몰랐을 것이다.

- 그리고 太子 옆에 있는 刀자는 大刀와 균형을 맞추기 위하여 일본정부와 어용학자들이 써넣은 字이다.
- 뿐만 아니라, 일본정부와 그 어용학자들은, 조선사람들이 "達. 太刀. 大刀. 質. 館"가 조선말 이두인 **줄** 몰라보도록 각각의 단어를 만들어 두었다.
- 이런 사유로 일본인들이 'たち'를 어떻게 읽든지 간에 어원상으로 보면 일본말?이라는 것을 감안 하더라도, "다지"라고 발음해야 한다.

5 빛나는 가짜 역사

여기에서 한 가지 웃기는 일은, 우리가 이미 알고 있듯이 "太大刀"도는 칼이 아니다. 그런데도 일본정부는 위 단어 설명에서 마치 실제로 존재 하였던 역사 사실인 것처럼 "나라시대나 평안시대의 칼" 운운하고 있다. 일본 역사는 이처럼 책상 위에서 기록해 넣은 경우가 허다하다. 거의 전부가 그렇다고 해도 과언이 아니다. 일본정부는 이렇게 판단하고 뱃장을 부리고 역사를 기술했다. 일본정부가 거짓 역사를, 세계에 빛나는 역사로 바꿔 놓았더라도 조선 사람들이 거짓이라고 밝혀 낼 길은 없었다. 현대자동차를 타고 과거로 가볼 수는 없을 터이니까.

友達 ②

1 연구하는 교실

그렇다면 "友達"은 어디에서 나온 말일까? "(저희들끼리 이야기하게 자리를) 비켜 주세, (그러자 아랫 것들이, 예) 나갑니다." 했다. 이 말을 '야마되 현' 사람들은 사투리로 "비에 주세, (예) 나가우다."라고 했다. 이 말을 다시 현대 일본인들이 주로 사용하는 이두한자와 백제글자로 써보면 아래와 같다.

背 中세, なか友達
배 중세, 나가우달   (이두한자의 종성을 없애면)
배 주세, 나가우다.   (현대인이 알기 쉽게 고치면)
비에 주세, 나가우다.
비켜 주세, 나갑니다.   (의 뜻이 된다.)

- ●●● 背(배) → 비에 : '비켜'의 옛 사투리. 이합사.
- ●●● ~우다 : 그러 하우다 ('그러 합니다'의 뜻)

2

명치이후 일본정부 산하 조선어 비밀 연구원들이 위의 말을 함부로 갈라서 아래와 같은 사전적 단어를 만들어 내었다. 사실은 여기서 부터가 백제 말(조선 말)과 일본 말의 경계선이다.

　　せ-なか [背中] : 등. (이 단어에서 "友達"은 떼어 놓았다가 아래와 같은 말을 만들었다)
　　せ-なか 友達 (とも-だち) : (사무실 등에서 좌석 배치가) 서로 등을 맞대고 있는 사람.

3 언어로 확인한 참 역사

- ●●● 위 단어는 이두인 "背中"자를 정책적으로 뜻으로 해석하여 백제 말 "(비켜주)세 나가" 가 "등"이라는 뜻으로 바뀌고 말았다.
- ●●● 위와 같은 방법으로 일본어?의 단어를 만든 결과 '背中'자를 'せなか'라고 읽는 웃지 못할 꼴이 되었다. 이런 것을 우리는 지금까지 "명치식 읽기"라고 명명해 왔다.
- ●●● 다행히 백제 말을 한자로 기록해 놓은 '背中'자가 없었다면 'せ-なか'가 원래 무엇을

의미했던 백제 말인지 영영 몰랐을 것이다.
- 또한, 일본인들이 "せ-なか"를 어떻게 읽든 간에, 어원상으로 보면 일본말?이라는 것을 감안 하더라도, "세나가"라고 발음해야 한다.
- 파생

    ともだち [友達] : 친구

- 모든 일본말?은 이렇게 만들어졌다.

세고 곯아

1 연구하는 교실

일본말을 만들 때 모델이 된 말은 "(머리도) 세고, 곯아"이다. 이 말을 일본인들은 사투리로 "시고 고러"라고 했다. 그러나 백제 글자에는 '러'자가 없으므로 선택할 수 있는 'る'자, 'ろ'자 중에 'ろ'자를 선택하여 기록했다. 글자에 의하여 말도 달라지기 시작한 것이다. 이 말을 다시 현대 일본인들이 주로 사용하는 '백제 글자'와 '이두'로 써보면 아래와 같다.

心こ　ころ
심고　꼬로　　(이두인 한자의 종성을 없애면)
시고　꼬로　　(이 사투리를 현대인이 알 수 있게 고치면)
시고　고러
세고　곯아　　(의 뜻이 된다.)

- 시다 : '세다'의 사투리.
- 세다 : 머리가 희어지다.
- 골어 → 고러 → 꼬러 → 꼬로 : '곯아'의 일본지방 사투리.

[* 왜지방의 백제인들은 '고러'라고 말했더라도, 위에서 보듯이 일본정부가 같은 "こ"자의 발음을 "고"라고 하기도 하고 "꼬"라고 하기도 하다보니, 한글처럼 음가가 고정되지 않아서 말도 달라졌다고 판단된다.]

요즘은 또 "코"라고 발음하고 있다.

- 어디 "こ"자만 그런가? "た"자, "か"자도 마찬가지다. にごり가 없는데도 "た"를 "다"라고 읽고 "か"를 "가"라고 읽기도 하니 제멋대로이다. 조선(한국)사람들이 "일본말이라는 것은 한국말이다"라는 사실을 깨닫지 못하게 온갖 노력을 다해 왔다고 보면 이해가 안 되는 것도 아니다. 일본말이라는 것은, 이런저런 이유로 본토 백제말의 발음과 조금씩 조금씩 달라지게 되었다. 어떻게 되었든 간에, "(시)고 꼬로"라는 말을 "시고

고려"라고 볼 줄 알아야 온전한 백제말을 찾아낼 수 있다.]
- ••• 곯다 : 속으로 골병이 들다.

2 초대 천황, 명치(1867년 : 고종 15년) 이후 일본정부 산하 조선어 비밀연구원들이 위의 말의 띄어쓰기를 무시하고 함부로 갈라서 아래와 같은 사전적 단어를 만들어 내었다. 사실은 여기서 부터가 백제말(조선말)과 일본말?과의 경계선이다.

こころ [心] : 마음   (心 : 마음 심)

3 언어로 확인한 참 역사
- ••• 위 단어는 이두인 '心'자를 정책적으로 뜻으로 해석하여 백제 말 "(시)고 꼬로"가 "마음"이라는 뜻으로 바뀌고 말았다.
- ••• 위와 같은 방법으로 일본어?의 단어를 만든 결과 '心'자를 'こころ'라고 읽는 웃지 못할 꼴이 되었다. 이런 것을 우리는 지금까지 **"명치식 읽기"**라고 명명해 왔다.
- ••• 또한, '心'자가 없었다면 こころ"가 원래 무엇을 의미했던 백제 말인지 영영 몰랐을 것이다.
- ••• 이처럼 가장 일본적인 말 '고꼬로'까지 백제 말이니 다른 말은 더 논할 것도 없을 것이다.
- ••• 일본인들이 "こころ"를 어떻게 읽든 간에 어원상으로 보면 일본인들의 발음을 고려 하드라도 "고고로"라고 읽어야 한다.
- ••• 모든 일본말?은 이렇게 만들어졌다.

 ## 혹시 "~배끼"라는 사투리를 아십니까?

1 연구하는 교실

"(가야 한다면 갈 수)밖에 없다." 이 말에서 "~밖에 없다."라는 말을 일본인들은 사투리로 "~배끼"라고만 했다. 물론 "~배끼 없다"라고 하면 더 완벽한 백제 말(조선말)이 되겠지만 "없다"라는 말을 생략하고 "~배끼"라고만 해도 그 뜻을 충분히 알 수 있다. 다시 말하면 "~배끼"라는 말에는 "없다"라는 말이 내재 되어 있다고 생각하면 문장을 이해하기가 쉽겠다. (이런 예비지식을 가지고 아래 글을 읽으면 도움이 될 것이다.)

이 아낙네는 방사를 오래 끌어가면 미워하는 남편에게 복수할 수 있는 기회라고 생각했다. 그래서 혼잣말로 "(서방이) 미워 미워, (시간을) 끄어 갈 (수) 밖에 (없다)"라고 결심했다. 이 말을 일본 아낙네는 사투리로 "미어 미어, 끄 가배끼"라고 했다. 이 말을 현대 일본인들이 주로 사용하는 백제글자와 이두로 써보면 아래와 같다.

　　羃,　　羃,　巾　可べき
　　멱,　　멱,　건　가배끼　　(이두인 '멱', '건'자의 종성을 제거하면)
　　며,　　며,　거　가배끼　　(이 사투리를 현대인이 이해하기 쉽게 고치면)
　　미어, 미어, 거 가배끼
　　미워, 미워, 끄(어) 갈밖에　 (의 뜻이 된다.)

2 역사를 보는 눈

- 며, 며 : '미어, 미어'의 이합사.
- 거 : '끄어'의 사투리
- ~배끼 : "~밖에"의 사투리.
- 한자에는 '끄'자가 없으므로 '거'자로 대용하고 있다.
- 이미 다 아는 이야기이지만 일본인들은 '갈'자의 표기가 어려워 '가'라고만 썼다. 그러나 경우에 따라 "갈"자를 '가리' 등으로 표기한 사례도 있다. 'ㄹ'을 아래로 내려 보낸(연철시킨) 효과를 내고 있다. 마치 '角(각)'을 '가꾸'라고 읽는 것처럼...

3 초대 천황, 명치(1867년 : 고종 15년) 이후 일본정부 산하 조선어 비밀연구원들이 위의 말의 띄어쓰기를 무시하고 함부로 갈라서 아래와 같은 사전적 단어를 만들어 내었다. 사실은 여기서 부터가 백제말(조선말)과 일본말?과의 경계선이다.

  べき [冪, 冖, 巾] : 거듭제곱
           [冪, 冖 : 덮을 멱(동일한 자임), 巾 : 수건 건]
  [可き] : ~해야 할(될)

4 언어로 확인한 참 역사
- 위 단어의 뜻은 이두인 "冪. 冖. 巾, 可き" 자를 정책적으로 해석한 결과 백제말 "~베끼"가 "거듭제곱, 해야 할(될)"라는 뜻으로 바뀌고 말았다.
- 可자 옆에 있는 き자는 'べき'와 균형을 맞추기 위하여 만들어 넣은 글자이다.
- 위와 같은 방법으로 일본어?의 단어를 만든 결과 '冪. 巾. 可き'를 'べき'라고 읽는 웃지 못할 꼴이 되었다.
- 그러나 '冪. 巾. 可'자가 없었다면 'べき'가 원래 무었을 의미했던 백제말인지 영영 몰랐을 것이다.
- 모든 일본말?은 이렇게 만들어졌다.

 오도록

1 연구하는 교실

일본말을 만들 때 모델이 된 말은 '끼워서 해 오도록'이다. 이 말을 일본인들은 사투리로 '껴아 해 오도로꾸'라고 했다. 이 말을 다시 현대 일본인들이 주로 사용하는 백제글자와 이두로 써보면 아래와 같다.

驚愕 駭 おどろく
경악 해 오도로꾸   (이두인 한자의 종성을 없애면)
겨아 해 오도로꾸   (한자에는 '껴'자가 없으므로 '겨'로 대용.)
껴아 해 오도로구   (이 사투리를 현대인이 알기 쉽게 고치면)
끼아 해 오도로구
끼워서 해 오도록   (의 뜻이 된다.)

2 역사의 눈

- 驚愕 駭(경악 해) → 겨아 해 → 껴아 해 : '끼워서 해'의 일본지방 사투리. 이두.
- おどろく(오도로꾸) : '오도록'의 일본지방 사투리.
- 일본정부는 백제 말, 백제 글자, 정치, 경제, 사회, 문화 등 모든 백제의 유산을 훔쳐가서는 일본의 것이라고 할뿐 아니라 역사의 주체인 백제인을 渡來人이라고 까지 몰아세우고 있다. 일본의 아버지, 어머니는 백제인데도 낳아 준 아버지, 어머니를 부정하고 있다. 어떤 일본인은 조선과 한국이 백제처럼 위대한 국가라면 그렇게 하겠느냐고 반문해 왔다. 그렇다면 설사 부모가 늙고 병들거나 생活 능력이 없어지면, 일본인들은 부모를 부모로 여기지 않는가 보다. 그들은 가소롭게도 하늘에서 뚝 떨어진 天孫이라고 하고 있다.

3 초대 천황, 명치(1867년 : 고종 15년) 이후 일본정부산하 조선어 비밀연구원들이 위의 말을 함부로 갈라서 아래와 같은 사전적 단어를 만들어 내었다. 사실은 여기서 부터가 백제 말(조선 말)과 일본 말?과의 경계선이다.

おどろく [驚く. 愕く. 駭く] : 놀라다.　　(驚 : <u>놀랄 경</u>, 愕 : <u>놀랄 악</u>, 駭 : <u>놀랄 해</u>)

4 언어로 확인한 참 역사가 새 역사를 잉태하다.

- ••• 위 단어는 이두인 '驚. 愕. 駭'자를 정책적으로 뜻으로 해석하여 백제 말 "**오도로꾸**"가 "놀라다"라는 뜻이 되었다.
- ••• 위와 같은 방법으로 일본어?의 단어를 만든 결과 '驚く. 愕く. 駭く'를 'おどろく' 라고 읽는 웃지 못할 꼴이 되었다. 이런 것을 우리는 지금까지 "**명치식 읽기**"라고 명명해 왔다.
- ••• 다행히 <u>백제 말을 한자로 기록해 놓은</u> '驚. 愕. 駭'자가 없었다면 'おどろく'가 원래 무엇을 의미했던 백제 말인지 영영 몰랐을 것이다.
- ••• 더더구나 일본인들이 '놀라다'라는 뜻을 의미하고 싶으면, (驚, 愕, 駭) 3자 중 어느 한자만 기록해도 충분했을 것이다. 그런데도 비경제적으로 (驚愕駭) 3자를 연속하여 써둔 것은 '껴아 해'라는 백제 말을 표기하기 위해서였다.
- ••• 한편, '驚. 愕. 駭'자 옆에 있는 'く'는 "おどろく"와 균형을 맞추기 위하여 일본정부와 어용학자들이 만들어 넣은 字이다.
- ••• 뿐만 아니라, '驚. 愕. 駭'자가 백제말 이두인 **줄** 몰라보도록 점을 찍어 두었다.
- ••• 따라서 일본서기, 고사기 등도 위의 이두 '驚愕駭(껴아 해)'처럼 읽어서 해석해 나가야 한다. 일본의 고서들은 한문의 문장으로 쓰여 진 것이 아니라, 백제 말을 이두인 한자로 기록해둔 것이다.

 # 아리어 가도

1 연구하는 교실
"이렇게 아리어 가도 이것을 계속해 주나, 정말 고맙구나!" 이 말을 '왜'인들은 사투리로 "아리가도 이우나"라고 했다. 다시 이 말을 현대 일본인들이 주로 사용하는 이두 한자와 백제글자로 써보면 다음과 같다.

  ありがとう <u>有難</u>
  아리가도- <u>유난</u>   ('난'자의 종성을 없애면)
  아리가도- <u>유나</u>   ("유"자는 "이우"의 이합사)
  아리가도 <u>이우나</u>   (현대인이 알기 쉽게 고치면)
  아리어 가도 계속하나   (의 뜻이 된다.)

2 역사를 보는 눈
- 아리다 : 상처가 찌르는 것처럼 아프다. (아리랑의 '아리'도 '아리다'에서 나온 말이다. 이 문제에 대해서는 이후 다시 발표할 계획이다)
- 이우다 : '잇다'의 옛 사투리 (여기서는 '계속하다'의 뜻)

그런데 … 언젠가 모 방송국에서 '감사하다'라는 말을 들으려면 어떻게 해야 할까?라는 명제아래 거리에서 실지로 알아보는 방송을 한 적이 있었다. 그때 한 방송인이 '감사하다'라는 말을 듣기가 이렇게 어려우니 '有難'이라고 한 모양이다라고 했다. 아무것도 모르면서 함부로 지껄여, 국익에 엄청난 손실을 끼치는 발언을 한 것이다.

3 초대 천황, 명치(1867년 : 고종 15년) 이후 일본정부산하 조선어 비밀연구원들이 위의 말을 함부로 갈라서 아래와 같은 사전적 단어를 만들었다. 사실은 여기서 부터가 조선말(백제말)과 일본말?의 경계선이다.

  あり-がとう [有難う] : 고맙다. 고마워요.   (難 : 어려울 난)

4 언어로 확인한 참 역사

- ●●● 위 단어는 이두인 '有難'자를 정책적으로 해석하여 백제 말 "아리 가도"가 "고맙다"라는 뜻으로 바뀌고 말았다. 그러나 그렇게 아리어 가도 그 일을 계속해 주니 고맙다는 생각이 저절로 들 것이다.
- ●●● 위와 같은 방법으로 일본어?의 단어를 만든 결과 '有難'자를 'あり-がとう'라고 읽는 웃지 못할 꼴이 되었다. 이런 것을 우리는 지금까지 "명치식 읽기"라고 명명해 왔다.
- ●●● <u>백제 말을 한자로 기록해 놓은</u> '有難'자가 없었다면 'あり-がと'가 원래 무엇을 의미했던 백제 말인지 영영 몰랐을 것이다.
- ●●● '아리가도-'라고 말을 해야 할 것을, 한국사람들이 한국말인줄 알아들을까봐 '아리가또-'라고 발음하고 있다. 실지로 지금까지 이 말이 한국말인 줄 알아들었던 사람(교수, 학자들을 포함하여)은 한 사람도 없었다.
- ●●● 파생

    ある [有る] : 있다.

- ●●● 모든 일본말?은 이렇게 만들어졌다.

 # 저, 맞다구(요, 정말이에요!)

1 연구하는 교실

오랜만에 고향엘 오니 어른들이 알아보질 못 한다. 그래서 "저, 맞다구(요, 정말이에요!)" 했다. 이 말을 일본인들은 "저, 마쓰따구"라고 했다. 이 말을 현대 일본인들이 주로 사용하는 "백제글자"와 "이두"로 써보면 아래와 같다.

全, まったく
전, 마쓰따구   (이두 한자의 종성을 없애면)
저, 마쓰따구   (이 사투리를 현대인이 알기 쉽게 고치면)
저, 맞다구요!   (의 뜻이 된다)

2

초대 천황, 명치(1867년 : 고종 15년) 이후 일본정부 산하 조선어 비밀연구원들이 위의 말의 띄어쓰기를 무시하며 함부로 갈라서 아래와 같은 사전적 단어를 만들어 내었다. 사실은 여기서 부터가 백제말(조선말)과 일본말?과의 경계선이다.

まったく [全く] : ①정말 ②전혀   (全 : 온전할 전)

3 언어로 확인한 참 역사

- 위 단어는 이두인 '全'자를 정책적으로 해석하여 백제 말 "맞다구"가 "정말"이라는 뜻이 되었다.
- 위와 같은 방법으로 일본어?의 단어를 만든 결과 '全く'를 'まったく'라고 읽는 웃지 못할 꼴이 되었다. 이런 것을 우리는 지금까지 "**명치식 읽기**"라고 명명해 왔다.
- 다행히 <u>백제 말을 한자로 기록해 놓은</u> '全'자가 없었다면 'まったく'가 원래 무엇을 의미했던 백제 말인지 영영 몰랐을 것이다.
- 한편, '全'자 옆에 있는 'く'는 "まったく"와 균형을 맞추기 위하여 일본정부와 어용학자들이 만들어 넣은 字이다.
- 모든 일본말?은 이렇게 만들어졌다.

 # 시미즈 교수

1 연구하는 교실

어떤 신문에서 시미즈 교수와 한국인 조교를 소개하면서 이 분들이 연구했다면서 'こ-もり[子守]'가 '소몰이'에서 나온 말이라는 연구 예를 함께 소개한 적이 있다. 그러나 14회에서 보듯이 'あい-のこ[合(い)の子, 間の子]'는 '아이 놓고' → '아기 낳고'의 뜻으로서 그 말에는 백제 말이 고스란히 남아있다. 그러나 こ-もり(고모리)는 '명치식 읽기'를 한 것으로 백제 말이 크게 훼손되어 있는 상태이므로 こ-もり(고 모리)라는 단어만 보고 그 말이 '소몰이'에서 나왔다고 주장하는 데는 엄청난 잘못이 있다.

  こ-もり [子守] : 아이를 봄, 아이 보는 사람.

위 단어에서 子자를 왜 'こ(고)'라고 읽는지에 대해서는 앞에서 이미 해설되었다. 이제 '守(수)자'를 왜 'もり(모리)'라고 읽는지만 알아보면 되겠다.

2 역사를 보는 눈

일본말을 만들 때 모델이 된 말은 "서(버려서), 쑤셔 쌓으면 누리"이다. 이 말을 왜인들은 사투리로 "서, 수서 싸모, 누리"라고 했다. 이 말을 다시 현대 일본인들이 주로 사용하는 이두한자와 백제글자로 써보면 아래와 같다.

  銛, 守盛　森も, 漏り
  섬, 수성　삼모, 누리　　(이두한자에서 종성을 없애면)
  서, 수서　사모, 누리　　(현대인이 알 수 있게 고쳐 쓰면)
  서, 쑤셔 쌓(으)면, 누리　(의 뜻이 된다.)

3 과거도 미래도 같은 공간

- 서 : '서버려서'의 의미.
- 수서 사모 (守盛 森も) : '쑤셔 쌓으면'의 사투리. 이두.
- ~쌓다 : "~대다"의 뜻. (울어쌓다. 웃어대다)

••• 백제시대에는 백제 말을 모두 한자로 기록했지만 백제글자(平仮名)가 발명된 후 이두 한자와 백제글자를 섞어 썼었다.

4 초대 천황, 명치(1867년 : 고종 15년) 이후 일본정부 산하 조선어 비밀 연구원들이 위의 말을 함부로 갈라서 아래와 같은 사전적 단어를 만들었다. 특히 "もり"라는 단어를 어떻게 만들었는지 살펴 주기 바란다. 사실은 여기서 부터가 백제 말(조선말)과 일본 말의 경계선이다.

　　もり [銛] :작살　　　　　　　　　　　　　　(銛 : 날카로울 섬)
　　　　[守り] :①보살핌, 특히 아이 보는 사람.　②지킴, (등대)지기.(守 : 지킬 수)
　　　　[盛り] : 그릇에 담음.(또는) 그 정도.　　　(盛 : 담을 성)
　　　　[森] : 숲　　　　　　　　　　　　　　　　(森 : 나무 빽빽할 삼)
　　　　[漏り] : (물, 비 등이) 샘.　　　　　　　　(漏 : 셀 루)

5 언어로 확인한 참 역사

••• 위 단어는 이두인 '銛. 守. 盛. 森. 漏'자를 정책적으로 뜻으로 해석하여 "보살핌, 숲" 등의 뜻으로 바뀌고 말았다.
••• 위와 같은 방법으로 일본어?의 단어를 만든 결과 '銛. 守り. 盛り. 森. 漏り'자를 'もり'라고 읽는 웃지 못할 꼴이 되었다. 이런 것을 우리는 지금까지 "명치식 읽기"라고 명명해 왔다.
••• 백제 말을 한자로 기록해 놓은 "銛. 守盛森. 漏"자가 없었다면 もり(모리)가 무엇을 의미한 백제말인지 영영 몰랐을 것이다.
••• 또한, 일본정부와 그 어용학자들은, 조선사람들이 "銛. 守. 盛. 森. 漏"가 조선말 이두인 **줄** 몰라보도록 각각 다른 단어를 만들었다.
••• 이렇게 일본정부는 가장 악랄한 방법으로 "もり"라는 단어를 만들었다.
••• 그러므로 위 단어 "こ-もり[子守]"에서는 한자 子守(자수 : 자소 → '주무세요'의 낮은 말, 사투리)에만 백제 말뜻이 남아 있게 되었다. 이 말 뜻으로 인하여 글쓴이는 「아이를 돌보느라 밤을 새우다시피 했으니 그만 '**자수**', 이제는 내가 아이를 돌보겠소」라는 뜻이 내재되어 있다고 판단하고 있다.

그래서 단어의 뜻을 '아이를 봄, 아이 보는 사람'이라고 정의했다고 판단하고 있다.
- 비록 단어 한 개이지만 시미즈 교수의 연구는 일본어의 어원을 찾아내기보다 일본어의 진짜 어원을 백제와 함께 땅에 파묻어버리고 있다. "고모리"의 어원이 "소몰이"에서 나왔다니... 시미즈 교수가 심히 걱정된다. 글쓴이 기억에 시미즈 교수가 5만개 단어의 어원을 밝혀내겠다고 큰소리 쳤는데, 5만개 단어는 커녕 10개도 발표하기 전에, 언론은 내용도 모르고, 이 사람을 대대적으로 PR해 주었다. 왜 그랬을까? 일본어의 어원을 한국말에서 찾는다고 하니까, 실속 없이 우**쭐**해서 였을까? 시미즈 교수가 가짜 역사를 만들어 가고 있는 **줄**도 모르고... 더욱 알 수 없는 것은, 또한 묻고 싶은 것은 우리나라 국어학계와 역사학계가 백제 말, 조선 말 연구(일본어 연구가 아니다)**를** 시미즈 교수에게 맡겨두고 구경만 할 것인가? 하는 것이다.
- 모든 일본말?은 이렇게 만들어졌다.

깐봐

1 연구하는 교실

일본말을 만들 때 모델이 된 말은 "(혼자 산다고 날) 깔봐, (그러니 함부로) 와 자"이다. 이 말을 일본인들은 사투리로 "깐바, 와 자"라고 했다. 이 말을 다시 현대 일본인들이 주로 사용하는 백제글자와 이두로 써보면 아래와 같다.

　　がんば, 頑 張
　　간바,　완 장　　(이두한자의 종성을 없애면)
　　간바,　와 자　　(이 말을 현대인이 알기 쉽게 고치면)
　　깐봐,　와 자
　　깔봐,　와 자　　(의 뜻이 된다)

●●● 깐봐 : "깔봐"의 일본지방 사투리.

2

초대 천황, 명치(1867년 : 고종 15년) 이후 일본정부 산하 조선어 비밀연구원들이 위의 말의 띄어쓰기를 무시하고 함부로 갈라서 아래와 같은 사전적 단어를 만들어 내었다. 사실은 여기서 부터가 백제말(조선말)과 일본말?과의 경계선이다.

　　がんばる [頑張る] : (끝까지) 견디며 버티다. 끝까지 노력하다.
　　　　　　　　　　　　　　　　　　(頑 : 완고할 완, 張 : 고집할 장)

3 언어로 확인한 참 역사

●●● 위 단어는 이두인 '頑張'자를 정책적으로 뜻으로 해석하여 백제 말 "がんば"가 "끝까지 버티다"라는 뜻으로 바뀌고 말았다. 그러나 한자의 뜻도 뜻이지만 "나를 깔보고 내 집에 함부로 와서 자니까", "끝까지 버틸 수밖에" 없다고 본다.

●●● 위와 같은 방법으로 일본어?의 단어를 만든 결과 '頑張'자를 'がんば'라고 읽는 웃지 못할 꼴이 되었다. 이런 것을 우리는, 지금까지 "명치식 읽기"라고 명명해 왔다.

●●● 또한, '頑張'자가 없었다면 'がんば'가 원래 무엇을 의미했던 백제 말인지 영영 몰랐을 것이다.

●●● 조선(한국)사람들이 조선말인 **줄** 알아듣지 못하게 "깐바"를 "간바"라고 발음하고 있다.
●●● 모든 일본말?은 이렇게 만들어졌다.

그만 가세

1 연구하는 교실

일본말을 만들 때 모델이 된 말은 "그만 가세!"이다. 이 말을 왜인들은 사투리로 "고마 가세, 이~"라고 했다. 이 말을 다시 현대 일본인들이 주로 사용하는 이두한자와 백제글자로 써보면 아래와 같다.

  こま か細, 이~. (제거할 종성이 없으므로 그대로 백제 말이 된다.)
  고마 가세, 이~. (이 사투리를 알기 쉽게 고치면)
  그만 가세, 이~. (의 뜻이 된다)

●●● 고마 : '그만'의 사투리.

2
초대 천황, 명치(1867년 : 고종 15년) 이후 일본정부 산하 조선어 비밀 연구원들이 위의 말을 함부로 갈라서 아래와 같은 사전적 단어를 만들었다. 사실은 여기서 부터가 조선말(백제 말)과 일본 말? 의 경계선이다.

  こまかい [細かい] :작다. 잘다. (細 : 가늘 세)

3 언어로 확인한 참 역사

●●● 위 단어는 이두인 '細'자를 정책적으로 뜻으로 해석하여 백제 말 "고마 가(세), 이~"가 "잘다"라는 뜻으로 바꿔고 말았다.

●●● 위와 같은 방법으로 일본어?의 단어를 만든 결과 '細かい'를 'こまかい'라고 읽는 웃지 못할 꼴이 되었다. 이런 것을 우리는 지금까지 **"명치식 읽기"**라고 명명해 왔다.

●●● 백제 말을 한자로 기록해 놓은 '細'자가 없었다면 'こまかい'가 원래 무엇을 의미했던 백제 말인지 영영 몰랐을 것이다.

●●● 細자 옆에 있는 "かい"는 "こまかい"와 균형을 맞추기 위하여 일본정부가 만들어 넣은 字이다.

●●● 일본인들이 "こまかい"를 어떻게 읽든 간에 어원상으로 보면 "고마가이"라고 읽어야

한다.
- 또한, 앞에서 보듯이 '高麗. 狛'자와 함께 細(세)자도 こま(고마)라고 읽는 웃지 못할 꼴이 되었다.
- 모든 일본말?은 이렇게 만들어졌다.

꼬도모

1 연구하는 교실

●●● 일본말을 만들 때 모델이 된 말은

   ① 곧으면, 그 애는 깨워야 돼!
   ② (그리고) 자고 퍽팍 찧었쥬!

위 2개의 문장이다.

●●● 이 말을 일본인들은 사투리로

   ① <u>고도모</u>, <u>갠 까오야 대</u>!
   ② 자고 <u>퍽팍 찌쥬</u>!

라고 했다.

●●● 이 말을 현대 일본인들이 주로 사용하는 "백제 글자"와 "이두"로 써보면 아래와 같다.

   ① こども, <u>けん</u> <u>か</u>おや <u>で</u>
   ② 子供 <u>喧嘩</u> 親 <u>出</u>
       자공   훤화   친   출 (이두 한자의 종성을 없애면)
       자고   훠화   치   초 (한자에는 '퍼, 파, 찌, 쭈'자가 없으므로 '휘, 화, 치, 추로 대용)
       자고   <u>퍼파</u>   <u>찌쭈</u>   ("훠화"는 "퍼파"를 연음화 한 것.)
                                 (이 문장을 현대인이 알 수 있게 고치면)
       자고   <u>퍽팍</u>   <u>찧었쥬</u>! (의 뜻이 된다)

※ 위의 설명을 이해하기 쉽도록 미리 띄어쓰기를 바꾸어 표기해 둔다.

   <u>こども,</u> <u>けんか</u> <u>おや</u> <u>で</u>
   <u>子供</u>   <u>喧嘩</u>   <u>親</u>   <u>出</u>

위의 문장과 비교하여 띄어쓰기가 어떻게 변화 하였는지 꼼꼼히 비교해 주기 바란다. 여기에서 새로운 단어가 탄생?하게 된다.

2 역사를 보는 눈

- 꼬도모 → 고도모 → 곧으모 : '곧으면'의 일본지방 사투리.
  [곧다 : (휘지 않고) 똑바르다.]
- 발음 그대로 곧오모 : '곧 오면'의 사투리로 볼 수도 있다. 즉 '오자마자'의 뜻. 그러나 위의 해석이 더 옳다고 본다.
- 갠 : '그 애는'의 **줄**인 말.
- 까오야 : '깨워야'의 일본지방 사투리. 사투리라도 왜 "깨오야"라고 하지 않고 "까오야"라고 했는지 궁금하다.
- "<u>갠 까오야</u>"이 말에서 띄어쓰기를 무시하고 "<u>갠까</u>"라는 말을 만들어 내었다. 일본말? 을 만든 것 중 가장 악랄하게 만들었다.
- 퍼파 : '퍽팍'의 종성을 표현하지 못한 상태. 치는 소리. (구차하게 설명하지 않아도 무슨 소리인지 이해할 것이다) 그러나 일본인들은 새로운 단어를 만들면서 싸우는 소리로 바꾸었다.
- 親出(친출) → 치추 → 찌쭈 : '찢었쥬'의 이두 표현, 사투리. 한자에는 "찌, 쭈"자가 없으므로 '치, 추'자로 대용하고 있다.

3
초대 천황, 명치(1867년 : 고종 15년) 이후 일본정부 산하 조선어 비밀연구원들이 위의 말의 띄어쓰기를 무시하며 함부로 갈라서, 또한, ①과 ② 두 문장을 이리저리 꿰어 맞추어 아래와 같은 단어를 만들어 내었다. 단어를 만든 방법 중 가장 엉터리로 만든 단어 중의 하나이다. 사실은 여기서 부터가 백제말(조선말)과 일본말?과의 경계선이다.

    こども [子供] : 자식, 아이.   (供 : 바칠 공)
    けんか [喧嘩] : 싸움   (喧 : 쌈할 훤, 嘩 : 크게 웃을 화)
    おや [親] : 어버이, 부모.   (親 : 친할 친)
    で [出] : 나옴, 나감.

4 언어로 확인한 참 역사

- 위에서 보듯이 "けんか"라는 말이 어떻게 만들어 졌는지 이제 충분히 이해되었을

것이다.
- 그리고 '子供'이 왜 '자식'이라는 뜻이 되었는가? 한자의 뜻으로 생각해 봐도 쉽게 납득이 안 되었던 이유를 깨달았을 것이다.
- 일본의 어용학자들은 '喧嘩(퍽퐈)' 치는 소리에 불과한데도 '싸움'이라는 뜻으로 바꾸어 버렸다.
- (까)**오야**, 이 말이 어떻게 '부모'라는 뜻이 될 수 있는가? 말을 만들어도 너무 엉터리다. 이런 것을 우리는 지금까지 "**명치식 읽기**"라고 명명해 왔다. 이렇게 말과 단어를 만들어 내는 순간에 백제말(조선말)은 시해되어 공중분해 되었다. 일본의 조선 침략은 이미 이때부터 시작되었다고 봐야한다.
- 모든 일본말?은 이렇게 만들어졌다.

일본어라는 것은 존재할 수 없으며, 일본인들이 얼마나 조선어를 연구했는지, 그리고 어떻게 시해 했는지, 하루 속히 깨닫고 우리 문화, 우리 역사, 우리말, 우리 땅, 우리의 과거를 찾아 나섭시다.

 # 최인호의 "たちばな(多致播那)" 해석은 오류

최인호는 "잃어버린 왕국" 3권 190쪽~193쪽에서 "たちばな(多致播那)"에 관련된 문장을 아래와 같이 해석했다. (성은구님 역주 일본서기 권제 27 "천명개별천황 천지천황" 중 "대우황자, 태정 대신이 되다"에서 456쪽 하단 참조)

　　다치바나(귤의 일종)는 각각의 가지에서
　　따로이 열리고 있지만
　　구슬처럼 꿰려할 때는
　　같은 실에 나란히 꿰어지네.

누가다가 제명여제(천지천황의 어머니)에게 들려주었다는 이 노래는 "옛부터 형제간의 우의와 화목을 강조하거나 같은 친척, 같은 씨족들 간의 단합을 강조할 때 흔히 불리던 동요 였다."라고 덧붙였다. 그러나 이 해석과 첨언은 일본학자들의 견해를 그대로 옮겨 놓은 것이지 실지로 일본서기에 있는 원문의 본래 뜻과는 완전히 다르다. 최인호가 위와 같이 해석한 부분은 원문에서 굵은자로 쓰고 줄 친부분이 이에 해당된다. 그러나 글쓴이는 일부러, 이 문장의 앞뒤에 있는 다른 문장(가는 글자로 씀) 부분도 함께 실어 두었다. 왜냐하면 "童謠云" 이전 문장이나 후 문장뿐만 아니라 일본서기에 기록 된 문장 전체가 백제말의 이두로 쓰이어져 있으며 똑같은 백제의 "(깨)物 語" 이야기라는 점을 강조하기 위해서이다.

1 原文

小山下(一), 授(二)余達率等, 五十余人(一), 童謠云,

<u>多致播那播, 於能我曳多曳多, 那例例騰</u>

<u>母陀麻爾農</u>

<u>矩騰岐於野 兒弘儞</u>

<u>農倶</u>, 二月 戊辰 朔庚寅

百濟遣(二) 台久用**善**等(一)進調

2 音譯

소산하 일수이 여 달솔등 오십여
인일 동요운
<u>다 치파나</u>

<u>파어능아 예다 예다 나례례등</u>
<u>모 타마이농</u>
<u>구등 기어야 아홍니</u>

<u>농구</u>. 이월 무진 삭경인
백제견이 대구용선등일진조

3 종성제거

소사하 이수이 여 다소드 오시여
이이 도요우
<u>다 치파나?</u>

<u>파어 느아 예다 예다 나례례드</u>.
<u>모 타마 이노?</u>
<u>구드 기어야 아호니</u>

<u>노구</u>이워 무지 사겨이
배제겨이 대구 요서 드이 지조.

••• 종성만 없애도 백제말 사투리가 확연히 들어난다.

4 현대인이 알기 쉽게 고치면

男 : 솟아, 잇어 넣어, 다 쏟아 오시어
女 : 이어 동이어우

다 찝나?

男 : 빨어 널어

여다 여다 날렀다.

女 : (그래도) 못 담아 있나?

男 : 굳어(서) 끼워야 아오니

女 : 녹이고 싶어 무지 쌀 것이어, 이~.

男 : 배 째끼어, 이~. 대구 이어 서(게) 되(어) 지죠.

5 언어로 확인한 참 역사

- (.)안 글은 이해를 돕기 위하여 글쓴이가 써넣은 글임.
- 男女가 생각하거나 행위하는 주체가, 대구로 이어졌으므로 男女로 구분, 표기하였다.
- 소사하 : '솟아'의 옛 말. (古語에서는 '아' 대신에 '하'를 사용했다. 앞에서도 설명된 바 있다)
- 이수이→ 이쉬 : '잇어'의 사투리.
- 여 : '넣어'의 사투리.
- 다 소드 : '다 쏟아'의 사투리.
- 이이 : '이어'의 사투리.
- 도요우→ 도이오우 : '동이어우'의 사투리.
- 다 치파나(多致播那) → 다 찌파나 → 다 찌바나(た ちばな) → 다 찌버나 → 다 찝나?
  - 한자에는 '찌'자가 없으므로 '치'자로 대용하고 있다.
  - 거꾸로 생각하면 쉽다. '찚'자의 'ㅍ'은 한자에 없으므로 '파'자로 종성을 대신하고 있다.
  - '파(播)'자를 'た ちばな(다 찌바나)'처럼 '바'자로 읽는 것을 보면 일본학자들도 '찌파나→ 찌바나→ 찌버나→ 찝나?'의 변화를 알고 있었다는 것을 알 수 있다. (다른 예 : 고마버유)
- 파어 느아 : '빨어 넣어'의 이두 표현.

- 예다 : '여다'의 사투리.
- 나레레드→ 날레드→ 날레더→'날렀다'의 사투리.
  [역시 '날'자의 'ㄹ'은 한자에 없으므로 '레'자로 종성(ㄹ)을 표현했다.]
- 모 타마→ 모 따마 : '못 담아'의 사투리, 이두 표현.
- 이노→ 있노 : '있나?'의 사투리. 종성을 표기하지 못한 상태이다.
- 矩騰(구등) → 구드 → '굳어'의 이두.
- 아호니 : '아오니'의 사투리, 옛 말.
- 노구이워 : '녹이고 싶어'의 사투리. 옛 말.
  위에서 "農俱. 二月"은 이어 읽어야 옳은 이두문장이 되나 일본정부와 어용학자들은 "農俱,"에서 문장을 종결시켜 놓고 있다. "農俱"와 "二月"을 연결시켜 놓으면 한문의 문장이 안 되니까 일본정부로서는 어쩔 수 없는 선택이었을 것이다.
- 사겨이 → 사기어, 이~ → 싸끼어, 이~ : '쌀 것이어, 이~'의 사투리. (한자에는 '싸'자와 '끼'자가 없으므로 '사'자와 '기'자로 대용하고 있다.)
- 이~ : 이야기의 흥을 돋우거나 동의를 청하는 도움말.
- 배제겨이 → 배 제기어, 이~ → 배 째끼어, 이~ : '배 쨀 것이어, 이~'의 이두 표현. 사투리. (한자에는 '째'나 '끼'자가 없으므로 '제'와 '기'자로 대용하고 있다.)
- 대구 : 자꾸
- 요서→ 이오 서 → '이어 서(게)'의 사투리, 이두 표현.
- 요 : '이오'의 이합사.
- 等一(등일) → 드이 → 되(다) : '되다'의 이두 표현, 사투리.
- 進調(진조) → '지조'의 이두 표현.

6 일본정부의 해석

小山下를 그 외 達率들 50여 인에게 授하였다. 橘(귤)의 열매는 각각 다른 가지에 열리고 있으나 珠(주)로써 실로 꿸 때는 같은 한 실로 꿴다. 라고 하는 동요가 있었다. 2월의 戊辰 朔 庚寅(23일)에 백제는 台久用善을 보내어 調를 進하였다.

7 일본정부의 속임수

① '小山下(솟아)'라는 백제말을 벼슬이름으로 바꾸어 해석했다.

② '達率等(달솔 등)'은 이두로서 '다 쏟아'라는 말인데 이것을 사람이름으로 바꾸어 해석했다.

③ '童謠云'은 '동이어우'의 이두인데 일본정부는 무슨 '동요(노래)'인 것처럼 해석했다. 이런 식으로 우리 이두문장을 한문문장으로 바꾸었다. 게다가 위 원문을 한문의 문장으로 해석하다가 <u>童謠云' 이후부터는 일본말을 한자로 기록한 '일본말의 이두'라고 보고 일본말로 해석하고 있다.</u> 일본말이 만들어진 것은 明治(1867년 : 고종 15년) 무렵인데 이 말을 사용하여, 720년에 만들어졌다는 일본서기의 한자들을 읽어버렸으니 세상 어디에도 이런 코메디는 없을 것이다.

④ '多致播那'는 '다 찝나?'의 이두이다. 그런데 일본정부는 이것을 '귤'이라는 뜻으로 바꾸어버렸다.

　(多 : 많을 다, 致 : 이룰 치, 播 : 뿌릴 파, 那 : 어찌 나)

이두 한자 어디에도 '귤'이라는 뜻은 없다. 아무 말이나 만들면 말인 줄 아는 가 보다.

⑤ 原文 중 (一), (二) 등은 원래 작게 쓰이어져 있던 글자들이다. 일본정부는 이를 악용하여 무시함으로서 우리말 이두 문장을 한문의 문장으로 바꾸어버렸다.

⑥ 백제에 台久用善이라는 사람은 존재한 적이 없다. '대구 이어 서게'라는 뜻일 뿐이다. 그리고 제명여제, 누가다, 천지천황, 대우황자 등은 실존 인물이 아니다. 소설의 주인공들이다.

8 미래에 시선을 둬야 하는 이유

일본정부가 해석해 놓은 글을 좀 더 살펴보면 위에 인용된 글은 패망한, 백제에서 돌아온? 鬼室集斯, 沙宅紹明, 億礼福留 등에게 벼슬을 나누어 주는 자리로 묘사하였다. 어디서 유명한 백제인의 이름을 주워 와서는 엉터리 역사를 만들어 내고 있는 장면이기도 하다. 말하자면 위 노래대로라면 백제인도 같은 형제이니 벼슬을 주어서 한 가족으로 포용했다는 내용이다.

"귤의 열매는 각각 다른 가지에 열렸으나 실로 꿸 때에는 같은 한 실로 나란히 꿰어지네" 라는 기상천외한 노래 내용을 만들어 실지로는 없었던 엉터리 역사를 만들어 내고 있다. 소설의 인물에게 선심성 벼슬을 주면 한국 사람들이 "얼씨구 **좋**구나! 나라 잃은 불쌍한 백제인에게도 자비를 베푸는 구나!"하며 일본정부에게 감복할 **줄** 알고 이 따위 짓을 한 것일까? 내선일체 사상은 여기에서부터 씨앗이 뿌려졌으니, 일본정부와 어용학자들이 얼마나 치밀하게 연구 분석하여 일본서기를 조작하였는지 전율하지 않을 수 없다.

일본서기는 남녀 간의 사랑을 그린, 백제의 고전이다. 결코 일본의 역사서가 아니다. 분명, 일본의 역사는 백제의 역사이다. 우리의 역사이다. 우리의 역사와, 우리의 문화와, 우리의 고을을 좌시만 해서는 안 될 것이다.

또 한 가지 짚고 넘어가야 할 일은 월남은 자기들의 글자를 잃어버리고, 이제는 영어의 알파벳으로 월남말을 기록하고 있다. 예를 들면, 'Chi-Huy'는 '指揮(지휘)'라는 뜻이다. 또한 일본은 백제말을 한자로 기록했다. 지금까지 우리는 많은 예를 보아왔다. 월남이나 일본은 자기들의 글자가 없었으니, 어쩔 수 없는 선택이라고 할 수 밖에 없다. 그러나 월남은, 자기들이 영어 알파벳으로 월남말을 기록하고 있다고 세계에 밝히고 있지만, 일본은 백제말을 한자로 기록했다는 사실을 숨기고 있다. 이런 사실이 세계에 알려지는 것을 두려워 한 일본은 조선을 강점했고, 한국의 존재를 없애려 하는 것이다. 일본이 독도를 자기네 땅이라고 우기는 한, 우리는 미사일을 만들어야하고 일본이 야스쿠니 신사를 참배하며 전범을 기리는 한, 우리는 핵무기를 준비해 두어야 하고, 일본이 일본말은 백제말이라는 사실을 숨기는 한, 우리는 핵 항공모함으로 우리 영해를 지켜야 한다. 우리가 어찌 임진왜란과 일제강점을 잊을 수 있으랴! 한국의 아류인 일본에게 세 번 지는 것은 한국이 지상에서 없어진다는 뜻이다.

 # 꼬리꼬리 햐

1 연구하는 교실

일본말을 만들 때 모델이 된 말은 사투리로 "훌 싸 (놓아)도 (냄새가) 꼬리꼬리 햐"이다. 이 말을 현대 일본인들이 주로 사용하는 "백제 글자"와 "이두"로 써보면 아래와 같다.

    ふる   さと   古里故里 鄕
    후루   사또   고리고리 향   (이두 '향'자의 종성을 없애면)
    후로   사또   고리고리 햐   [平仮名에는 "싸"자가 없으므로 (さ)자로 대용했다]
                                           (이 일본지방 사투리를 알기 쉽게 고치면)
    훌   싸도   꼬리꼬리 해   (의 뜻이 된다)

- **훌~** : 주로 움직씨의 뿌리에 붙어 "마구" 또는 "대강 휘몰아"의 뜻.
  平仮名으로는 "훌"자를 표기할 수 없으므로 "후루"라고 발음할 수밖에 없다.
      (예) 훌 닦다.
            훌 싸다 : 마구 또는 대강 휘몰아 싸서 놓다.
- **사또(さと)** : "싸도"를 "사또"라고 발음했으므로 조선사람들이 알아들을 수가 없었다. 실지로 현대 한국사람, 누구도 "사또"가 무엇을 의미하는 백제말인지 지금까지 전혀 몰랐으니까. 일본정부는 이렇게 조선(한국)사람들이 눈치 채지 못하도록 말을 조금씩 비틀어 놓았다.
- **고리다** : 깨끗하지 못한 발 따위에서 고약한 냄새가 나다.
- **꼬리꼬리 하다** : '고리고리 하다'의 센 말. 고린 냄새가 진동을 하다.
- **~햐** : '~해'의 사투리.

2 초대 천황, 명치(1867년 : 고종 15년) 이후 일본정부 산하 조선어 비밀연구원들이 위의 말의 띄어쓰기를 무시하며 함부로 갈라서 아래와 같은 사전적 단어를 만들어 내었다. 사실은 여기서 부터가 백제말(조선말)과 일본말?과의 경계선이다.

    ふるさと [古里. 故里. 故鄕] : 고향

3 언어로 확인한 참 역사

••• 위 단어는 "古里. 故里. 故鄕"자를 정책적으로 뜻으로 해석하여 백제말 "홀 싸도"가 "고향"이라는 뜻으로 바뀌고 말았다.

••• '故鄕'의 '故'자는 원래 없던 자이나 '故里'와 균형을 맞추기 위하여 일본정부의 어용학자들이 써넣은 글자이다.

••• 조선(한국)사람들이 이두인 줄 몰라보도록 '古里. 故里. 鄕 사이에 점을 찍어 두었다.

••• 위와 같은 방법으로 일본어?의 단어를 만든 결과 "古里. 故里. 故鄕"자를 'ふるさと'라고 읽는 웃지 못할 꼴이 되었다. 이런 것을 우리는 지금까지 "명치식 읽기"라고 명명해 왔다.

••• 파생

  ふる [古] : 낡아지다. 쇠퇴해지다.
  さと [里] : 마을

••• 모든 일본말?은 이렇게 만들어졌다.

백제의 '왜'지방에 대한 통치정책과 문책 증거

1 일본의 사전과 역사서에는
- 邪馬台(야마대) : 1~3세기 때의 나라. やまと(야마도)의 전신 (邪 : 그런가 야)
- やまと [大和. 倭] : 일본의 별칭. 3~7세기 때의 나라라고 설명하고 있다.

2 우선 이 말의 출처를 살펴보면
(성은구님 역주 일본서기 27쪽 상단- 이후, '일본서기'라 칭함)
- 원문 : 大日本 [(日本, 此云=耶麻騰-.下皆效此)] 豊秋津洲-. 次生=
  대일본 [(일본, 차운이야마 등일.하개효차)] 풍추진주일. 차생이
- 종성제거 : 대이보 [(이보, 차우이야마 드이, 하개효차)] 푸추지주이, 차새이
- 해석 : 대입 [(입, 차우이야만 되. (그래야)하게 뻗쳐)] 뿥지, 쥐 차세, 이~
- 현대어로 해석 : 닿이어 [(입, 채워져야만 돼. (그래야) 하도록 뻗쳐)] 버렸지, 쥐 차세, 이~

즉, 닿이기만 해서는 소용이 없고, 입이 채워져야만, 하도록 뻗쳐 주니, 그 때 쥐어차세, 그런 뜻이다.

3 역사를 보는 눈
- 대이보푸추지 → 대입풋지 → 대이뿥지 : '닿이어 버렸지'의 사투리.
  대이다 : '닿다'의 사투리.
- 대이보 → 대입('보'자가 위로 연철된 특이한 현상)
- 풍추진 → 푸추지 → 풋지('추'자가 위로 연철된 특이한 현상) → 뿥지
  (*한자에는 '뿥'자가 없으므로 豊자로 대용하고 있음.)
- 日本(일본) → 이보 : '입'을 의미(일본이라는 국호의 어원)
  그러나 日本書紀(일본서기)에서는 "이쁘서 끼"라는 뜻이므로 "이뽀 → 이쁘"의 의미로 볼 수도 있다.
- 차우이야마 → 차우이야만 : '채워져야만'의 옛 사투리.
- 騰-(등일) → 드이 → 듸 : "되" 또는 "돼"의 사투리, 이두.

다시 말하면, 듸다 → "되다"의 옛 사투리.

- 그러나 일본정부가 "야마 드(耶麻 騰-)"라는 말에서 작게 쓴 한자 "一"자가 있으면 한자의 문장이 될 수 없으므로 무시한 결과 "騰"자만 남게 되는데 이 때 "騰"자의 종성을 없애면 "드"자만 남게 된다. 또 그러나, 불행하게도 平仮名(백제글자)에는 "드"자를 표기할 字가 없다. 그래서 부득이 "と"자를 대신 쓰게 된 것이다. 이렇게 하여 "야마도(やまと)"라는 말이 탄생하였다.
- 그러므로 邪馬台(야마대)나 耶麻騰(야마도)는 완전히 같은 말인데, 일본이 말장난을 하고 있으며, '~야마'를 사람에 따라 邪馬. 耶麻 등으로 다르게 쓰는 것만 보아도 국호가 아니었다. 夜麻로 쓴 경우도 있다.
- 효차 → 뾰차 : '뻗쳐'의 옛 사투리.
  (한자에는 '뾰'자가 없으므로 '效'자로 대용하고 있다)
- 쥐차세 : '쥐어차세'의 사투리.
- '왜'에서는 '대이뾰지. 쥐차세, 이~'를 '大日本豊秋津. 洲-. 次生='이라고 썼는데, 명치이후 일본정부가 이 말에 손을 대어 '豊秋津洲' 라고 고친 후, 'とよあきつしま : 일본국의 미칭'이라는 새 말과 새 뜻을 만들어내었다.
  (* 근세에 와서 일본이 사전을 만들 때 많은 단어의 한자를 통일시켰지만, 그 이전에는 사람에 따라 한자를 다르게 썼다. 단어에 대한 표준한자가 없었다는 뜻이다)

4 통치정책과 문책의 증거

백제가 '왜'지방을 다스릴 때의 기본정책은 '백제대왕이 명령하면 대번에 실행해야만 돼'라는 것이었다. 그러나 '왜'가 실행을 머무적거리거나 결과가 합당치 못하면 즉시 '倭? (why)'라고 하문했다. 물론 그 대답에 따라 엄청난 책임 추궁이 있었음은 말할 필요도 없다. 660년, 백제가 망할 때까지 이와 같은 통치정책이 유지되었다(바다 건너 멀리 있는 지방을 통치하자면, 아니, 지금도 좋은 배와 비행기가 없다면 위와 같은 통치 방법이 최선이라고 생각한다.)

5 위의 말을 현대일본인들이 주로 사용하는 이두한자와 백제글자로 써보면 아래와 같다.

大和,	~やまと,	倭?	(제거할 종성이 없으므로 그대로 백제말이 됨)
대화,	~야마되,	왜?	(한자에는 "빠"자가 없으므로 "화"자로 대용)
대빠,	(해)야마 되!	왜?	(현대인이 알기 쉽게 고치면)
대번에,	(해)야만 돼!	왜?	(의 뜻이 된다)

••• 대빠→ 대번 : '곧바로'의 옛 사투리.

6 이 말을 명치이후 일본정부산하 조선어 비밀 연구원들이 몇 부분으로 갈라서 아래와 같은 사전적 단어를 만들어 내었다.

    やまと [大和. 倭] : 일본국의 다른 이름(일본으로서는 이런 뜻을 만들 수밖에 없었다)

••• 이 결과 大和와 倭를 やまと라고 읽는, 웃지 못할 꼴이 되었다.

7 결론

이제는 역사를 바로잡아야 한다. '왜'는 백제의 한 지방이었고, 倭지방의 臣民들은 모두 백제말을 사용하고, 그 말을 한자로 기록했다. 그러므로 일본서기는 일본의 진짜 역사서가 아니고, 허구이며, 소설이었다. 작가는 일본정부산하 조선어 비밀 연구원들!

8 일본측의 해석(위 일본서기 원문에 대한 해석임)

    (다음은) 大日本(日本,이를 耶麻騰[야마도]라 이른다. 이하 모두 같음)
    豊秋津洲 [도요 아끼쓰시매를..... (낳았다)

••• 위 글은 일본역사의 神代 上 편 중 "나라 탄생" 제목 하에서 각 섬이 어떤 순서로 태어나는지 설명하고 있는 대목이다.

 # 야마도 정신

1 연구하는 교실

아무리 어려운 일이라도 즉시 그 일을 실행하고 완수해야마(ㄴ-) 돼! 이 지엄하신 말씀을 '왜'인들은 어떻게 썼을까? 현대 일본인들이 주로 쓰는 이두한자와 백제글자로 쓰면 아래와 같다.

大和	やま	と魂だ	ましい	
대화	야마	도혼다	마시이	('혼'자의 종성을 제거하면)
대화	야마	도호다	마시이	(화→빠, 호→뽀, 로 고치면)
대빠	야마	도뽀다	마시이	("도と"는 원래 "되"가 변한 것이므로)
대빠	야마	되뽀다, 마시, 이~		(이 말을 알기 쉽게 고치면)
대번에 (해)야만 돼버린다, 마(르하)시(어), 이~.				(의 뜻이 된다)

••• 즉 일을 미루지 말고 즉시 하라는 뜻이다.

2 역사를 보는 눈

이 말은 백제왕이 왜지방을 관리하는 관리자에게 내린 말씀이다. 따라서 '왜'에 천황 같은 존재는 없었다는 사실을 다시 한 번 확인 할 수 있겠다. 그러나 이 한마디는 2차 대전 때 일본정부가 "やまと だましい(일본민족 고유의 용맹스런 정신)"이라는 엉뚱한 말과 뜻을 만들어 내는 바람에 '가미카제'라는 육탄돌격대가 이 엉터리 정신을 본받기도 했다. 후일에 이렇게 까지 끔찍한 폭풍을 몰고 올 줄 누가 알았으랴!

••• 대화→ 대빠→ 대번에 : 곧, 즉시(한자에는 '빠'자가 없으므로 和자로 대용하고 있음)
••• 야마도 → "야마되(돼)"가 변한 말.
••• '도(と)'자를 '되'자로 보는 이유

앞 회에서도 설명이 있었듯이 '드+이(騰-)=되', 라는 글자 중에서 일본정부가 'ㅡ(한 일)'자를 무시한 결과 '되'자가 '드→ 도(と)'자로 바뀌게 되었다.

- ●●● 혼→ 호→ 뽀

    뽀다 : "버린다"의 사투리.
- ●●● 다 마시이 → '~다(고), 마(르하)시(어), 이~.
- ●●● 시 : 현대어에서는 '시어'를 의미하고 있음.
- ●●● 이~ : 이야기의 흥을 돋우거나, 동의를 청하는 도움말.

3 위의 말을 명치 이후 일본정부 산하 조선어 비밀연구원들이 함부로 갈라서 아래와 같은 사전적 단어를 만들어내었다. 사실은 여기서 부터가 백제말(조선말)과 일본말?과의 경계선이다.

やまと [大和] だましい [魂] : 일본민족 고유의 용맹스런 정신.

일본 정부는 이런식으로 백제말과 조선말을 말살하고 새로운 일본말?을 창안?해 내었다. 이 결과 **大和**를 やまと, **魂**을 だましい라고 읽는 웃지 못할 꼴이 되었다.

 ## "~야마"의 다른 예

やましい

1 연구하는 교실

일본말을 만들 때 모델이 된 말은 "굳이 (그렇게 해) 야마(ㄴ 하나), 시어, 이~."이다. 이 말을 일본인들은 사투리로 "구지 야마 시, 이~"라고 했다. 이 말을 현대 일본인들이 주로 사용하는 이두한자와 백제글자로 써보면 아래와 같다.

  疚疾 やま し い
  구질 야마 시 이~ (이 말에서 '질'자의 종성을 없애면)
  구지 야마, 시, 이~ (현대인이 알기 쉽게 고치면)
  굳이...야만, 시(어), 이~ (의 뜻이 된다)

2 초대 천황, 명치(1867년 : 고종 15년) 이후 일본정부 산하 조선어 비밀 연구원들이 위의 말을 몇 부분으로 갈라서 아래와 같은 사전적 단어를 만들어 내었다. 사실은 여기서 부터가 백제말(조선말)과 일본말?과의 경계선이다.

  やましい [疚しい, 疾しい] : 양심의 가책을 받다.
           (疚 : 오랜병 구, 疾 : 괴로워할 질, 병 질)

3 언어로 확인한 참 역사

- 위 단어는 이두인 '疚疾'자를 정책적으로 뜻으로 해석하여 백제 말 "~야마 시, 이~"가 "양심의 가책을 받다"라는 뜻으로 바뀌고 말았다.
- 위와 같은 방법으로 일본어?의 단어를 만든 결과 '疚. 疾'자를 'やま'라고 읽는 웃지 못할 꼴이 되었다. 이런 것을 우리는 지금까지 "**명치식 읽기**"라고 명명해 왔다.
- <u>백제 말을 한자로 기록해 놓은</u> '疚. 疾'자가 없다면 'やま'가 원래 무엇을 의미했던 백제 말인지 영영 몰랐을 것이다.
- 일본정부와 그 어용학자들은, 조선사람들이 "疚. 疾"가 조선말 이두인 **줄** 몰라보도록 글자사이에 점을 찍어 두었다.

- ●●● "疚. 疾"자 옆에 있는 "しい"자는 " やましい"와 균형을 맞추기 위하여 일본정부가 만들어 넣은 字이다.
- ●●● '굳이 그렇게 해야만 하나'라는 말에서 '양심의 가책을 받다'라는 단어의 뜻이 나왔음으로 백제말과 뜻이 비교적 온전하게 살아남아 있는 case이다. 한자의 뜻으로 해석해 봐도 위와 같은 단어의 뜻이 나오지 않는다.
- ●●● 모든 일본말?은 이렇게 만들어졌다.

(사)야마
1 연구하는 교실

　　　　　山やま
　　　　　산야마　　('산' 자의 종성을 없애면)
　　　　　사야마　　(현대인이 알기 쉽게 고치면)
　　(쌀을)　사야만　　(의 뜻이 된다.)

- ●●● 그러나 '싸야만'으로 볼 수도 있다.

2 일본정부는 이 말을 두 부분으로 갈라서 아래와 같이 사전적 단어를 만들었다.

　　やま [山] : 산　　(山 자를 뜻으로 새긴 결과이다)

결론
- ●●● 따라서 邪馬台(야마대)는 일본의 고대국가의 이름이 아니라 백제대왕의 명령을(즉시 실행 해)야마되 'ㄴ'다는 백제의 통치 정책임이 명백해졌다.

갈까? 하고

1 연구하는 교실

일본말을 만들 때 모델이 된 말은 "(이것을) 끌어 갈까? 하고…"이다. 이 말을 일본인들은 사투리로 "끄사하 가까? 하고…"라고 했다. 이 말을 다시 현대 일본인들이 주로 사용하는 "백제글자"와 "이두"로 써보면 아래와 같다.

    筥箱函 匣筐? はこ
    거상함 갑광? 하고   (이두한자의 종성을 없애면)
    거사하 가과? 하고   (여기에서는 '과'와 '가'를 구별없이 사용)
    거사하 가가? 하고   (한자에는 "꺼, 까"자가 없어서 "거, 가"자로 대용)
    꺼사하 가까? 하고   (이 사투리를 현대인이 알기 쉽게 고치면)
    끌어 갈까? 하고…   (의 뜻이 된다)

- 거사하 → 꺼사하 : '끌어'의 사투리.
- 끄스다 → 끄사다 : '끌다'의 사투리.

2 초대 천황, 명치(1867년 : 고종 15년) 이후 일본정부 산하 조선어 비밀연구원들이 위의 말의 띄어쓰기를 무시하며 함부로 갈라서 아래와 같은 사전적 단어를 만들어 내었다. 사실은 여기서 부터가 백제말(조선말)과 일본말?과의 경계선이다.

    はこ [筥. 箱. 函. 匣. 筐] : 상자.
        (筥 : 광주리 거, 箱 : 상자 상, 函 : 함 함, 匣 : 갑 갑, 筐 : 광주리 광)

3 언어로 확인한 참 역사

- 위 단어는 '筥. 箱. 函. 匣. 筐'자를 뜻으로 해석하여 '~하고'라는 백제말을 '상자'라는 뜻으로 바꾸어버렸다. 이렇게 단어를 만든 결과 "筥. 箱. 函. 匣. 筐"자를 "はこ"라고 읽는 웃지 못할 꼴이 되었다. 이런 것을 우리는 지금까지 "**명치식 읽기**"라고 명명해 왔다.
- '筥. 箱. 函. 匣. 筐'자가 없었다면 'はこ'가 원래 무엇을 의미했던 백제말인지 영영

몰랐을 것이다.
- 위에서 보듯이 조선(한국)사람들이 '이두'인 줄 알아보지 못 하도록 한자 사이에 점을 찍어 두었다.
- 저들이 "はこ"를 어떻게 발음하든 간에 어원으로 보면 "하고"라고 발음해야 한다.
- 모든 일본말?은 이렇게 만들어졌다.

 # 이야(서) 밀어 여

1 연구하는 교실

"이어서 밀어 넣어 해버려" 이 말을 일본인들은 사투리로 "이야 미례 여 혀부"라고 했다. 이 말을 다시 현대 일본인들이 주로 사용하는 백제글자와 이두로 써보면 아래와 같다.

  いや 弥礼 厭 嫌否
  이야 미례 염 혐부 (이두한자의 종성을 없애면)
  이야 미례 여 혀부 (이 사투리를 현대인이 알기 쉽게 고치면)
  이어서 밀어 넣어 해버려 (의 뜻이 된다)

2

초대 천황, 명치(1867년 : 고종 15년) 이후 일본정부산하 조선어 비밀연구원들이 백제말의 띄어쓰기를 무시하고 함부로 갈라서 아래와 같은 사전적 단어를 만들어 내었다. 사실은 여기서부터가 조선말(백제말)과 일본말의 경계선이다.

  いや [弥] : ①점점, 더욱 더 ②대단히 (弥 : 두루 미)
    [礼] : 존경함, 예의.   (礼 : 예절 예)
    [厭 嫌] : 싫음   (厭 : 싫을 염, 嫌 : 싫어할 혐)
    [否] : 아니오.   (否 : 아닐 부)

3 언어로 확인한 참 역사

- 위 단어는 이두인 '弥. 礼. 厭 嫌. 否'자를 정책적으로 뜻으로 해석하여 백제 말 "이야(서)"가 "점점, 아니오" 등의 뜻으로 바뀌고 말았다.
- 위와 같은 방법으로 일본어?의 단어를 만든 결과 '弥. 礼. 厭 嫌. 否'자를 'いや'라고 읽는 웃지 못할 꼴이 되었다. 이런 것을 우리는 지금까지 "**명치식 읽기**"라고 명명해 왔다.
- '弥. 礼. 厭 嫌. 否'자가 없었다면 'いや'가 원래 무엇을 의미했던 백제 말인지 영영 몰랐을 것이다.
- 모든 일본말?은 이렇게 만들어졌다.

 # 소가 싸워 가지고

1 연구하는 교실

"소가 싸워 가지고, 시어, 이~" 이 말을 일본인들은 사투리로 "소, 사와 가, 시, 이~"라고 했다. 이 말을 다시 현대 일본인들이 주로 사용하는 "백제글자"와 "이두"로 써보면 아래와 같다.

    騷, さわ が,   し, い~,   ('소'자에 종성이 없으므로 그대로 백제말이다)
    소, 사와 가,   시, 이~,   (이 사투리를 현대인이 알기 쉽게 고치면)
    소, 싸워 가지고, 시, 이~.
    소가 싸워 가지고, 시어, 이~,   (의 뜻이 된다)

- ~가 : "~가지고"의 준말. "~아서", "~어서"와 비슷한 말.
- 이~ : 이야기의 흥을 돋우거나, 동의를 청하는 도움말.
- 소(騷) : 집에서 키우는 "소"를 의미. 한자의 뜻에 현혹되면 안 되겠다.

2
초대 천황, 명치(1867년 : 고종 15년) 이후 일본정부 산하 조선어 비밀연구원들이 위의 말을 함부로 갈라서 아래와 같은 사전적 단어를 만들어 내었다. 사실은 여기서 부터가 백제말(조선말)과 일본말?과의 경계선이다.

    さわがしい [騷がしい] : 시끄럽다.   (騷 : 떠들 소)

3 언어로 확인한 참 역사

- 위 단어는 일본정부가 이두인 '騷'자를 뜻으로 해석하여 백제 말 "사와가, 시, 이"를 "시끄럽다"라는 뜻으로 바꾸고 말았다. 그렇지만 소가 싸운다는 말 자체에 "시끄럽다"는 뜻이 내재되어 있기도 하다.
- 위와 같은 방법으로 일본어?의 단어를 만든 결과 '騷'자를 'さわ'라고 읽는 웃지 못할 꼴이 되었다. 이런 것을 우리는 지금까지 "명치식 읽기"라고 명명해 왔다.
- '騷'자가 없었다면 'さわがしい'가 원래 무엇을 의미했던 백제 말인지 영영 몰랐을

것이다.
- "騷"자 옆에 있는 "がしい"는 "さわがしい"와 균형을 맞추기 위하여, 일본정부와 어용학자들이 써넣은 글자이다.
- 모든 일본말?은 이렇게 만들어졌다.

 # 上甲 仮狩

1 연구하는 교실

"사가지고 가소. (밤이면 잘) 차 갈거요!" 이 말을 일본인들은 사투리로 "사가 가수. 차아 가리!"라고 했다. 이 말을 다시 현대 일본인들이 주로 사용하는 백제글자와 이두로 써보면 아래와 같다.

    上甲   仮狩. 借雁 かり!
    상갑   가수. 차안 가리!   (이두한자의 종성을 없애면)
    사가   가수. 차아 가리!   (현대인이 알기 쉽게 고치면)
    사가지고 가수. 차 갈거요!   (의 뜻이 된다)

●●● 사가(上甲) : "사가지고"의 사투리. 이두.

2

초대 천황, 명치(1867년 : 고종 15년) 이후 일본정부 산하 조선어 비밀연구원들이 위의 말의 띄어쓰기를 무시하고 함부로 갈라서 아래와 같은 사전적 단어를 만들어 내었다. 사실은 여기서 부터가 백제말(조선말)과 일본말?과의 경계선이다.

    かり [上. 甲] : (일본음악에서) 음을 높이는 일.
        [仮] : 임시, 가짜.
        [狩] : 사냥.   (狩 : 사냥 수)
        [借り] : 빌림, 부채.   (借 : 빌릴 차)
        [雁] : "雁(がん) : 기러기"의 딴 이름.   (雁 : 기러기 안)

3 언어로 확인한 참 역사

●●● 위 단어는 이두인 '上. 甲. 仮. 狩. 借. 雁'자를 정책적으로 또는 뜻으로 해석하여 백제 말 "(차아) 가리"가 "임시, 빌림" 등의 뜻으로 바뀌어버렸다.

●●● 위와 같은 방법으로 일본어?의 단어를 만든 결과 '上. 甲. 仮. 狩. 借り. 雁'자를 'かり'라고 읽는 웃지 못할 꼴이 되었다. 이런 것을 우리는 지금까지 **"명치식 읽기"**라고 명명해 왔다.

●●● 다행히 <u>백제 말을 한자로 기록해 놓은</u> '上. 甲. 仮. 狩. 借. 雁'자가 없었다면 'かり'가 원래 무엇을 의미했던 백제 말인지 영영 몰랐을 것이다.
●●● 한편, '借'자 옆에 있는 'り'는 "かり"와 균형을 맞추기 위하여 일본정부와 어용학자들이 만들어 넣은 字이다.
●●● 글쓴이가 처음 일본말이라는 것을 접했을 때 "가리(かり)"라고 하기에 이게 무슨 뜻인가 했었다.
●●● 파생

　　かりる [借りる] : 빌리다.

●●● 모든 일본말?은 이렇게 만들어졌다.

 一生懸命

1 연구하는 교실

일본말을 만들 때 모델이 된 말은(여인네를 기쁘게 해주기 위하여) "이어서 하며" (열심히 최선을 다했다), 이다. 이 말을 '야마되'현 사람들은 사투리로 '이새 혀며'라고 했다. 이 말을 현대 일본인들이 주로 사용하는 이두한자로 써보면 아래와 같다.

一生 懸命
일생 현명　　　 (이 말에서 종성을 없애면)
<u>이새 혀며</u>　　(이 말을 현대인이 알기 쉽게 고치면)
이어서 하며　　(의 뜻이 된다.)

- 이새 : '이어서'의 사투리. 일본서기나 일어사전에 사용된 비슷한 뜻의 사투리의 다른 예로서 이소 → 이수 → 이서 → 이시 → 이우 → 이오 → 이아 등이 있다. 앞으로 나올 단어들의 단서가 되므로 참고 해둔다.
- 혀며 : '하며'의 사투리.
- 이새 혀며(一生 懸命) : '(열심히) 이어서 하며'라는 뜻, 이두.

2 초대 천황, 명치(1867년 : 고종 15년) 이후 일본정부 산하 조선어 비밀연구원들이 위의 말로 아래와 같은 사전적 단어를 만들어 내었다. 사실은 여기서 부터가 백제말(조선말)과 일본말?과의 경계선이다.

いっ-しょうけんめい [一生 懸命] : 열심히
(명치식 읽기)　　　(懸 : 매어 달아서 걸 현)

3 언어로 확인한 참 역사

- 위 단어는 이두인 '一生 懸命(이새 혀며)'라는 말 자체가 "열심히"라는 뜻을 가지고 있다.
- 그러나 일본정부는 '一生 懸命'자를 'いっ-しょうけんめい'라고 읽는 웃지 못할 꼴로

만들었다. 이런 것을 우리는 지금까지 "**명치식 읽기**"라고 명명해 왔다.

- '一生 懸命'자를 한자의 뜻으로 해석 해봐도 신통한 뜻이 없다. 그래서 글쓴이가 이 말을 처음 접했을 때, 왜 이 말이 '열심히'라는 뜻이 되었는지 알 수가 없었다. 그때만 해도 이 말이 백제 말일 **줄**은 꿈에도 몰랐던 것이다.
- 따라서 吏讀(이두)라는 말은, 백제 말을 한자로 기록했지만 읽을 때는 백제 말이 되도록 '이(어) 두(어라)'라는 뜻이 있다.
- 그러므로 일본서기, 만엽집 등 일본의 중세의 고서들도 모두 한자를 '이두'로 읽어야 백제말 뜻을 캐어 낼 수 있다. 일본서기는 일본의 역사책이 아니다. 그런데도 일본정부가 일본서기의 한자를 한문의 문장으로 보고 해석한 것은 넌센스이며 **역사소설**이라고 주장하는 이유가 여기에 있다.

 # 對馬島, 壹岐島

일본서기 卷第 一 神代 上 "나라 탄생" 편에 보면 對馬島, 壹岐島 등이 태어나는 과정이 서술되어 있다. 이 이두는 결국 무엇을 의미하고 있을까?

1 원문(일본서기 27쪽)

　　由 是 始起(二) 大八洲國
　　之号焉. 卽對馬島, 壹岐島, 及處處小
　　島. 皆是潮
　　沫凝成者矣. 亦曰(二)水
　　沫凝而成(一)也

[●●● (..)안에 있는 한자는 원래는 작게 쓰여진 글자임.]

2 음역

　　유 시 시기(이) 대팔주국
　　지호언. 즉대마도, 일기도, 급처처소
　　도. 개시조
　　말응성자의. 역왈(이)수
　　말응이성(일)야

3 위의 이두한자의 종성을 없애면서 띄어쓰기를 바꾸면

　　유, 시, 시기, 이~. 대파 주구
　　지호어즈대마, 도이기 도그처 처소

　　도개시조!
　　말으서 자의 여와 이수?
　　말으 이서이야!

◉◉◉ [2항과 3항에서 띄어쓰기가 어떻게 변화하였는지 살펴 주시기 바랍니다. 그리고 (.)안에 쓰이어진 글자 '일', '이' 등이 어떤 역할을 하는지도 살펴 주십시요!]

4 위의 사투리를 한 단계 쉬운 사투리로 바꾸면

    이우, 시, 시기, 이~. 대파 주구
    지보엇대마 <u>되기</u> 도그처 처소!

    (다시) 동개시죠!
    말아서 재 여와 이수?
    말아(서) 이서이야!

5 위의 사투리를 현대인이 알기 쉽게 고치면

    이어, 시(=여성기), 세계, 이~. 데워 주구
    집어대면, 되게 다그쳐 처소!

    (다시) 동개시죠!
    말아서 째, 넣어 와 있수?
    (그렇다면) 말아서(=말은 채로) 이어져야!

◉◉◉ 유→ 이우 : '이어'의 일본지방 사투리.
◉◉◉ 시 : 여성기의 옛 이름.
◉◉◉ 시기 : '세계'의 사투리.
◉◉◉ 이~ : 이야기의 흥을 돋우거나 동의를 청하는 도움 말.
◉◉◉ 대파 주구 : '데워 주구'의 사투리.
◉◉◉ 지호어즈→ 지보어즈→ 지보엇→ 집엊 : '집어'의 일본지방 사투리.
◉◉◉ ~대마 : '~대면'의 사투리.
◉◉◉ ~대다 : 동작의 정도가 심함을 나타냄.(울어대다. 졸라대다)
◉◉◉ 도이기→ 되기→ 되게 : 매우.
◉◉◉ 도그처 : '다그쳐'의 사투리.

- ●●● 도개시죠 : '동개시죠'의 의미. 동개다 → 포개다.
- ●●● 말으서 : '말아서'의 사투리.(돗자리를 말다.)
- ●●● 者矣(자의) → 자이 → 재 : 한자에는 '째'자가 없으므로 '者矣'로 대용함.
  (당시에는 '의'와 '이' 그리고 '과'와 '가' 발음을 구별하지 않고 사용하기도 하였다. 말을 하지 못하던 원주민들이 함께 말을 배우고 있었으므로 어쩔 수 없었다고 본다.)
- ●●● 여와 : '넣어 와'의 사투리.
- ●●● 이수 : '있수'의 종성인 'ㅆ'을 표기하지 못한 상태임.
- ●●● 이서이야 : '이어져야'의 옛 표현.
- ●●● 위 문장에서 (.)안에 쓴 '一', '二' 등도 포함해서 읽어야 완벽한 이 두 문장이 된다. 제외하면 한문의 문장이 되고 만다.

6 일본 측의 해석

이로 인하여 처음으로 大八洲國(오오야시마노 구니 : 일본국의 옛 이름)의 이름이 생긴 것이다. 그리고 對馬島, 壹岐島 기타 곳곳의 小島는 다 潮水의 沫(거품)이 응고하여 되었다고 이르고 있다. 또는 물의 沫이 응고하여 되었다고도 이르고 있다.

(●●● '대파 주구 → 데워 주구'가 어떻게 일본국의 옛 이름인가? 일본아! 정신 좀 차려라!)

7 우리가 꼭 알아 두어야 할 일

위 문장을 보면 명치이후 일본정부 산하 조선 말 연구원들이 얼마나 기상천외한 연구?를 하였으며, 일본서기를 어떻게 조작하여 역사소설을 만들어 내었는지 극명하게 알 수 있는 대목이다. 그런데도 거꾸로 일본학자들이 한국 교수, 학자들을 깔볼 수 있는 이유는 한국 교수, 학자들이 자기 이름으로 등기된 땅을 보고도 자기 땅인 줄 모르고, 매일 쓰고 있는 말을 접하고도 자기 말인 줄 모르기 때문이다. 이제 와서는 독도를 자기네 땅이라고까지 해보고 있다. 그 다음은 울릉도, 그 다음은 왜관... 우리는 왜 일본 전체가 한국 땅이라고 하지 못하는가? 자료가 없어서 인가? 왜 그들 앞에만 서면 고개를 들지 못하는가?

 # 吏讀의 정의 -하나-

1 연구하는 교실

일본말을 만들 때 모델이 된 백제 말은 "파다가, 빻이어 버리다가, 하면서 하느냐"이다. 이 말을 백제의 '야마되' 현 사람들은 사투리로 "파, 빠이비다, 하나?"라고 했다. 이 말을 다시 현대 일본인들이 주로 사용하는 이두한자와 백제글자로 써보면 아래와 같다.

2 吏讀의 정의

    花,   華洟鼻端,   はな?
    화,   화이비단,   하나?   (이두한자의 종성을 없애면)
    파,   빠이비다,   하나?   (이 말을 현대인이 알기 쉽게 고치면)
    파다가, 빻이어버리다가, (하며) 하느냐? (의 뜻이 된다.)

- 花와 華는 같은 '화'자이나 花자는 '파'로, 華자는 '빠'로 읽을 줄 아는 혜지가 필요하다. 특히 '빠'자는 한자가 없으므로 '화'자로 대용하고 있으며 '파'자는 있지만, 또한 '화'자로 대용하고 있다. 이런 것이 이두이다. 吏讀(이두)란 이렇게 백제 말이 되도록 '이(어) 두(라)'는 뜻이 있다. 지금까지는 왜 "吏讀(이두)"라 하는지 까닭을 몰랐었다.
- 빠이비다 : '빻이어 버리다'의 사투리.
- ~다 : '~다가'의 사투리.
- ~다가 : 이어지던 동작이 일단 그치고 다른 동작으로 옮길 때 그 그친 동작을 나타냄. (읽으시다가 덮어둔 책)
- ~하나 : '~하느냐'의 사투리.

3

초대 천황, 명치(1867년 : 고종 15년) 이후 일본정부 산하 조선어 비밀 연구원들이 위의 말을 함부로 갈라서 아래와 같은 사전적 단어를 만들어 내었다. 사실은 여기서부터가 백제 말(조선 말)과 일본 말?과의 경계선이다.

はな [花. 華] : 꽃　　　(花 : 꽃 화, 華 : 빛날 화, 꽃 화)
　　　[洟] : 콧물　　　　(洟 : 콧물 이)
　　　[鼻] : 코　　　　　(鼻 : 코 비)
　　　[端] : 처음, 시작.　(端 : 실마리 단)

4 언어로 확인한 참 역사
- 위 단어는 이두인 '花. 華. 洟. 鼻. 端'자를 정책적으로 뜻으로 해석하여 백제 말 "~하나"가 "꽃, 코" 등의 뜻으로 바뀌고 말았다.
- 위와 같은 방법으로 일본어?의 단어를 만든 결과 '花. 華. 洟. 鼻. 端'자를 'はな'라고 읽는 웃지 못할 꼴이 되었다. 이런 것을 우리는 지금까지 "명치식 읽기"라고 명명해 왔다.
- <u>백제 말을 한자로 기록해 놓은</u> '花. 華. 洟. 鼻. 端'자가 없었다면 'はな'가 원래 무엇을 의미했던 백제 말인지 영영 몰랐을 것이다.
- 일본정부와 그 어용학자들은, 조선사람들이 "花. 華. 洟. 鼻. 端"가 조선말 이두인 줄 몰라보도록 각각 다른 단어를 만들어 두었다.

5 잘못된 역사는 정정되어야 한다.
'~하나'라는 말을 어떻게 '꽃'이라는 말로 바꿀 수 있는가? '콧물'이라는 말로 바꿀 수 있는가? 원래는 일본이 아닌, 백제 사람들아! 솔직히 이런 짓을 그만 두고, 지금이라도 일본 말? 이라는 것을 백제 말, 조선 말, 한국말로 원상회복 시키는 것이 어떠한가? 다 알려진 마당에 일본아! 무엇이 부끄러운가?

기모노

1 연구하는 교실

일본말을 만들 때 모델이 된 말은,
"차면 (돼?)"
"(차지 말고) 끼(워)"
"(이게) 뭐노?"
이다.
이 말을 일본인들은 더 심한 사투리로 "차무? 끼. 모노?"라고 했다. 이 말을 다시 현대 일본인들이 주로 사용하는 "백제글자"와 "이두"로 써보면 아래와 같다.(이 어원을 보면, **倭**의 원주민들은 아프리카 토인들처럼 벗고 다녔다는 것을 확실히 알 수 있다)

　　　着物?　き．　もの?
　　　착물?　끼．　모노?　　(이두한자의 종성을 없애면)
　　　차무?　끼．　모노?　　(이 사투리를 현대인이 알기 쉽게 고치면)
　　　차면?　끼(워)．뭐노?　　(의 뜻이 된다)

●●● 차무 : '차면'의 사투리.
●●● 끼 : 끼이다, 끼우다의 준말, 사투리.
●●● 모노 : '뭐노'의 일본지방 사투리.

2 초대 천황, 명치(1867년 : 고종 15년) 이후 일본정부 산하 조선어 비밀연구원들이 위의 말의 띄어쓰기를 무시하며 함부로 갈라서 아래와 같은 사전적 단어를 만들어 내었다. 사실은 여기서 부터가 백제말(조선말)과 일본말?과의 경계선이다.

　　　きもの [*着物*] : 옷

3 언어로 확인한 참 역사

●●● 위 단어는 이두인 '**着物**'자를 정책적으로 뜻으로 해석하여 '끼, 뭐노?'라는 백제말을 '옷'이라는 뜻으로 바꾸어버렸다. 이렇게 단어를 만든 결과 "**着物**"자를 "きもの"라고

읽는 웃지 못할 꼴이 되었다. 이런 것을 우리는 지금까지 "**명치식 읽기**"라고 명명해 왔다.

●●● '**着物**'자가 없었다면 'きもの'가 원래 무엇을 의미했던 백제말인지 영영 몰랐을 것이다. 지금까지 'きもの'의 뜻을 정의해 낸 교수나 학자가 아무도 없었으니 당연하다.

●●● 일본인들이 "きもの"를 어떻게 발음하든 간에 어원상으로 보면 "끼 뭐노"라고 발음해야 한다.

●●● 이 단어도 백제말의 띄어쓰기를 함부로 바꾸어 악랄하게 "きもの"라는 말을 만들었다.

●●● 파생

    きる [着る] : (옷을) 입다.   (着 : 입을 착)
    もの [物] : 물건   (物 : 만물 물)

●●● 모든 일본말?은 이렇게 만들어졌다.

 # 뭐노 가타리

1 연구하는 교실

젊을 때 일본어?라는 것을 처음 배우면서 가졌던 의문 중의 하나가 왜 "*物語*"를 "모노 가타리"라고 읽는가하는 것이었다. "그 이상하다! 일본에는 정말 이상한 말들을 쓰고 있지 않은가! 그들 말대로 그들 일본말은 농경시대부터 있어 온 말인 모양이다. 그렇게 생각했다. 그런데 알고 보니 순 뻥이었다. 일본말을 만들 때 모델이 된 말은 "xx가 물어! xx가 뭐냐? 가서 타리"이다. 이 말을 일본인들은 사투리로 "워지(가) 무러! 워지(가) 뭐노? 가 타리"라고 했다. 이 말을 다시 현대 일본인들이 주로 사용하는 백제글 자와 이두로 써보면 아래와 같다.

```
源氏    物語!    源氏    もの?  が  たり
원지    물어!    원지    모노?  가  타리     (이두한자의 종성을 없애면)
워지    무러!    워지    모노?  가  타리     (이 사투리를 알기 쉽게 고치면)
xx(가)  물어!   xx(가)  뭐노?  가  타리
xx(가)  물어!   xx(가)  뭐냐?  가  타리     (의 뜻이 된다)
```

- ●●● (源氏)워지 : 여성기의 옛 이름, 이두.
- ●●● 物語 : "(깨)물어"의 이두.
- ●●● 모노 : "뭐노 → 뭐냐"의 일본지방 사투리.
- ●●● 일본정부와 그 어용학자들은 교활하게도 "源氏"를 "겐지"라고 읽으면서 사람 이름으로 바꾸었다.
- ●●● 그리고 "源氏物語"는 "겐지 이야기"라는 뜻으로 만들어버렸다.

2 초대 천황, 명치(1867년 : 고종 15년) 이후 일본정부 산하 조선어 비밀연구원들이 위의 말의 띄어쓰기를 무시하고 함부로 갈라서 아래와 같은 사전적 단어를 만들어 내었다. 사실은 여기서 부터가 백제말(조선말)과 일본말?과의 경계선이다.

   もの-がたり [物語] : ①이야기 ②(平安時代 이후의) 산문 형식의 문학작품.

3 언어로 확인한 참 역사

●●● 위 단어는 이두인 '物語'자를 정책적으로 해석하여 "뭐노? 가 타리"라는 백제 말이 "이야기"라는 뜻으로 바뀌고 말았다.

●●● 위와 같은 방법으로 일본어?의 단어를 만든 결과 '物語'자를 'もの-がたり'라고 읽는 웃지 못할 꼴이 되었다. 이런 것을 우리는 지금까지 "명치식 읽기"라고 명명해 왔다.

●●● '物語'자가 없었다면 'もの- がたり'가 원래 무엇을 의미했던 백제 말인지 영영 몰랐을 것이다.

●●● 위 단어가 백제말(한국말)에서 비롯되었으므로, 이로 미루어 볼 때 "(平安시대 이후의) 산문 형식의 문학작품"이라는 설명은 일본정부가 엉터리로 지어낸 설명이라는 것이 명백해 졌다. 일본정부는 사전을 만들면서도 "平安시대" 등을 운운하면서 일본역사를 조작하곤 했다.
온 일본어 사전에 이런 엉터리 역사가 산재해 있다. <u>일본정부가 정사로 내세우는 역사도 순 뻥이다.</u>

●●● 또 하나 중요한 사실
일본의 어용학자들은 "源氏物語"의 저자가 "紫式部"라고 했다. 그러나 "紫式部"는 "자시부 → 자시버려"라는 이두이며 어떤 백제말 문장의 일부를 따온 말에 지나지 않는다. 결코 글을 쓴 사람의 이름이 아니다. 일본의 어용학자들은 역사를 비롯하여 모든 백제의 것을 거짓으로 장식하여 문화의 주인을, 아니 <u>나라의 주인을 일본으로 바꾸어 놓았다.</u> "源氏物語"는 결코 일본의 중세 문학서가 아니고 백제의 고전이다.

●●● 파생

    もの [物] : 물건.
    かたり [語り] : 이야기.
    もの-がたる [物語る] : 이야기하다.

●●● 모든 일본말?은 이렇게 만들어졌다.

 **쪄아고 가래**

1 연구하는 교실

일본말을 만들 때 모델이 된 말은 "또 끼(어)고 가래"이다. 이 말을 일본인들은 사투리로 "또 껴고 가래"라고 했다. 이 말을 다시 현대 일본인들이 주로 사용하는 백제글자와 이두로 써보면 아래와 같다.

　　憧 憬あこ がれ
　　동 경아고 가래　　(이두한자의 종성을 없애면)
　　도 겨아고 가래　　(한자에는 "또, 껴"자가 없으므로 "도, 겨"자로 대용)
　　<u>또 껴아고 가래</u>　　(이 말을 현대인이 알기 쉽게 고치면)
　　또 끼 고　가래　　(의 뜻이 된다)

2 초대 천황, 명치(1867년 : 고종 15년) 이후 일본정부 산하 조선어 비밀연구원들이 위의 말의 띄어쓰기를 무시하고 함부로 갈라서 아래와 같은 사전적 단어를 만들어 내었다. 사실은 여기서 부터가 백제말(조선말)과 일본말?과의 경계선이다.

　　<u>あこがれ</u> [憧れ. 憬れ] : 동경, 그리움.　　(憧 : 그리워할 동, 憬 : 깨달을 경)

3 언어로 확인한 참 역사

- 위 단어는 이두인 '憧. 憬'자를 정책적으로 뜻으로 해석하여 백제 말 "(껴)아고 가래"가 "그리움"이라는 뜻으로 바뀌고 말았다.
- 위와 같은 방법으로 일본어?의 단어를 만든 결과 '憧れ. 憬れ'자를 '<u>あこがれ</u>'라고 읽는 웃지 못할 꼴이 되었다. 이런 것을 우리는 지금까지 "**명치식 읽기**"라고 명명해 왔다.
- '憧れ. 憬れ'자가 없었다면 '<u>あこがれ</u>'가 원래 무엇을 의미했던 백제 말인지 영영 몰랐을 것이다.
- 憧자와 憬자 옆에 있는 "れ"자는 '<u>あこがれ</u>'와 균형을 맞추기 위하여 일본정부와 어용학자들이 써넣은 글자이다.

- ••• "(껴)아고 가래"라는 말에서 머리를 떼어내니까, "아고가래"만 남는다. 이렇게 일본말?을 만들었으니 조선(한국)사람들이 전혀 눈치도 채지 못하였다.
- ••• 게다가 일본정부와 그 어용학자들은, 조선사람들이 "憧れ. 憬れ"가 조선말 이두인 **줄** 몰라보도록 글자 사이에 점을 찍어 두었다.
- ••• 파생

    あこがれる [憧れる. 憬れる] : 그리워하다.

- ••• 모든 일본말?은 이렇게 만들어졌다.

 # 고아나 배

1 연구하는 교실

일본말을 만들 때 모델이 된 말은 무엇을 고우는지는 몰라도 "고우나 봐?"이다. 이 말을 일본인들은 사투리로 "고아나 배"라고 했다. 이 말을 다시 현대 일본인들이 주로 사용하는 "백제글자"와 "이두"로 써보면 아래와 같다.

<u>鍋</u>な   べ?   (이두 '鍋'자에 종성이 없으므로 그대로 백제말이다.)
<u>과나</u>   배?   ("과"는 "고아"의 이합사)
<u>고아</u>나 배?   (이 사투리를 현대인이 알기 쉽게 고치면)
고우나 봐   (의 뜻이 된다)

2

초대 천황, 명치(1867년 : 고종 15년) 이후 일본정부 산하 조선어 비밀연구원들이 위의 말의 띄어쓰기를 무시하며 함부로 갈라서 아래와 같은 사전적 단어를 만들어 내었다. 사실은 여기서 부터가 백제말(조선말)과 일본말?과의 경계선이다.

なべ [鍋] : 냄비   (鍋 : 냄비 과)

3 언어로 확인한 참 역사

••• 위 단어는 '鍋'자를 뜻으로 해석한 결과 "(고아)나 배"라는 백제말이 "**냄비**"라는 뜻으로 바뀌고 말았다. 이렇게 단어를 만든 결과 "鍋"자를 "なべ"라고 읽는 웃지 못할 꼴이 되었다. 이런 것을 우리는 지금까지 "**명치식 읽기**"라고 명명해 왔다.
••• '鍋'자가 없었다면 'なべ'가 원래 무엇을 의미했던 백제말인지 영영 몰랐을 것이다.
••• 이 "나배"라는 말도 띄어쓰기를 무시하고 참으로 악랄하게 만든 말중의 하나이다.
••• 모든 일본말?은 이렇게 만들어졌다.

 # 국어사전에서 "노포(老舖)"를 삭제하라

1 연구하는 교실

일본말을 만들 때 모델이 된 말은 "(보기보다) 넣어버리시니 세(더라)"이다. 이 말을 일본인들은 사투리로 "노뽀시니 세"라고 했다. 이 말을 다시 현대 일본인들이 주로 사용하는 백제글자(平仮名)와 이두로 써보면 아래와 같다.

老舖しに せ	(이 이두에는 종성이 없으므로 그대로 백제말이 된다.)
노포시니 세	(한자에는 '뽀'자가 없으므로 '포'자로 대용하고 있다.)
노뽀시니 세	(이 일본지방 사투리를 현대인이 알 수 있게 고치면)
넣(어)버리시니 세(더라)	(의 뜻이 된다.)

2 역사를 보는 눈

- 老舖(노포) → 노뽀 : '넣어버리'의 일본지방 사투리, 이두.
- 백제인과 말 못하던 원주민의 후예인 그들은 생리상 '넣어'라는 말을 못하고 '노'라고만 했다. 이런 예는 수없이 많다.
- 위에서 보듯이 平仮名도, 이두인 한자도, 모두 백제말을 기록하기 위한 수단이었음을 알 수 있다. 그러므로 처음부터 백제말, 백제 글자는 있었어도, 일본말이나 일본 글자 같은 것은 아예 존재한 적도 없었다. 일본정부가 역사를 속이고, 거짓역사를 만들어 선전해 왔다는 것을 알 수 있다. 그러니까 옛 일본은 백제의 한 지방이었으며, 그 곳에 살던 사람들은 백제의 신민이었다. 倭는 결코 독자 국가가 아니었다. 우리는 우리의 역사를 바로 알고, 바로잡아야 한다. 일본은 옛날부터 우리의 땅이다.

3 초대 천황, 명치(1867년 : 고종 15년) 이후 일본정부 산하 조선어 비밀연구원들이 위의 말의 띄어쓰기를 무시하고 함부로 갈라서 아래와 같은 사전적 단어를 만들어 내었다. 사실은 여기서 부터가 백제말(조선말)과 일본말?과의 경계선이다.

    しにせ [老舖] : 오랜 가업.   (老 : 익숙할 로, 舖 : '鋪'의 속자. 가게 포)

4 언어로 확인한 참 역사

- 위 단어는 이두인 '老舖'자를 정책적으로 뜻으로 해석하여 백제 말 "(노뽀)시니 세"가 "오랜 가업"이라는 뜻으로 바뀌고 말았다.
- 위와 같은 방법으로 일본어?의 단어를 만든 결과 '老舖'를 'しにせ'라고 읽는 웃지 못할 꼴이 되었다. 이런 것을 우리는 지금까지 "명치식 읽기"라고 명명해 왔다.
- '老舖'자가 없었다면 'しにせ'가 원래 무엇을 의미했던 백제 말인지 영영 몰랐을 것이다.
- 이 단어도 백제말 "(노뽀)시니 세"를 함부로 갈라 "しにせ"라는 단어를 만들었으니 가장 악랄한 방법으로 만든 것 중의 하나이겠다.
- 일본 정가에서는 정치를 '오랜 가업(しにせ)'으로 삼아 대대로 정치를 한다고 한다. 아무리 말을 만들어도 그렇지 '시니세(しにせ)'가 뭡니까?
- 모든 일본말?은 이렇게 만들어졌다.

5 국어사전을 보면

"노포(老舖) : 대대로 물려받은 오래된 점포"라고 되어있다. 마치 일어사전을 보고 그대로 베껴놓은 듯한 이런 단어는 삭제하는 것이 옳다고 본다. 이 단어를 사전에 실었던 이는 '老舖'가 이두이며 "넣어버리"라는 일본지방 사투리라는 사실을 꿈에도 몰랐을 것이다.

- 이것을 계기로 국어사전의 한 점 부끄럼 없는 일대 개혁을 제안한다. 또한 그런 의미에서도 자랑스러운 '한글날'은 기려져야겠다.

 # 니개, 도

1 연구하는 교실

일본말을 만들 때 모델이 된 말은 "네개, 다오"이다. 이 말을 일본인들은 사투리로 "니개, 도"라고 했다. 이 사투리를 현대 일본인들이 주로 사용하는 "백제글자"와 "이두"로 써보면 아래와 같다.

　　にげ, 逃　　　(이두한자에 제거할 종성이 없으므로 그대로 백제말이다)
　　<u>니개</u>, 도　　　(이 사투리를 현대인이 알기 쉽게 고치면)
　　<u>네 개</u>, 다오.　(의 뜻이 된다)

2 역사를 보는 눈

●●● 일본정부가 이 단어를 과연 언제 쯤 만들었을까?
<u>"니개"라는 숫자를 사용했던 기원을 밝힐 수 있는 아주 중요한 말이다.</u> 그리고 '니개'라는 이 사투리는 한국 사람들이 과거에 많이 사용하던 사투리이다. 뿐만 아니라 고대 한국 사람들은 백제, 고구려, 신라, 왜, 할것없이 모두 같은 사투리를 사용했다.

3

초대 천황, 명치(1867년 : 고종 15년) 이후 일본정부 산하 조선어 비밀연구원들이 위의 말의 띄어쓰기를 무시하며 함부로 갈라서 아래와 같은 사전적 단어를 만들어 내었다. 사실은 여기서 부터가 백제말(조선말)과 일본말?과의 경계선이다.

　　"にげ [逃]" (逃 : 달아날 도)
　　(이렇게 "니개, 도"라는 말을 위처럼 갈라놓은 다음 양쪽에 'る'자를 붙여서)
　　"にげる [逃る] : 도망가다"라는 새 단어를 만들었다.

4 언어로 확인한 참 역사

●●● 위 단어는 '逃'자를 뜻으로 해석하여 위 백제말 "니개(る)"를 '도망가다'라는 뜻으로 바꾸어버렸다. 이렇게 단어를 만든 결과 "逃"자를 "にげ"라고 읽는 웃지 못할 꼴이 되었다. 이런 것을 우리는 지금까지 "명치식 읽기"라고 명명해 왔다.

221

●●● '逃'자가 없었다면 'にげる'가 원래 무엇을 의미했던 백제말인지 영영 몰랐을 것이다.
●●● 모든 일본말?은 이렇게 만들어졌다.

 내 코

1 연구하는 교실

아니! 너의 코가 왜 그렇게 부어올랐느냐? 못 생긴 코가 미워서 눈 딱 감고 한 대 갈겼더니…. 그 때 왜인이 한 말은 사투리로 '내코 미오'라고 했다. 이 말을 다시 현대 일본인들이 주로 사용하는 이두한 자와 백제글자로 써보면 아래와 같다.

　　ねこ 猫　　（제거할 종성이 없으므로 그대로 백제 말이 된다.）
　　내꼬 **묘**　　（이합된 말을 풀어쓰면）
　　내꼬 **미오**.　（현대인이 알기 쉽게 고치면）
　　내코 미워　　（의 뜻이 된다.）

●●● 묘 : '미오'의 이합사.
●●● 미오 : '미워'의 옛 사투리.

2 초대 천황, 명치(1867년 : 고종 15년) 이후 일본 정부 산하 조선어 비밀 연구원들이 위의 말을 함부로 갈라서 아래와 같은 사전적 단어를 만들었다. 사실은 여기서 부터가 조선 말(백제 말)과 일본말?의 경계선이다.

　　ねこ [猫] : 고양이　　（猫 : 고양이 묘）

3 언어로 확인한 참 역사

●●● 위 단어는 이두인 '猫'자를 정책적으로 뜻으로 해석하여 백제 말 "내 코"가 "고양이"라는 뜻으로 바뀌고 말았다.
●●● 위와 같은 방법으로 일본어?의 단어를 만든 결과 '猫'자를 'ねこ'라고 읽는 웃지 못할 꼴이 되었다. 이런 것을 우리는 지금까지 "**명치식 읽기**"라고 명명해 왔다.
●●● 또 한 <u>백제 말을 한자로 기록해 놓은</u> '猫'자가 없었다면 'ねこ'가 원래 무엇을 의미했던 백제 말인지 영영 몰랐을 것이다.
●●● 현대 일본어 사전과 일본서기 등에서는 위의 예처럼 우리나라 말이 이합된 한자를

많이 쓰고 있다.
- ●●● 모든 일본말?은 이렇게 만들어졌다.

 최인호와 三輪山

1 연구하는 교실

오늘은 최인호의 '잃어버린 왕국(4권)' 202쪽에 나오는 이야기를 중심으로 시작하고자 한다.

••• 이때 이 길을 함께 따라나선 누가다(額田)는 이 고통스러운 길을 다음과 같이 노래하였다.

••• 중대형 태자를 모시고 머나먼 곳, 자신으로 보면 고향인 근강으로 가는 그 고통스러운 여로에서 누가다는 미와산을 넘다가 그 산을 가리는 무정한 구름을 바라보고는 잠시 발길을 멈추고 이를 한탄하면서 노래를 지었던 것이다.

••• 아래 원문을 최인호는 이렇게 해석했다.

> 미와산(三輪山)이여,
> 나라(奈良)의 산들 사이에 감춰질 때까지.
> 길 굽이굽이 똑똑히 보고 갈 것을.
> 자주자주 보고 갈 산을,
> 무정하게도 구름이 가려야 하겠는가.
> 반가운 미와산을 그처럼 가릴 수 있단 말인가.
> 구름도 유정(有情)할 터인데,
> 자주 가릴 수 있을 줄이야.

••• 그러나 감명 깊게 읽었던 위 글들은 万葉集 권 第一의 18절에 있는 위 노래의 원문을 보고, 놀라고 놀라고 또 놀라고 말았다.

2 원문과 음역

味酒三輪　　　　　　　　(미주삼륜)
乃山 靑丹 吉那良　　　　(내산 청단 길나양)

能山, 乃山 際伊隱万　　　(능산, 내산 제이은만)
代道 隈 伊積流　　　　　(대도 왜 이적류)

代亇委曲 毛 見管 行武　　(대이위곡 모 견관 행무)
雄數數毛　　　　　　　　(웅수수모)

見放　　　　　　　　　　(견방)

武 八　万雄　　　　　　 (무 팔 만웅)

情 無雲　　　　　　　　 (정 무운)
乃 隱障倍之也?　　　　 (내 은장배지야)

3 이두한자의 종성을 없애면

미주사유
내산 처다 기나야

느산, 내산 제이으마
대도 왜 이저유

대이위고 모겨과 해무
우수수모

겨바

무 파 마우

저 무우
내 으자배지야

4 한자에는 없는 말들을 고치면

男 : 미주 싸유
　　내산(으로) 처다(가) 끼나야

　　너산, 내산(에) 째이으마
　　떼도 왜 이저유

　　　　(그런데) 대이비고 모 껴가 해무
　　　　(그 때) 웃으모

　　女 : 껴바

　　男 : (그럴 땐) 무 파(지) 마우

　　女 : 저 무우
　　　　내, 어짜배지야?

5 위 사투리를 현대인이 알 수 있게 고치면

　　男 : 매어 줘쌓유
　　　　내산으로 처다가 끼어놔야

　　　　네산, 내산에 째이어면
　　　　떼도 왜 잊어요?

　　　　(그런데) 닿이버리기만 하고 못 껴서 하면
　　　　(그래서) 웃으면

　　女 : 끼어버려

　　男 : (그럴 땐) 무우 파지마우

　　女 : 저 무우
　　　　내, 어쩌버려야 하지?

- (.)안의 글은 이해를 돕기 위하여 글쓴이가 써넣은 글임.
- ~쌓다 : 앞 말이 뜻하는 행동을 반복하거나 그 행동의 정도가 심함을 나타냄. (예 : 울어쌓다)
- 내산 : 남성기를 의미.
- 네산 : 여성기를 의미.
- 제이으마 : 한자에는 "째"자가 없으므로 "제"자로 대용.
- 대도 : "떼도"의 이두 표현.

- 대이위고 : "뷔"자를 연음화 하여 표기한 것.
  바이마르(헌법) → 와이마르
- 껴서 : "끼어서"의 이합사.
- 해무 : "하면"의 사투리.
- 우수수모 : "웃으모"의 이두 표현 방법.
- ~모: "~면"의 사투리.
- 껴바 : "끼어버려"의 사투리.
- 어짜배지야 : "어쩌버려야 하지"의 사투리.

위 글을 최인호가 앞에서 소개한 것처럼 '미와산이여...' 뜻으로 해석했다.

6 결론

앞에서 설명한 적이 있지만 누가다(額田)는 사람 이름이 아니다. "누가 다애저"라는 말의 띄어쓰기를 무시하며 가운데를 갈라놓은 말에 지나지 않는다. 이 말은 "누가다"가 실존 인물이 아니라는 것을 의미한다. 그러므로 "중대형 태자(天智 천황)"도 실존 인물이 아니다. (이 부분도 후일, 집중 분석할 것이다) 백제 고을에 무슨 천황이 있을 수 있겠는가? 따라서 과거의 일본 역사는 전부 수정 되어야만 한다. 이제부터는 진짜 역사만 기록해야 한다. 그래야만 한국과 일본이 함께 세계사에 공헌할 수 있는 새 시대가 열릴 것이다. 독도가 일본 땅이라는 등 거짓만 일삼으면 일본의 미래는 없다.

 # 덕(택)으로

1 연구하는 교실

일본말을 만 들 때 모델이 된 말은 "(아껴주시고 애정을) 쏟아 주신 덕으로(서울에 영전되어)가오"이다. 그러나 왜인들은 "소다(주신) 덕으로 ~에 가오"라고만 표기했다. 지명 같은 것은 없고 그냥 "~에 가오"라고만 했다. 사전을 만들다 보니 지명 같은 것은 필요가 없었을 것이다. 그래도 부족한대로 잘 말하고 잘 기록해 두었다. 이 말을 현대 일본인들이 주로 사용하는 백제글자와 이두로 써보면 아래와 같다.

所得顔	ところ	え	がお	
소득안	도고로	에	가오	(이두한자에서 종성을 없애면)
소드아	**도고로**	에	가오	(이 일본 사투리를 현대인이 알기 쉽게 고치면)
손아	**덕으로,**	~에	가오	(의 뜻이 된다.)

••• 所得顔(소득안) → 소드아 : "손아"의 이두 표현.
••• 도고로 : "덕으로"의 일본지방 사투리.

2

명치(1867년 : 고종 15년) 이후 일본정부산하 조선어 비밀연구원들이 위의 말을 함부로 갈라서 아래와 같은 사전적 단어를 만들어 내었다. 사실은 여기서 부터가 백제 말(조선 말)과 일본 말?과의 경계선이다.

ところえ・がお [所得顔 : 장소, 지위 등에 만족하여 득의양양한 모습(얼굴)
(所 : 바 소, 得 : 얻을 득, 顔 : 얼굴 안)
(*한자의 뜻보다도, 어원상, 영전되어 가는 모습이니 '득의양양한 얼굴'이 되는 것은 당연하다.)

3 언어로 확인한 참 역사

••• 위 단어의 '所得顔'자를 뜻으로 해석해 봐도 "장소가 얼굴을 얻다" 정도 밖에 해석이 안된다. "득의양양한 얼굴"이라는 뜻과는 거리가 멀다. 따라서 "所得顔"은 이두로 해석한 "손아"로 읽는 것이 옳다.

●●● 그런데 '所得顏'자가 없었다면 'ところえ・がお'가 원래 무엇을 의미했던 백제 말인지 영영 몰랐을 것이다.
●●● 위와 같은 방법으로 일본어?의 단어를 만든 결과 '所得顏'을 'ところえ・がお'라고 읽는 웃지 못할 꼴이 되었다. 이런 것을 우리는 지금까지 "**명치식 읽기**"라고 명명해 왔다.
●●● 파생

    ところ [所] : 장소
    える [得る] : 얻다
    かお [顏] : 얼굴

●●● 일본인들이 "ところ"를 어떻게 읽든 간에 어원상으로 보면, 일본어?라는 것을 감안하여 양보해서 발음하드라도 "도고로"라고 발음해야 한다. "도꼬로"가 아니다. "도코로"도 아니다.
●●● 모든 일본말?은 이렇게 만들어졌다.

 # 또 하더라구

1 연구하는 교실

일본말을 만들 때 모델이 된 말은 "또 하더라구"이다. 이 말을 현대 일본인들이 주로 사용하는 백제글자와 이두로 써보면 아래와 같다.

働 はたらく
동 하다라구 　　(이두한자의 종성을 없애면)
도 하다라구 　　(한자에는 "또"자가 없으므로 "도"자로 대용)
또 하다라구! 　(이 사투리를 현대인이 알기 쉽게 고치면)
또 하더라고! 　(의 뜻이 된다)

••• 백제글자에는 "더"자가 없으므로 "た"자로 대용하고 있다.

2 초대 천황 명치(1867년 : 고종 15년) 이후 일본정부 산하 조선어 비밀연구원들이 위의 말의 띄어쓰기를 무시하고 함부로 갈라서 아래와 같은 사전적 단어를 만들어 내었다. 사실은 여기서 부터가 백제말(조선말)과 일본말?과의 경계선이다.

はたらく [働く] : 일하다, 활동하다. 　　(働 : 힘써할 동)

3 언어로 확인한 참 역사

••• 위 단어는 이두인 '働'자를 정책적으로 뜻으로 해석하여 백제 말 "하다라구"가 "일하다"라는 뜻으로 바뀌고 말았다.
••• 위와 같은 방법으로 일본어?의 단어를 만든 결과 '働く'를 'はたらく'라고 읽는 웃지 못할 꼴이 되었다. 이런 것을 우리는 지금까지 "**명치식 읽기**"라고 명명해 왔다.
••• '働'자가 없었다면 'はたらく'가 원래 무엇을 의미했던 백제 말인지 영영 몰랐을 것이다.
••• 모든 일본말?은 이렇게 만들어졌다.

하루

1 연구하는 교실

일본말을 만들 때 모델이 된 말은 "(오늘도 대단히) 추운 하루(였습니다)"이다. 이 말을 일본인들은 사투리로 "춘 하루"라고 했다. 이 말을 다시 현대 일본인들이 주로 사용하는 平仮名과 이두로 써보면 아래와 같다.

春- はる
춘 하루   (이 말을 현대인이 알 수 있게 고치면)
추운 하루 (의 뜻이 된다.)

••• 위에서 보듯이 平仮名도, 이두인 한자도, 모두 백제말을 기록하기 위한 수단이었음을 알 수 있다.

2 초대 천황, 명치(1867년 : 고종 15년) 이후 일본정부 산하 조선어 비밀 연구원들이 위의 말을 함부로 갈라서 아래와 같은 사전적 단어를 만들어 내었다. 사실은 여기서부터가 백제말(조선말)과 일본말?과의 경계선이다.

はる [春] : 봄   (春 : 봄 춘)

3 언어로 확인한 참 역사

••• 위 단어는 이두인 春자를 뜻으로 해석한 결과, 백제말 "하루"가 "봄"이라는 뜻으로 바뀌고 말았다.
••• 위와 같이 단어를 만든 결과 春자를 "はる"라고 읽는, 웃지 못할 꼴이 되었다.
••• 또한 위의 春자가 없었다면 "하루(はる)"가 원래 무엇을 의미했던 백제말인지 영영 몰랐을 것이다.
••• "하루, 이틀"등에 해당하는 "하루"를 "봄"이라는 뜻으로 바꾸어버렸으니… 일본정부는 백제말(한국말)을 모두 이런 식으로 바꾸어, 일본말이라는 것을 만들어 놓고, 백제와는 아무 상관없이 농경시대부터 일본말이 존재해온 듯 헛소리를 하고 있다. 이로 미루어 볼 때 일본의 조선 침략은 이미 명치 때부터 계획되고, 시작되었다고 보는 것이 옳다.

 화 났어?

1 연구하는 교실

일본말을 만들 때 모델이 된 말은 "화 났어?"이다. 이 말을 일본인들은 사투리로 "하 나쓰"라고 했다. 이 말을 다시 현대 일본인들이 주로 사용하는 백제글자와 이두로 써보면 아래와 같다.

　　夏 なつ?　　(이두한자에 종성이 없으므로 그대로 백제말이 된다)
　　하 나쓰?　　(이 사투리를 현대인이 알기 쉽게 고치면)
　　화 났어?　　(의 뜻이 된다)

2

초대 천황 명치(1867년 : 고종 15년) 이후 일본정부 산하 조선어 비밀 연구원들이 위의 말의 띄어쓰기를 무시하고 함부로 갈라서 아래와 같은 사전적 단어를 만들어 내었다. 사실은 여기서 부터가 백제말(조선말)과 일본말?과의 경계선이다.

　　なつ [夏] : 여름　　(夏 : 여름 하)

3 언어로 확인한 참 역사

●●● 위 단어는 이두인 '夏'자를 정책적으로 뜻으로 해석하여 백제 말 "(하) 나쓰"가 "여름"이라는 뜻으로 바뀌고 말았다.
●●● 위와 같은 방법으로 일본어?의 단어를 만든 결과 '夏'자를 'なつ'라고 읽는 웃지 못할 꼴이 되었다. 이런 것을 우리는 지금까지 "**명치식 읽기**"라고 명명해 왔다.
●●● '夏'자가 없었다면 'なつ'가 원래 무엇을 의미했던 백제 말인지 영영 몰랐을 것이다.
●●● 모든 일본말?은 이렇게 만들어졌다.

 # 아끼?

1 연구하는 교실

일본말을 만들 때 모델이 된 말은 "(등에) 괴며 추어(=추스러), 끼워버려!"이다. 이 말을 일본인들은 사투리로 "고며 추아, 끼뽀여!"라고 했다. 이 말을 현대 일본인들이 주로 사용하는 백제글자와 이두로 써보면 아래와 같다.

　　空明 秋あ, き飽厭
　　공명 추아, 끼포염　　(이두 한자의 종성을 없애면)
　　고며 추아, 끼포여　　(한자에는 '뽀'자가 없으므로 '포'자로 대용하고 있음)
　　고며 추아, 끼뽀여!　　(이 일본지방 사투리를 현대인이 알 수 있게 고치면)
　　괴며 추어, 끼워버려!　　(의 뜻이 된다.)

- 고다 : '괴다'의 사투리. (밑에다 받치다.)
- 추다 : 들거나 업거나 한 것을 치밀어서 올리다.
- ~뽀여 → ~뻐여 : '~버려'의 일본지방 사투리.

2

초대 천황, 명치(1867년 : 고종 15년) 이후 일본정부산하 조선어 비밀연구원들이 위의 말을 함부로 갈라, 아래와 같은 사전적 단어를 만들어 내었다. 특히 あ자와 き자는 띄어 써야 할 곳인데도 달아 써서 없던 말을 창조?해 내었다. 일본말?을 만드는 방법 중 가장 악랄한 방법 중의 하나이다.

　　あき [空き. 明き] : 공간, 여가.　　(空 : 빌 공, 明 : 밝을 명)
　　　 [秋] : 가을　　　　　　　　　　(秋 : 가을 추)
　　　 [飽き. 厭き] : 싫증, 진력 남.　　(飽 : 배부를 포, 厭 : 싫을 염)

3 언어로 확인한 참역사

- 위 단어는 이두인 空明. 秋. 飽厭자를 뜻으로 해석한 결과, 백제말(추아, 끼뽀)에서 떼어 낸 "아끼"라는 말이 "공간, 가을, 싫증" 등의 뜻으로 바뀌고 말았다.
- 위와 같이 단어를 만든 결과, '空과 明', '飽와 厭'은 결코 같은 뜻일 수 없지만 같은

뜻인 듯, 처리되고 말았으며, [空き. 明き. 秋. 飽き. 厭き]를 'あき'라고 읽는 웃지 못할 꼴이 되었다. 일본어?의 치명적 모순이 발생한 것이다.
- 위에서 보듯이 원래 空. 明. 飽. 厭자 옆에는 き자가 없었으나, 'あき'와 균형을 맞추기 위하여 일본정부가 き자를 덧붙여 놓았다.
- 또한 위와 같은 한자가 없었다면 'あき'가 원래 무엇을 의미했던 백제말인지 영영 몰랐을 것이다.
- 모든 일본말?은 이렇게 만들어졌다.

 겨울

1 연구하는 교실

일본말을 만들 때 모델이 된 말은 "또 부어요"이다. 이 말을 일본인들은 사투리로 "또 부"라고 했다. 이 말을 현대 일본인들이 주로 사용하는 백제글자와 이두로 써보면 아래와 같다.

    冬 ふゆ
    동 후유   (이두인 冬자의 종성을 없애면)
    도 후유   (한자에는 "뚜"자가 없으므로 "도"자로 대용)
    또 부유   (이 말을 현대인이 알기 쉽게 고치면)
    또 부어요   (의 뜻이 된다.)

••• 후 : "부"자를 연음화 한 것.

2

초대 천황, 명치(1867년 : 고종 15년) 이후 일본정부 산하 조선어 비밀연구원들이 위의 말을 함부로 갈라서 아래와 같은 사전적 단어를 만들어 내었다. 사실은 여기서 부터가 백제말(조선말)과 일본말?과의 경계선이다.

    ふゆ [冬] : 겨울   (冬 : 겨울 동)

3 언어로 확인한 참 역사

••• 위 단어는 이두인 '冬'자를 정책적으로 뜻으로 해석하여 백제 말 "(또) 후유"가 "겨울"이라는 뜻으로 바뀌고 말았다.
••• 위와 같은 방법으로 일본어?의 단어를 만든 결과 '冬'자를 'ふゆ'라고 읽는 웃지 못할 꼴이 되었다. 이런 것을 우리는 지금까지 **"명치식 읽기"**라고 명명해 왔다.
••• '冬'자가 없었다면 'ふゆ'가 원래 무엇을 의미했던 백제 말인지 영영 몰랐을 것이다.

 # 동쪽

1 연구하는 교실

일본말을 만들 때 모델이 된 말은 "(날이 다 새어 가는데도) 또 해 가시(어)"이다. 이 말을 일본인들은 사투리로 "또 히 가시"라고 했다. 이 말을 다시 현대 일본인들이 주로 사용하는 백제말과 이두로 써보면 아래와 같다.

東　ひ　がし
동　히　가시　　(이두인 東자의 종성을 없애면)
도　히　가시　　(한자에는 "또"자가 없으므로 "도"자로 대용하고 있음)
또　히　가시　　(이 말을 현대인이 알 수 있게 고치면)
또　해　가시(어)　(의 뜻이 된다.)

2

초대 천황, 명치(1867년 : 고종 15년) 이후 일본정부 산하 조선어 비밀연구원들이 위의 말을 함부로 갈라서 아래와 같은 사전적 단어를 만들어 내었다. 사실은 여기서 부터가 백제말(조선말)과 일본말?과의 경계선이다.

ひがし [東] : 동쪽 (東 : 동녘 동)

3 언어로 확인한 참 역사

- 위 단어는 이두인 東자를 뜻으로 해석한 결과 백제말 "[히 가시(어)]"가 "**동쪽**"이라는 뜻으로 바뀌고 말았다.
- 위와 같은 방법으로 일본어?의 단어를 만든 결과 東자를 "ひがし"라고 읽는 웃지 못할 꼴이 되었다.
- 또한 東자가 없었다면 "ひがし"가 원래 무엇을 의미했던 백제말인지 영영 몰랐을 것이다. 이런 것을 우리는 지금까지 "**명치식 읽기**"라고 명명해 왔다.
- 일본의 원주민 후손들은 백제인을 항상 존칭어로 모시었다. 일본어? 전체에 존칭어, (し)가 깔려있는 것은 이런 이유 때문이다.
- 모든 일본말?은 이렇게 만들어졌다.

서쪽

1 연구하는 교실

일본말을 만들 때 모델이 된 말은 "서니까, 돌려"이다. 이 말을 일본인들은 사투리로 "서니, 시라"라고 했다. 이 말을 다시 현대 일본인들이 주로 사용하는 백제글자와 이두로 써보면 아래와 같다.

 西に, し螺　　(이두한자에 종성이 없으므로 그대로 백제말이다)
 서니, 시라　　(이 사투리를 현대인이 알기 쉽게 고치면)
 서니(까), 돌려　(의 뜻이 된다.)

●●● 시라 : "돌려"의 일본지방 사투리.
●●● 시루다 : "돌리다"의 사투리.
   "pump를 시룬다"고도 한다.

2 초대 천황, 명치(1867년 : 고종 15년) 이후 일본정부 산하 조선어 비밀연구원들이 위의 말을 함부로 갈라서 아래와 같은 사전적 단어를 만들어 내었다. 사실은 여기서 부터가 백제말(조선말)과 일본말?과의 경계선이다.

 にし [西] : 서쪽.　　　　　　　　(西 : 서녘 서)
  [螺] : (우렁이, 소라 등) 권패류의 총칭.　(螺 : 소라 라)

3 언어로 확인한 참 역사

●●● 위 단어는 이두인 西자와 螺자를 뜻으로 해석한 결과 백제말 "(서)니 시(라)"가 "서쪽" 등의 뜻으로 바뀌고 말았다.
●●● 위와 같은 방법으로 일본어?의 단어를 만든 결과 西자와 螺자를 "にし"라고 읽는 웃지 못할 꼴이 되었다.
●●● 또한 西자와 螺자가 없었다면 "にし"가 원래 무엇을 의미했던 백제말인지 영영 몰랐을 것이다.

- 모든 일본말?은 이렇게 만들어졌다.
- 아무리 말을 만들어도 그렇지, "니시(にし)"가 뭡니까?

미나미

1 연구하는 교실

일본말을 만들 때 모델이 된 말은 "(우리가) 남이냐? 면서…"이다. 이 말을 일본인들은 사투리로 "나미나? 미…"라고 했다. 이 말을 다시 현대 일본인들이 주로 사용하는 백제말과 이두로 써보면 아래와 같다.

南みな? み…
남미나? 미…   (이두인 "남"자의 종성을 없애면)
나미나? 미…   (이 사투리를 현대인이 알기 쉽게 고치면)
남이나? 미…
남이냐? 면서…   (의 뜻이 된다.)

●●● ~미 : "~며" 또는 "~면서"의 사투리.

2 초대 천황, 명치(1867년 : 고종 15년) 이후 일본정부 산하 조선어 비밀연구원들이 위의 말의 띄어쓰기를 무시하고 함부로 갈라서 아래와 같은 사전적 단어를 만들어 내었다. 사실은 여기서 부터가 백제말(조선말)과 일본말?과의 경계선이다.

みなみ [南] : 남쪽

3 언어로 확인한 참 역사

●●● 위 단어는 이두인 '南'자를 정책적으로 뜻으로 해석하여 백제 말 "(나)미나? 미"가 "남쪽"이라는 뜻으로 바뀌고 말았다.
●●● 위와 같은 방법으로 일본어?의 단어를 만든 결과 '南'자를 'みなみ'라고 읽는 웃지 못할 꼴이 되었다. 이런 것을 우리는 지금까지 **"명치식 읽기"** 라고 명명해 왔다.
●●● '南'자가 없었다면 'みなみ'가 원래 무엇을 의미했던 백제 말인지 영영 몰랐을 것이다.
●●● 이 단어도 악랄한 방법으로 일본어라는 것을 만들었다.
●●● 모든 일본말?은 이렇게 만들어졌다.

 북쪽

1 연구하는 교실

일본말을 만들 때 모델이 된 말은 "끼워 타버려!" 이다. 이 말을 일본인들은 사투리로 "끼, 타부!"라고 했다. 이 말을 다시 현대 일본인들이 주로 사용 하는 백제글자와 이두로 써보면 아래와 같다.

 き, た北!
 <u>끼, 타북!</u> (이두인 北자의 종성을 없애면)
 끼, 타부! (현대인이 알기 쉽게 고치면)
 끼워 타버려! (의 뜻이 된다.)

••• ~부 : "~버려"의 일본지방 사투리.

2

초대 천황, 명치(1867년 : 고종 15년) 이후 일본정부 산하 조선어 비밀연구원들이 위의 말을 함부로 갈라서 아래와 같은 사전적 단어를 만들어 내었다. 사실은 여기서 부터가 백제말(조선말)과 일본말?과의 경계선이다.

 きた [北] : 북쪽 (北 : 북녘 북)

3 언어로 확인한 참 역사

••• 위 단어의 뜻은 이두인 北자를 뜻으로 해석한 결과 백제말 "끼 타(부)"가 "북쪽"이라는 뜻으로 바뀌고 말았다.
••• 위와 같은 방법으로 일본어?의 단어를 만든 결과 北자를 "きた"라고 읽는 웃지 못할 꼴이 되었다. 이런 것을 우리는 지금까지 "**명치식 읽기**"라고 명명해 왔다.
••• 또한 北자가 없었다면 "きた"가 원래 무엇을 의미했던 백제말인지 영영 몰랐을 것이다.
••• 그리고 일본인들이 "きた"를 어떻게 읽든 간에, 어원상으로 보면 일본어라는 것을 감안 하더라도 "끼 타"라고 발음해야 한다.
••• 모든 일본말?은 이렇게 만들어졌다.

칠지도와 칠자경

日本書紀 卷第九 氣長足姬尊 神功皇后 편 중 新羅征討
(성은구 역주 일본서기 226쪽)에 보면 七枝刀 관련 대목이 나온다.

이소노카미 신궁에 보관 하고 있다는 이 칼을 백제왕이 헌상했다고 하는데 과연 그런지 알아보지 않을 수가 없어서 밤늦게 까지 등을 밝혔다.

1 원문과 해석

(한 자)   則獻(二.) 七枝刀一口, 七子鏡一面
(음 독)   칙헌 이~ 칠지도일구, 칠자경일면
(종성제거) 치허, 이~ 치지도이구, 치자겨이며
(해 석)   처버(려), 이~ 찌지 대구, 찢계며

(한 자)   及種 種重宝 (一,),
(음 독)   급종 종중보 일,
(종성제거) 그 조 조주보 이,
(해 석)   그 x 조저버려, 이~.

2 연구하는 교실

●●● 치허 → 치버 : '처버려'의 사투리
●●● 이~ : 이야기의 흥을 돋우거나 동의를 청하는 말.
●●● 치지도이구 → 찌지되구 : 찌지대고 ('찌'라는 한자가 없으므로 '치'자로 대용함)
●●● 치자겨이며 → 찢계며 : '찢기며'의 사투리 ('자'의 'ㅈ'음이 위로 연철되었음)
●●● 그 조(及種) → 그 x : ('ㅈ'음이 누락되었음), 이두.
●●● 조주보, 이 → 조저버려, 이~.
●●● 조지다 : ㉠짜임새가 느슨하지 않게 단단히 맞추다.
         ㉡일이나 말을 허술하게 하지 못하게 되게 단속하다.

3 일본정부의 해석

(52년 秋九月의 丁卯 朔 丙子(10일)에 久氏 등은 千熊長彦을 따라왔다.)
그 때 七枝刀(나나쓰사야노다치) 一口, 七子鏡(나나쓰고노가가미) 一面 및 여러 종류의 重宝를 헌상하였다.

4 언어로 확인한 참 역사

백제왕이 일본천황에게 칠지도를 헌상했다고 하더라도 조선(한국) 학자들이 현대자동차를 타고 옛 일본으로 가서 역사를 확인해 볼 수는 없는 일. 이런 거짓말을 해도 어떤 누구도 진실을 밝혀 낼 수는 없다. 그렇다면 결국은 일본정부가 주장하는 학설? 이 정설이 되고 말 것이다. 일본정부는 이런 뱃장으로 역사를 조각하듯, 걸작품을 빚어내었다.

이것은 무엇을 의미하는가? 옛날부터, 백제이든 조선이든 한국이든, 일본의 속국이었다는 것이다. 그러므로 앞으로 언제인가, 일본이 한국을 병합하더라도 그것은 당연한 귀결이라는 뜻이 된다.

그러나 놀랍게도 위에 소개된 문장은 七枝刀도 七子鏡도 존재한 적이 없었다고 강변하고 있다. 아니 칼이나 거울은 아예 존재한 적도 없다고 한다. 그러면 일본정부가 신주단지처럼 보관하고 있는 것은 무엇인가? 그것은 가짜였다.

 칠지도와 지지도

1 연구하는 교실

일본말을 만들 때 모델이 된 말은 "(여자를) 타다가 지지도 유유하다"이다. 이 말을 일본인들은 사투리로 "타다 지지도 유유다"라고 했다. 이 말을 다시 현대 일본인들이 주로 사용하는 "백제 글자"와 "이두"로 써보면 아래와 같다.

    ただ   只直徒 唯惟但
    타다   지직도 유유단   (이두한자의 종성을 없애면)
    타다   **지지도 유유다**   (이 사투리를 현대인이 알기 쉽게 고치면)
    타다가 지지도 유유하다   (의 뜻이 된다)

2 역사를 보는 눈

- 타다 : '타다가"의 사투리.
- ~다가 : 이어지던 동작이 일단 그치고 다른 동작으로 옮길 때 이 말을 구사함. (예) 읽으시다가 덮어 둔 책.
- 지지다 : 불이나 뜨거운 것을 대어 눋거나 타게 하다.
- 유유하다 : 태연하고 느긋하다.
- "**지지도**(只直徒)"라는 말은 사투리로 "**찌지도**"라고 말하기도 한다. 이 "찌지도"를 이두로 써보면 "**七枝刀**"가 된다. 그런데 이 "**지지도**(只直徒)"를 한자의 뜻으로 해석한다면 그 뜻이 각각이라 한 개의 뜻으로 표현할 수가 없게 된다. **활**도 아니고 칼도 아니다. 이럴 경우 일본정부는 무엇을 남겨 보관하고 있다가, 이것이 백제왕이 일본왕에게 헌상한 물건이라고 거짓 주장을 할 것인가? 그러니까 백제의 왜 시대에 "찌지도"를 '七地図'라고 썼다면 일본정부는 지금 쯤 '七枝刀' 대신에 7장의 **지도**를 보관하고 있었을 것이다.

3 초대 천황, 명치(1867년 : 고종 15년) 이후 일본정부산하 조선어 비밀 연구원들이 위의 말의 띄어쓰기를 무시하고 함부로 갈라서 아래와 같은 사전적 단어를 만들어 내었다.

사실은 여기서 부터가 백제말(조선말)과 일본말?과의 경계선이다.

　　ただ [只] : 공짜, 무료.　　　（只 : 다만 지）
　　　　 [直] : 곧장, 똑바로.　　 （直 : 곧을 직）
　　　　 [徒] : 헛됨, 쓸데없음.　 （徒 : 헛될 도）
　　　　 [唯. 惟. 但] : 오직, 다만.　（唯 : 오직 유, 惟 : 생각할 유, 但 : 다만 단）

4 언어로 확인한 참 역사

- 위 단어는 이두인 "只. 直. 徒. 唯. 惟. 但"자를 정책적으로 또는 뜻으로 해석하여 백제말, "타다(가)"가 "곧장, 다만" 등의 뜻으로 바뀌고 말았다. 다만 '只'자의 경우는 '唯. 但'자의 뜻과 중복을 피하기 위하여 정책적으로 그 뜻을 '공짜'로 정하였다.
- 위와 같은 방법으로 일본어?를 만든 결과 "只. 直. 徒. 唯. 惟. 但"자를 "ただ"라고 읽는 **웃지 못할 꼴**이 되었다. 이런 것을 우리는 지금까지 "**명치식 읽기**"라고 명명해 왔다.
- "只. 直. 徒. 唯. 惟. 但"자가 없었다면 "ただ"가 원래 무엇을 의미했던 백제말인지 영영 몰랐을 것이다.
- 일본인들이 'ただ'를 어떻게 발음하든 간에 어원상으로 보면 '**타다**'라고 발음해야 한다.
- 모든 일본말?은 이렇게 만들어졌다.

245

고와라

1 연구하는 교실

일본말을 만들 때 모델이 된 말은 무엇을 고어는지는 몰라도 "고아라"이다. 이 말을 일본인들은 사투리로 "고와라"라고 했다. 이 말을 다시 현대 일본인들이 주로 사용하는 백제글자와 이두로 써보면 아래와 같다.

藁わら   (이두한자에 종성이 없으므로 그대로 백제말이다)
고와라   (현대인이 알기 쉽게 고치면)
고아라   (의 뜻이 된다)

2 초대 천황, 명치(1867년 : 고종 15년) 이후 일본정부 산하 조선어 비밀연구원들이 위의 말의 띄어쓰기를 무시하고 함부로 갈라서 아래와 같은 사전적 단어를 만들어 내었다. 사실은 여기서 부터가 백제말(조선말)과 일본말?과의 경계선이다.

わら [藁] : 볏짚   (藁 : 마를 고)

3 언어로 확인한 참 역사

- 위 단어는 이두인 '藁'자를 정책적으로 해석하여 백제 말 "(고)와라"가 "**볏짚**"이라는 뜻이 되었다.
- 위와 같은 방법으로 일본어?의 단어를 만든 결과 '藁'자를 'わら'라고 읽는 웃지 못할 꼴이 되었다. 이런 것을 우리는 지금까지 "**명치식 읽기**"라고 명명해 왔다.
- 다행히 <u>백제 말을 한자로 기록해 놓은</u> '藁'자가 없었다면 'わら'가 원래 무엇을 의미했던 백제 말인지 영영 몰랐을 것이다.
- 모든 일본말?은 이렇게 만들어졌다.

 # 구루마

1 연구하는 교실

일본말을 만들 때 모델이 된 말은 "(걸어)차(서) 구르면…"이다. 이 말을 일본인들은 사투리로 "차 구루마…"라고 했다. 이 말을 다시 현대 일본인들이 주로 사용하는 "백제 글자"와 "이두"로 써보면 아래와 같다.

　　車, くるま　　(이두 '차'자에는 종성이 없으므로 그대로 백제말이 된다)
　　차, 구루마　　(이 사투리를 현대인이 알기 쉽게 고치면)
　　차서 구르면　　(의 뜻이 된다)

- 차 : '차서'의 사투리.
- 구루마 : '구르면'의 사투리.
- 일본인들은 '구르'를 발음하지 못하여 '구루(くる)'라고 했다.
- ~마 : '~면'의 사투리.

2

명치이후 일본정부 산하 조선어 비밀연구원들이 위의 말을 함부로 갈라서 아래와 같은 사전적 단어를 만들어 내었다. 사실은 여기서 부터가 백제말(조선말)과 일본말?과의 경계선이다.

　　くるま [車] : 자동차.
　　(이 말은 한국에 역 수입되어 "수레, 달구지"라는 뜻으로 쓰이고 있다)

3 언어를 확인한 참 역사

- 위 단어 "くるま"는 "車"자를 정책적으로 뜻으로 해석하여 백제말 "구르마→구르면"이 "자동차"라는 뜻으로 바뀌고 말았다. 그러므로 "くるま(구루마)", 이 말은 극히 최근에 만들어졌다는 것을 알 수 있다. 백제말(조선말)은 이렇게 시해되어 공중분해 되었다.
- 위와 같은 방법으로 일본어?의 단어를 만든 결과 "車"자를 'くるま'라고 읽는 웃지

못할 꼴이 되었다. 이런 것을 우리는 지금까지 "명치식 읽기"라고 명명해 왔다.
●●● '車'자가 없었다면 'くるま'가 원래 무엇을 의미했던 백제 말인지 영영 몰랐을 것이다.
●●● 모든 일본말?은 이렇게 만들어졌다.

 # 깨미나

1 연구하는 교실

일본말을 만들 때 모델이 된 말은 "깨무나?"이다. 이 말을 일본인들은 사투리로 "깨미나?"라고 했다. 이 말을 다시 현대 일본인들이 주로 사용하는 "백제 글자"와 "이두"로 써보면 아래와 같다.

皆みな?　　(이두한자에 제거할 종성이 없으므로 그대로 백제말이다.)
개미나?　　(한자에는 '깨'자가 없으므로 '개'자로 대용하고 있다)
깨미나?　　(이 사투리를 현대인이 알 수 있게 고치면)
깨무나?　　(의 뜻이 된다.)

••• 깨밀다 : '깨물다'의 사투리.

2
초대 천황, 명치(1867년 : 고종 15년) 이후 일본정부 산하 조선어 비밀연구원들이 위의 말의 띄어쓰기를 무시하고 함부로 갈라서 아래와 같은 사전적 단어를 만들어 내었다. 사실은 여기서 부터가 백제말(조선말)과 일본말?과의 경계선이다.

みな [皆] : 모두, 전부.　　(皆 : 다 개)

3 언어로 확인한 참 역사

••• 위 단어는 이두인 '皆'자를 정책적으로 뜻으로 해석하여 백제 말, '(깨)미나'라는 말이 "모두"라는 뜻으로 바뀌고 말았다.
••• 위와 같은 방법으로 일본어?의 단어를 만든 결과 '皆'자를 'みな'라고 읽는 웃지 못할 꼴이 되었다. 이런 것을 우리는 지금까지 "**명치식 읽기**"라고 명명해 왔다.
••• '皆'자가 없었다면 'みな'가 원래 무엇을 의미했던 백제 말인지 영영 몰랐을 것이다.
••• 모든 일본말?은 이렇게 만들어졌다.

금일

1 연구하는 교실

무슨 작업을 하고 있는지는 모르지만, "끼울까요?"라고 했다. 이 말을 일본인들은 사투리로 "끼 꾜?"라고 했다. 이 말을 다시 현대 일본인들이 주로 사용하는 "백제 글자"와 이두로 써보면 아래와 같다.

 今日きょう?
 금일 꾜?   (이두인 '금일'자의 종성을 없애면)
 <u>그이</u> 꾜?   ('그이'의 발음을 합치면)
 <u>끼</u> 꾜?
 끼울까요?   (의 뜻이 된다)

••• 금일(今日)→그이 → 긔 : '끼'의 이두 표현의 한 방법.
 (한자에는 '끼'자가 없으므로 '今日'자로 대용하고 있음)
••• '今日'은 이두 이므로 그 뜻에 현혹되지 말 것.
••• 꾜 : '까요'의 사투리.

2 초대 천황, 명치(1867년 : 고종 15년) 이후 일본정부 산하 조선어 비밀연구원들이 위의 말의 띄어쓰기를 무시하고 함부로 갈라서 아래와 같은 사전적 단어를 만들어 내었다. 사실은 여기서 부터가 백제말(조선말)과 일본말?과의 경계선이다.

 きょう [今日] : 오늘 (今 : 이제 금)

3 언어로 확인한 참 역사

••• 위 단어는 이두인 "今日"자를 정책적으로 뜻으로 해석하여 백제 말, '~꾜'가 "오늘"이 라는 뜻으로 바뀌고 말았다.
••• 위와 같은 방법으로 일본어?의 단어를 만든 결과 '今日'을 'きょう'라고 읽는 웃지 못할 꼴이 되었다. 이런 것을 우리는 지금까지 **"명치식 읽기"**라고 명명해 왔다.

◉◉◉ '今日'자가 없었다면 'きょう'가 원래 무엇을 의미했던 백제말인지 영영 몰랐을 것이다.
◉◉◉ 모든 일본말?은 이렇게 만들어졌다.

우리의 모든 것을 **훔쳐가고** 뺏어가 놓고 자기네들 것이라고 하는 일본인들! 그들은 알고 보니 우리의 말까지 **훔쳐** 갔다. 이렇게 하고도 사죄는커녕, 부끄러운 내색 하나 없이 조선 침략을 서슴지 않았던 그들은 또 '독도'가 자기네 땅이란다. 일본인들은 이렇게 시비를 걸면서 또 무엇을 뺏어 갈려고 '징후'를 보일까?

 # 꼬수니 갓대!

1 연구하는 교실

일본말을 만들 때 모델이 된 말은 "(저고리 사준다고) 꾀니까 갔대"이다. 이 말을 일본인들은 사투리로 "꼬수니 가때"라고 했다. 이 말을 다시 현대 일본인들이 주로 사용하는 백제말과 이두로 써보면 아래와 같다.

苦手<u>に がて</u>　(이두한자에 종성이 없으므로 그대로 백제말이 된다)
고수니 가때　(한자에는 "꼬"자가 없으므로 "고"자로 대용하고 있다)
꼬수<u>니 가때</u>　(이 사투리를 현대인이 알기 쉽게 고치면)
꼬시니 가때
꾀니　갔대　(의 뜻이 된다)

●●● 苦手(고수) → 꼬수(다) : "꾀다"의 이두, 사투리.
다른 사투리 예 : 꼬시다.

2

초대 천황, 명치(1867년 : 고종 15년) 이후 일본정부 산하 조선어 비밀연구원들이 위의 말의 띄어쓰기를 무시하고 함부로 갈라서 아래와 같은 사전적 단어를 만들어 내었다. 사실은 여기서 부터가 백제말(조선말)과 일본말?과의 경계선이다.

にがて [苦手] : 다루기 벅찬 상대, 대하기 싫은 상대.　(苦 : 쓸 고, 手 : 손 수)
<u>(이 단어도 가장 악랄한 일어제조법 중의 하나이다)</u>

3 언어로 확인한 참 역사

●●● 위 단어는 한자의 뜻으로 해석 해봐도 신통한 뜻이 없다. 정책적으로 뜻을 그렇게 정했을 뿐이다.
●●● 위와 같은 방법으로 일본어?의 단어를 만든 결과 "苦手"를 "にがて"라고 읽는, 웃지 못할 꼴이 되었다.
●●● '苦手'자가 없었다면 '니가때'가 원래 무었을 의미했던 백제말인지 영영 몰랐을 것이다.
●●● 파생

にがい [苦い] : (맛이) 쓰다, 괴롭다.

- 일본정부는 이런 식으로 백제말과 조선말을 말살하고 새로운 일본말을 창조?해 내었다.

자져네-

1 연구하는 교실

일본말을 만들 때 모델이 된 말은 "(남자와 어떻게 자는지 몰랐는데, 자니까) 자 지네"이다. 이 말을 일본인들은 사투리로 "자 져네-"라고 했다. 이 말을 현대 일본인들이 주로 사용하는 "백제 글자"와 "이두"로 써보면 아래와 같다.

    姉 姐ねえ   (이두 한자에 종성이 없으므로 그대로 백제 말이 된다)
    자 져네에   (이 사투리를 현대인이 알기 쉽게 고치면)
    자 지네-.   (의 뜻이 된다)

- ~지네 : 어떤 동작이나 상태로 돌아감을 나타내는 말. (매 지네, 엎어지네)

2 초대 천황, 명치(1867년 : 고종 15년) 이후 일본정부 산하 조선어 비밀연구원들이 위의 말의 띄어쓰기를 무시하며 함부로 갈라서 아래와 같은 사전적 단어를 만들어 내었다. 사실은 여기서 부터가 백제말(조선말)과 일본말?과의 경계선이다.

    ねえ [姉. 姐] : 누이, 언니.   (姉 : 누이 자, 姐 : 누이 저)

3 언어로 확인한 참 역사

- 위 단어에 'さん'자를 양쪽에 붙여 "わえーさん[姉さん・姐さん] : 누님, 언니"와 같은 단어를 만들었다.
- 위 단어에서 "姉. 姐"자를 정책적으로 뜻으로 해석하여 백제 말 '(자져) 네-'라는 말이 '누이, 언니'라는 뜻으로 바뀌고 말았다.
- 그리고 "자져(姉 姐)"라는 말이 백제이두라는 사실을 조선사람들이 깨닫지 못하도록 "姉. 姐"처럼 글자 가운데 점을 찍어 두었다.
- 위와 같은 방법으로 일본어?의 단어를 만든 결과 "姉. 姐"자를 'ねえ'라고 읽는 웃지 못할 꼴이 되었다. 이런 것을 우리는 지금까지 **명치식 읽기**라고 명명해 왔다.
- 또한, '姉. 姐'자가 없었다면 'ねえ'가 원래 무엇을 의미했던 백제 말인지 영영 몰랐을

것이다.
- ●●● 모든 일본말?은 이렇게 만들어졌다.

 # 다 가高, 이~

1 연구하는 교실

일본 말을 만들 때 모델이 된 말은 "다 가고, 이~"이다. 이 말을 현대 일본인들이 주로 사용하는 "백제 글자"와 "이두"로 써보면 아래와 같다.

　　た か高, い~.　　(이두한자에 종성이 없으므로 그대로 백제말이다)
　　다 가고, 이~.　　(平仮名으로 백제말을 기록했으니 **백제글자이다**)

2 초대 천황, 명치(1867년 : 고종 15년) 이후 일본정부 산하 조선어 비밀연구원들이 위의 말의 띄어쓰기를 무시하며 함부로 갈라서 아래와 같은 사전적 단어를 만들어 내었다. 사실은 여기서 부터가 백제말(조선말)과 일본말?과의 경계선이다.

　　たかい [高い] : 높다

3 언어로 확인한 참 역사

- 위 단어는 이두인 "高"자를 뜻으로 해석하여, 백제말 "다 가(高),이"라는 말이 "**높다**"라는 뜻이 되고 말았다.
- 이와 같은 방법으로 일본어의 단어를 만든 결과 高자를 'たか'라고 읽는 웃지 못할 꼴이 되었다. 이런 것을 우리는 지금까지 "**명치식 읽기**"라고 명명해 왔다.
- 高자가 없었다면 'たかい'가 원래 무엇을 의미했던 백제말인지 영영 몰랐을 것이다.
- 일본인들이 'たかい'를 어떻게 발음하든 간에 어원으로 보면 일본어?라는 것을 감안 하더라도 "다가이"라고 발음 되어야 한다.
- 어원을 "다 가고, 이~" 라는 말 대신에 "고다가, 이~"라는 말로 볼 수도 있다. (고다 : 뭉그러지도록 푹 삶다)
- 어쨌든 "백제글자"와 "이두"가 한 치의 착오도 없이 걸맞아 들어가므로 일본어의 정체가 뭣인가 하는 명제를 속 시원하게 밝혀주고 있다고 하겠다.
- 모든 일본말?은 이렇게 만들어졌다.

6.25 와중에 시골아이가 전해들은 "머리가 8개 달린 뱀" 이야기

1 연구하는 교실

당시 국민학생이던 글쓴이가 어디서, 어떻게 듣게 되었는지는 모르지만 2000년도 쯤인가, 우연히 펴든 일본서기(성은구님 역주)에 이 이야기가 실려 있는 것을 보고 깜짝 놀랐다. 라디오도 TV도 없던 시절에 일본정부가 어떻게 선전하였기에 시골 어린아이의 귀에 까지 이 이야기가 들려 왔을까? 일본정부의 집요한 선전과 세뇌활동에 놀라움을 금할 수가 없다. 여기에서는 그 이야기가 어떤 이야기였는지, 최인호의 "잃어버린 왕국"에 실려 있는 내용을 옮겨 싣는다.

… 그 후 **소잔명**(素戔鳴)이 고천원으로부터 **출운국**(出雲國) **파지천**(簸之川)의 상류지방에 하강 하였다. 이 때 한 곳에서 곡성이 나므로 그 소리를 따라 찾아가보니 한 늙은 첨지와 노파가 예쁜 소녀를 가운데에 앉히고 슬피 우는지라. 소잔명이 '너는 누구인데 무엇 때문에 이다지도 슬피 우느냐'하니 그 첨지가 말하여 가로되 '나는 이 나라의 국민으로 이름은 **각마유**(脚磨乳), 아내는 **수마유**(手磨乳)요, 이 동녀는 우리 딸 **기도전희**(奇稻田姫)입니다. 지난날 우리는 여덟 명의 딸들을 가졌던 것인바 **팔지대사**(八岐大蛇 : 여덟 개의 머리와 꼬리를 가진 뱀)가 매년 한 아이씩을 먹어 삼키고 이제 마지막으로 이 아이를 삼킬 차례가 되었으니 면할 길이 없어서 이와 같이 울고있는 것입니다.'하였다. 소잔명이 기지를 발휘하여 기도전희를 빗으로 만들어 상투에 꽂고 그리하여 두 늙은이로 하여금 술을 만들어 여덟 간의 방에 여덟 개의 큰 술통 속에 **팔온주**를 가득 채워 놓게 하였다. 때가 되니 과연 여덟 개씩의 머리와 꼬리, 새빨간 눈알, 등에 소나무와 잣나무가 많이 난 뱀들이 여덟 번씩 여덟 골짜기로부터 기어 나오기 시작하였다. 여덟 골짜기로부터 기어 나온 뱀들은 술 냄새를 맡고 크게 기쁘게 하여 각각 술 한 통씩을 차지하여 그 술들을 모두 마시고 취해 잠이 들었다. 소잔명이 십악이나 되는 장검(原文에는 '十握劍'으로 되어 있음.)을 빼어들어 그 뱀을 잘라버렸다. 그러한바 한 뱀의 꼬리에서 칼날이 어지러졌으므로 그 꼬리를 잘라보니 거기에서 새로운 칼자루가 나왔다. 이것이 소위 '**초치검**(草薙劍)'이라는 것이다.
소잔명이 가로대 '이 칼은 신검이니 내가 가질 바가 못 된다.'하고 천신(天照大神)에게 헌납하였다.

위 글은 신대부분에서도 상대에 속하는 신화의 부분이다. 그런데 최인호의 글에 의하면 天照大神에게 바쳤던 그 十握劍이 어떤 경로를 거쳐서인지는 몰라도 <u>이소노가미 신궁</u>에 묻혀 있다는 것이다.

일본정부가 신화를 현실과 연결시키기 위하여 별별 쇼를 다 부리고 있다고 하겠다. 이것뿐만이 아니다. 일본정부는 일본서기에 한자로 쓰여진 백제말 이두를 한문의 문장인 것처럼 만들어버렸다. 아래에 소개되는 원문을 보면 금방 알 수 있지만, 일부 한자를 一, 二 등으로 바꾸어 쓰더니 종당에는 -, =처럼 작게 써놓고 무시하면서 한문의 문장으로 바꾸어버린 것이다. 그렇게 하고도 한문문장이 되지 않자 몇몇 백제말을 신의 이름이나 나라 이름, 사람이름 등으로 바꾸어 버렸다. 그 결과 위와 같은 어거지 신화?를 만들어 낸 것이다. 결론부터 밝히면 일본서기의 이 대목은 신화도 아니고 역사서도 아니다. 백제의 (깨)物語 이야기일 뿐이다. 아래의 원문과 이두 해석을 보면 일본정부가 없었던 역사를 만들어내기 위하여 어떤 일을 하였는지 그 허구를 꿰뚫어 볼 수 있다.

2 원문과 음역(위에 해당하는 문장 중 앞부분 일부만 전재함)

是時, 素戔嗚尊, 自夫而降=到於　　(시시, 소잔명존, 자부이강이도어)
出雲國 簸之川上-.　　　　　　　　(출운국 파지천상일)
　時聞三　川上有=　　　　　　　　(시문삼 천상유이)

3 종성제거 및 띄어쓰기 변경

시 시소 자며, 조 자부, 이~ 가이도어
추우구 파지처사이
시 무사 처사유, 이~

4 위 사투리를 현대인이 알 수 있게 고치면

시 씻어 자며, x 잡아, 이~ 가두어(요).
추고, 파 젖혀 쌓으니,
시 무시어 쳐싸요, 이~.

5 언어로 확인 한 참 역사

- 시 : 여성기의 옛이름.
- 시소 : '씻어'의 일본지방 사투리.
- 時素戔鳴(시소잔명) → 시소 자며 → '씻어 자며'의 사투리며 이두이다.
  소잔명은 결코 신의 아들의 이름이 아니다.
- 尊(존) → 조 : 남성기의 이름이나 일본인들이 종성을 발음하지 못했다.
  예 : 鳥銃(조총) → x총 (결코 새총이 아니다)
- 자부, 이~ 가이도어 → '잡아, 이~ 개도어' : '잡아, 이~ 가두어'의 사투리, 이두.
- 추다 : 추스러다.
- 簸之川上- (파지천상일) → 파지처사이 : '파 젖혀 쌓으니'의 사투리, 이두.
- 사이 → 싸이 : '샇으니'의 사투리, 이두.
- 이~ : 이야기의 흥을 돋우거나 동의를 청하는 도움말.
- (요) : 글쓴이가 이해를 돕기 위하여 써넣은 字임.

6 其他 중요 단어들

- 脚磨乳(각마유) → 가마유 : '감아요'의 일본지방 사투리, 이두.
- 手磨乳(수마유) → 숨아요 : '숨어요'의 일본지방 사투리, 이두.
- 八岐大蛇 → 簸 之(川)大蛇 → 파 지(처)대사 : '파 젖혀 대시어'의 사투리, 이두.

이 중 특히 (팔지대사) → (파 지처대사)는 위와 같은 뜻을 갖은 이두이지, 결코 '머리, 꼬리가 8개인 큰 뱀'이라는 뜻으로 사용된 한자가 아니다.
특히 岐자는 분명 '가닥 나뉠 기'자이다. "지"자가 아닌데도, 위에서 보듯이 '팔지대사'로 읽고 있다. 역시 그렇게 읽어야 백제말이 된다.

일본지방의 옛 한자에는 岐자의 오른쪽 변, 즉 支자만 보고 '지'자로 읽는 경우가 종종 있다.

- 十握劍(십악검) → 시바꺼 → '씨바꺼'라는 뜻이지 '일본의 전설의 칼'을 의미하는 것이 아니다. (이 이두의 변화가 아주 중요함)
- 草薙劍(초치검) → 초치거 → '쪼(아) 찍어'를 의미하는 이두, 사투리.

7 결론

이 처럼 십악검이니, 초치검 같은 칼은 이 세상에 존재한 적이 없었다. 그런데도 '잃어버린 왕국'에 의하면 간마사또모라는 자가 이소노가미 신궁에서 이 칼을 캐어내었다가 녹이 쓸어 볼모양이 없어서 다시 묻었다고 한다. 이 때 굿마당 같은 의식도 엄숙하게 거행했다고 한다. 그러나 실망에 빠져 있던 간마사또모는 우연히 옆을 보다가 노루뿔같이 생긴 칠지도를 찾아냈다고 한다. 참으로 드라마틱하다. 일본의 교수, 학자라고 하는 자들과 일본정부는 이정도의 쑈는 얼굴하나 붉히지 않고 치루고 있다. 일본의 역사는 한국 사람만 속아 준다면 세계인을 속이는 것은 누워 떡 먹기다. 미국 등 서양 사람들은 일본이 지어낸 역사에 매료되어 신비감에 빠져있다. 진실을 모르는 사람들이니까... 그러니 일본인들이 역사 조작에 안달이 나있는 것이다. 최근에는 일본서기의 작자, 太安万侶(오오노야스마로)의 무덤을 찾았다나 어쨌다나? 일본서기가 백제의 (깨)물어 이야기인데, 역사책도 아닌데, 일본서기의 저자의 무덤을 찾았다? 일본사람들 정말 정신 차려야 한다. 자국민까지 속여 가며 세계인을 속여, 거짓 역사를 만들면 그 거짓으로 세계의 중심 국가는 커녕 자국민의 불신으로 언젠가는 파멸의 길을 가고 말 것이다.

 # 다다미

1 연구하는 교실

일본말을 만들 때 모델이 된 말은 "(문을) 처닫으면서"이다. 이 말을 일본인들은 사투리로 "처다다미"라고 했다. 이 말을 다시 현대 일본인들이 주로 사용하는 "백제 글자"와 "이두"로 써보면 아래와 같다.

  疊たたみ
  첩다다미   (이두인 "첩"자의 종성을 제거하면)
  처다다미   (이 사투리를 현대인이 알 수 있게 고치면)
  처닫으면서   (의 뜻이 된다.)

2 역사를 보는 눈

- 처 닫다 : 세차고 거칠게 닫다.
- 다다미 : "닫으면서"의 일본지방 사투리.
- ~미 : "~면서"의 사투리.
- 가장 일본적인 말 "다다미"까지 백제 말이니 다른 말은 더 논 할 것도 없을 것이다.
- 훈민정음을 "조선 글자"라고 한다면, 平仮名은 사실 일본 글자가 아니고, 백제 말을 표기한 "백제 글자"이다.

3

초대 천황, 명치(1867년 : 고종 15년) 이후 일본정부 산하 조선어 비밀연구원들이 위의 말의 띄어쓰기를 무시하고 함부로 갈라서 아래와 같은 사전적 단어를 만들어 내었다. 사실은 여기서 부터가 백제말(조선말)과 일본말?과의 경계선이다.

  たたみ [疊] : 깔개   (疊 : 포갤 첩)

4 언어로 확인한 참 역사

- 위 단어는 이두인 "疊"자를 정책적으로 뜻으로 해석하여 백제 말, '(처)다다미'가 "깔개"라는 뜻으로 바뀌고 말았다.

●●● 위와 같은 방법으로 일본어?의 단어를 만든 결과 "疊"자를 '다다미'라고 읽는 웃지 못할 꼴이 되었다.
●●● '疊'자가 없었다면 'たたみ'가 원래 무었을 의미했던 백제말인지 영영 몰랐을 것이다.
●●● 모든 일본말?은 이렇게 만들어졌다.

 # "다라이", 이런 말은 사용하지 맙시다

1 연구하는 교실

일본말을 만들 때 모델이 된 말은 "고아 달라, 이~"이다. 이 말을 일본인들은 사투리로 "과 달라, 이~"라고 했다. 이 말을 백제글자와 이두로 써보면 아래와 같다.

　　盥　　たら, い~
　　관　　다라, 이~.　　(이두인 '관'자의 종성을 제거하면)
　　과　　다라, 이~.　　(이 사투리를 현대인이 알 수 있게 고치면)
　　고아 달라, 이 ~.　　(의 뜻이 된다.)

2 언어로 확인한 참 역사

- 이~ : 이야기의 흥을 돋우거나 동의를 청하는 도움말.
- 일본인들은 '과'자와 '가'자를 구분하지 못하고 사용한 예가 많다.
  원주민이 처음에는 말을 할 줄 몰랐기 때문이다. 설상가상으로 "백제 글자(平仮名)"로는 '과'자와 '가'자를 구분하여 표기할 수도 없었다. 이처럼 "백제 글자"가 나온 이후, 글자의 소리값이 실제 말과 달라서 사용하는 말이 바뀌기도 했다.
- 또한 "백제 글자"로는 '달'자를 표기할 수 없으므로 '달라'를 "다래(たら)"라고 쓰게 되었다.

3
초대 천황, 명치(1867년 : 고종 15년) 이후 일본정부 산하 조선어 비밀연구원들이 위의 말의 띄어쓰기를 무시하고 함부로 갈라서 아래와 같은 사전적 단어를 만들어 내었다. 사실은 여기서 부터가 백제말(조선말)과 일본말?과의 경계선이다.

　　たらい [盥] : 대야　　(盥 : 대야 관)

4 연구하는 교실

- 위 단어는 이두인 "盥"자를 정책적으로 뜻으로 해석하여 백제 말, '다라이'가 "대야"라는 뜻으로 바뀌고 말았다.

●●● 위와 같은 방법으로 일본어?의 단어를 만던 결과 '盥'자를 'たらい'라고 읽는 웃지 못할 꼴이 되었다. 이런 것을 우리는 지금까지 "명치식 읽기"라고 명명해 왔다.
●●● 다행히 <u>백제 말을 한자로 기록해 놓은</u> '盥'자가 없었다면 'たらい'가 원래 무었을 의미했던 백제말인지 영영 몰랐을 것이다.
●●● 모든 일본말?은 이렇게 만들어졌다.

 다마

1 연구하는 교실

일본 말을 만들 때 모델이 된 말은 "오고 (그리고) 쥐어 타면 넣어버리우"이다. 이 말을 일본인들은 사투리로 "오구, 주 타마 여보우"라고 했다. 이 말을 현대 일본인들이 주로 사용하는 "백제 글자"와 "이두"로 써보면 아래와 같다.

    玉球, 珠 たま 靈魂偶
    옥구, 주 <u>타마</u> 영혼우   (이두한자의 종성을 없애면)
    오구, <u>조</u> 타마 여<u>호</u>우   ('보'자 대신에 '호'자를 대용함)
    오구, 주 타마 여<u>보</u>우   (이 사투리를 현대인이 알기 쉽게 고치면)
    오고, <u>쥐어 타면</u> 넣어버리우   (의 뜻이 된다)

●●● 옇다 : '넣다'의 사투리.

2 초대 천황, 명치(1867년 : 고종 15년) 이후 일본정부 산하 조선어 비밀연구원들이 위의 말의 띄어쓰기를 무시하며 함부로 갈라서 아래와 같은 사전적 단어를 만들어 내었다. 사실은 여기서 부터가 백제말(조선말)과 일본말?과의 경계선이다.

    たま [玉. 球. 珠] : 구슬, 옥.
        [靈. 魂] : 영혼
        [偶] : 모처럼, 간혹.   (偶 : 우연 우)

3 언어로 확인한 참 역사

●●● 위 단어는 한자 "玉. 球. 珠. 靈魂. 偶"자를 뜻으로 해석하여 백제 말 "타마"가 "구슬, 간혹" 등의 뜻으로 바뀌었다.
●●● 한 번 더 강조하면 "たま"는 "타마 → 타면"에서 나온 말이다. '다마'가 아니다.
●●● 모든 일본말?은 이렇게 만들어졌다.

 **(왜) 도나? 타**

1 연구하는 교실

"(왜) 돌기만 하나? 타 봐!" 이 말을 일본인들은 사투리로 "도나? 타하 바!"라고 했다. 이 말을 다시 현대 일본인들이 주로 사용하는 백제글자와 이두로 써보면 아래와 같다.

  どな? た何 方!
  도나? 타하 방! (이두인 '방'자의 종성을 없애면)
  도나? <u>타하</u> 바! (현대인이 알기 쉽게 고치면)
  도나? 타 봐! (의 뜻이 된다.)

●●● "<u>타하</u>"와 비슷한 예 : 삶아 → 사무하

2 초대 천황, 명치(1867년 : 고종 15년) 이후 일본정부 산하 조선어 비밀연구원들이 위의 말의 띄어쓰기를 무시하고 함부로 갈라서 아래와 같은 사전적 단어를 만들어 내었다. 사실은 여기서 부터가 백제말(조선말)과 일본말?과의 경계선이다.

  どなた [何方] : 어느 분 (何 : 어찌 하, 무엇 하, 方 : 방향 방)

3 언어로 확인한 참 역사

●●● 위 단어는 이두인 '何方'자를 정책적으로 해석하여 백제 말 "도나 타"가 "어느 분"이라는 뜻이 되었다.
●●● 위와 같은 방법으로 일본어?의 단어를 만든 결과 '何方'자를 'どなた'라고 읽는 웃지 못할 꼴이 되었다. 이런 것을 우리는 지금까지 "**명치식 읽기**"라고 명명해 왔다.
●●● 다행히 <u>백제 말을 한자로 기록해 놓은</u> '何方'자가 없었다면 'どなた'가 원래 무엇을 의미했던 백제 말인지 영영 몰랐을 것이다.
●●● 모든 일본말?은 이렇게 만들어졌다.

 호랑이

1 연구하는 교실

일본말을 만들 때 모델이 된 말은 "(정신이) 돌아버려, 이~"이다. 이 말을 일본인들은 사투리로 "도라보, 이~"라고 했다. 이 말을 다시 현대 일본인들이 주로 사용하는 백제글자와 이두로 써보면 아래와 같다.

  とら虎, 寅~.
  도라호, 인~. (이두인 寅자의 종성을 없애면)
  도라호, 이~. ("호"자는 "보"자를 연음화 시킨 것이므로)
  도라보, 이~. (이 말을 현대인이 알 수 있게 고치면)
  돌아버려, 이~. (의 뜻이 된다.)

2 역사를 보는 눈

- 도라(とら) : "돌아"의 일본지방 사투리.
여기에서도 "돌아"의 종성, "ㄹ"을 아래로 연철시켜 "도라(とら)"라고 썼다고 보면 쉽겠다. 다시 말하면 "돌아"를 소리 나는 대로 쓰면 "도라"가 된다. 일본어에는 원칙적으로 종성이라는 개념이 없다.
- 돌다 : 정신이 이상해지다.
- ~보 : "~버려"의 일본지방 사투리.
- 이(寅)~ : 이야기의 흥을 돋우거나 동의를 청하는 도움 말. 이두.

3
초대 천황, 명치(1867년 : 고종 15년) 이후 일본정부산하 조선어 비밀연구원들이 위의 말을 함부로 갈라서 아래와 같은 사전적 단어를 만들어 내었다. 사실은 여기서 부터가 백제말(조선말)과 일본말?과의 경계선이다.

  とら [虎] : 호랑이 (虎 : 범 호)
   [寅] : 인시 (* 12支의 셋째로, 방위로는 동북방, '03시~05시'를 의미함.)

4 언어로 확인한 참 역사

- 위 단어는 이두인 "虎"자와 "寅"자를 뜻으로 해석한 결과 백제말 "도라"가 "범" "인시"라는 뜻으로 바뀌고 말았다.
- 위와 같은 방법으로 단어를 만든 결과 "虎"자와 "寅"자를 "とら"라고 읽는 웃지 못할 꼴이 되었다. 이런 것을 우리는 지금까지 "명치식 읽기"라고 명명해 왔다.
- 다행히 <u>백제 말을 한자로 기록해 놓은</u> '虎. 寅'자가 없었다면 'とら'가 원래 무엇을 의미했던 백제 말인지 영영 몰랐을 것이다.

5
위에서는 "とら"의 뜻을 한자의 뜻으로 "범" 또는 "인시"로 정하였지만 "돌아"의 원래 백제말 뜻 그대로 '정신 나간 짓을 한다'는 의미에서 만들어 진 "どら"라는 단어가 있다.

  どら 俗(ぞく) : 방탕, 탕아.
  どら 息子(むすこ) : 방탕한 자식.
  どら 娘(むすめ) : 바람난 딸.

6 미래로 가는 교실

일본정부가 아무리 뜻을 바꾸고 싶어도, 백제 신민의 피에 흐르고 있는 전통적인 사고만은 바꿀 수가 없었기 때문에, 짐짓 "とら"와 "どら"를 구분하여 단어를 만들어 둔 것이다.

일본인아! 백제인아! 정신을 차려라! 그대들은 일본인이기 전에 백제인이다. 그대들이 앞으로 어떻게 처신하고 사고해야 되는지, 그리고 앞으로 어떻게, "일본인"이라는 테두리에서 벗어나서, 그리운 고향, **"백제로 가는 길"**을 찾아낼지는 지금 아무도 모른다. 그러나 지금 이 글을 읽는 일본인이라면 스스로 그 길을 찾아낼 수 있으리라고 확신한다. <u>미래가 기대된다.</u>

도로보-

1 연구하는 교실

일본말을 만들 때 모델이 된 말은 "(남몰래, 혼잣말로) 누가 보우? 누가 봐? (하며) (가져 갈 물건을 슬쩍) 들어 보우! (그래도 보는 사람이 없으면 그대로 가져가면 되우)" 전문 도둑이 초보 도둑에게 도둑 강의를 하고 있는 장면이다. 이 말을 "백제글자"와 "이두"로 써보면 아래와 같다.

  泥 棒? 泥 坊? どろぼう
  니 봉? 니 방? 도로보- (이두한자의 종성을 없애면)
  니 보? 니 바? 도로보- (이 사투리를 현대인이 알기 쉽게 고치면)
  누가 보우? 누가 봐? 들어 보우 (의 뜻이 된다)

●●● 니 : "누가"의 사투리.
●●● 도로보- : "들어 보우"의 일본지방 사투리.
    "들어 보우"를 平仮名으로 기록하자면 이렇게 밖에 쓸 수가 없다.

2

초대 천황, 명치(1867년 : 고종 15년) 이후 일본정부 산하 조선어 비밀연구원들이 위의 말을 함부로 갈라서 아래와 같은 사전적 단어를 만들어 내었다. 사실은 여기서 부터가 백제말(조선말)과 일본말?과의 경계선이다.

  どろぼう [泥棒. 泥坊] : 도둑(질) (泥 : 진흙 니, 棒 : 몽둥이 봉, 坊 : 동네 방)

3 언어로 확인한 참 역사

●●● 위 단어는 이두인 "泥棒. 泥坊"자를 정책적으로 뜻으로 해석하여 백제 말, '도로보-'가 "도둑(질)"이라는 뜻으로 바뀌고 말았다.
●●● 위와 같은 방법으로 일본어?의 단어를 만든 결과 "泥棒. 泥坊"자를 'どろぼう'라고 읽는 웃지 못할 꼴이 되었다.
●●● 또한, '泥棒. 泥坊'자가 없었다면 'どろぼう'가 원래 무엇을 의미했던 백제말인지 영영

몰랐을 것이다.
- ●●● 위와 같은 방법으로 일본어?의 단어를 만든 결과 "泥棒. 泥坊"자를 'どろぼう'라고 읽는 웃지 못할 꼴이 되었다. 이런 것을 우리는 지금까지 "명치식 읽기"라고 명명해 왔다.
- ※ 한자의 뜻으로는 아무런 뜻도 없다는 사실을 알 수 있다. 백제말의 이두로 해석해야 '도둑'과 같은 단어의 뜻이 나온다. 이제 일어사전에 있는 한자는 전부 "이두"라는 것을 확실히 깨달았을 것이다. 어쨌든 "泥棒. 泥坊"라는 말은 왜인들이 일상생활 중에 백제말로 대화를 하였으며, 한자의 종성을 없애는 방법으로 백제말을 기록했다는 사실을 입증해 주고 있다.

 돌리

1 연구하는 교실

일본말을 만들 때 모델이 된 말은 "찧어 돌려 줘요!"이다. 이 말을 일본인들은 사투리로 "찌 돌리 조유!"라고 했다. 이 말을 다시 현대 일본인들이 주로 사용하는 "백제글자"와 "이두"로 써보면 아래와 같다.

取, とり 鳥酉 (이두한자에 종성이 없으므로 그대로 백제말이 된다.)
취, 도리 조유 (한자에는 '찌'자가 없으므로 '취'자로 대용하고 있다.)
찌, 도리 조유! (이 사투리를 현대인이 알기 쉽게 고치면)
찧어 돌리 줘요!
찧어 돌려 줘요! (의 뜻이 된다.)

- 平仮名(백제글자)으로는 "돌리"를 "とり(도리)"라고 밖에 쓸 수가 없다.
- 도리 → 돌리 : "돌려"의 사투리.

2 초대 천황, 명치(1867년 : 고종 15년) 이후 일본정부산하 조선어 비밀 연구원들이 위의 말의 띄어쓰기를 무시하고 함부로 갈라서 아래와 같은 사전적 단어를 만들어 내었다. 사실은 여기서 부터가 백제말(조선말)과 일본말?과의 경계선이다.

とり [取り] : 받음, 잡음. (取 : 취할 취)
    [鳥] : 새
    [酉] : 12지의 열째, 유시. (오후5시~7시)

3 언어로 확인한 참 역사

- 위 단어는 이두인 "取. 鳥. 酉"자를 정책적으로 뜻으로 해석하여 백제말, "도(ㄹ)리"가 "잡음, 새" 등의 뜻으로 바뀌고 말았다.
- 위와 같은 방법으로 일본어?를 만든 결과 "取り. 鳥. 酉"자를 "とり"라고 읽는 웃지 못할 꼴이 되었다. 이런 것을 우리는 지금까지 "명치식 읽기"라고 명명해 왔다.
- "取. 鳥. 酉"자가 없었다면 "とり"가 원래 무엇을 의미했던 백제말인지 영영 몰랐을

것이다.
- 일본인들이 "取り"를 "또리"라고 발음하든, "토리"라고 발음하든 간에 어원상으로 보면 "도리"라고 발음해야 한다.
- 파생

    とる [取る] : 쥐다, 잡다

- 모든 일본말?은 이렇게 만들어졌다.

'모찌'를 만들기 시작한지 300년이 되었다는데...

1 연구하는 교실

어떤 생 과부가 "(내가 이러다가, 오늘 밤) 못 지지면 병 나리!'라고 했다. 이 말을 일본인들은 사투리로 '모 찌지마 병 나리!'라고 했다. 이 백제 말이 일본 말?로 바뀐 것은 명치시대(1867년)부터 이므로 떡을 만들기 시작한 것은 300년이 되었는지 모르지만 'もち(모찌)'라는 말이 사용되기 시작한 것은 지금(2007년)부터 140년 전쯤이라고 생각된다. '모찌'라는 말까지 300년이 된 것은 아니다. 1867년이 지나서도 일본의 노인들을 포함한 많은 사람들이 백제 말(조선 말)을 그대로 사용했으리라고 판단된다. 어쨌든 위의 말을 현대 일본인들이 주로 사용하는 백제글자와 이두로 써보면 아래와 같다.

  も 持ち望, 餅 糯䊮!
  <u>모</u> 지지망, 병 나리! (이두한자의 종성을 없애면)
  모 지지마, 병 나리! (이 사투리를 현대어로 고치면)
  <u>못 지</u>지마, 병 나리! (의 뜻이 된다.)

2 과거도 미래도 같은 공간

- 지지다 : 불에 달군 물건을 다른 물체에 대어 뜨겁게 하거나 타게 하다. (사투리 : 찌지다)
- 마 : '면'의 사투리.
- 이두는 한자의 뜻으로 사용되지 않고 한자의 音만 따 왔으므로, 餅자 대신에 오늘날의 病자를 사용했으면 더 좋았겠다고 생각하지 않아도 된다. 더더구나 한자가 오늘처럼 표준화 되고 고착화 된 것도 근대의 일이기 때문이다. 다시 말하면 왜 고을에서는 病자 대신에 아무 자라도 "병" 소리만 나면 사용하였다.

참고로 餅(병)자는 종성이 허용된 드문 예이다.
설사 餅(병)자의 종성을 없애고 못 지지마 "벼"나리라고 해도 말이 안 되는 것은 아니지만 글쓴이는 "병"자를 택하기로 했다.

3 초대 천황, 명치(1867년 : 고종 15년) 이후 일본정부 산하 조선 말 비밀 연구원들이 위의 말을 함부로 갈라서 아래와 같은 단어들을 만들어 내었다. 사실은 여기서 부터가 백제 말(조선 말)과 일본 말?과의 경계선이다.

  もち [持ち] : ①부담. ②소유함, 지님. ③무승부. (持 : 가질 지)
  [望] : ①망월, 만월. ②보름달.
  [餅] : 떡.   (餅 : 떡 병)
  [糯] : 찹쌀   (糯 : 찰벼 나)
  [黐] : 끈끈이.   (黐 : 끈끈 리)

4 언어로 확인한 참 역사

- 위 단어는 이두인 '持. 望. 餅. 糯. 黐'자를 정책적으로 뜻으로 해석하여 백제 말 "못 지(지마)"가 "떡, 소유함" 등의 뜻으로 바뀌고 말았다.
- "못 지"가 "모찌"로 발음 되었다.
- 위와 같은 방법으로 일본어?의 단어를 만든 결과 "持ち. 望. 餅. 糯. 黐"자를 'もち'라고 읽는 웃지 못할 꼴이 되었다. 이런 것을 우리는 지금까지 "**명치식 읽기**"라고 명명 해 왔다.
- 그리고 <u>백제 말을 한자로 기록해 놓은</u> '持. 望, 餅. 糯. 黐'자가 없었다면 'もち'가 원래 무엇을 의미했던 백제 말인지 영영 몰랐을 것이다.
- 또한, 일본정부와 그 어용학자들은, 조선사람들이 "持. 望, 餅. 糯. 黐"가 조선말 이두인 **줄** 몰라보도록 각각의 단어를 만들어 두었다.
- 持자 옆에 있는 ち자는 "もち"와 균형을 맞추기 위하여 일본정부와 어용학자들이 만들어 붙인 字이다.
- 파생

  もつ [持つ] : ①지속하다. 견디다. ②지니다. ③소유하다. ④맡다.

- 모든 일본말?은 이렇게 만들어졌다.

 # 두아, 다마

1 연구하는 교실

일본말을 만들 때 모델이 된 말은 "(메주를 그 곳에) 두어, (내가) 다마"이다. 이 말을 일본인들은 사투리로, "두아, 다마"라고 했다. 이 말을 다시 현대 일본인들이 주로 사용하는 "백제글자"와 "이두"로 써보면 아래와 같다.

   頭あ, たま   (한자에 종성이 없으므로 그대로 백제말이다)
   두<u>아</u> 다마   (이 사투리를 현대인이 알기 쉽게 고치면)
 (거기) 두어(라), (내가) 다마. (의 뜻이 된다)

2 역사를 보는 눈

- ~마 : 모음이나 'ㄹ'로 끝난 동사 어간에 붙어, 자기가 기꺼이 그리하겠다고 약속하는 뜻을 나타내는 해라체의 종결어미. (내가 알아보마)
- 이처럼 '頭'자는 '두다'라는 뜻으로 사용했다.
- 이미 알고 있는 사실이지만, 일본말?에는 "어"나 "으" 발음이 없다. 그래서 "두어"가 아니고 "두아"처럼 표기할 수밖에 없었다.

3
초대 천황, 명치(1867년 : 고종 15년) 이후 일본정부 산하 조선어 비밀연구원들이 위의 말의 띄어쓰기를 무시하며 함부로 갈라서 아래와 같은 사전적 단어를 만들어 내었다. 사실은 여기서 부터가 백제말(조선말)과 일본말?과의 경계선이다.

  あたま [頭] : 머리 (頭 : 머리 두)

4 언어로 확인한 참 역사

- 위 단어 '頭'자를 뜻으로 해석하여 '(두)<u>아, 다마</u>'라는 백제말을 '머리'라는 뜻으로 바꾸어버렸다. 이렇게 단어를 만든 결과 "頭"자를 "あたま"라고 읽는 웃지 못할 꼴이 되었다. 이런 것을 우리는 지금까지 "명치식 읽기"라고 명명해 왔다.
- 그리고 <u>백제 말을 한자로 기록해 놓은</u> '頭'자가 없었다면 'あたま'가 원래 무엇을 의미

했던 백제 말인지 영영 몰랐을 것이다.
- 또한, "아다마"라는 이 단어는 위에서 보듯이, 일본어를 만든 것 중에서 가장 악랄한 방법으로 만든 단어이다.
- 모든 일본말?은 이렇게 만들어졌다.

 ## '頭'자 이두들

1 연구하는 교실

앞 회에서 "頭아, 다마"를 연구하였지만 이참에 頭자로 시작되는 다른 말들을 함께 살펴보면 도움이 될 것이다.

(1) 頭黑鼠
    두흑서   (이두인 '흑'자의 종성을 없애면)
    두흐서   (한자에는 "써"자가 없으므로 "서"자로 대용)
    두흐써   (이 사투리를 현대인이 알기 쉽게 고쳐 쓰면)
    두었어   (의 뜻이 된다)

(2) 頭來   (이두한자에 종성이 없으므로 그대로 백제말이 된다)
    두래   (남의 명령을 전해줌을 나타냄. *다른 예 : 빨리 오래)

(3) 頭   天邊!   足爪先
    두   천변!,   족조선   (이두한자의 종성을 없애면)
    두   처벼!,   조조서   (한자에는 "써"자가 없으므로 "서"자로 대용)
    두   처벼!,   조저써   (이 사투리를 현대인이 알기 쉽게 고쳐 쓰면)
    둘러 처버리(고), 조졌어.   (의 뜻이 된다)

••• ~벼 : '~버려'의 사투리.
••• 조조다 : '조지다'의 사투리.
••• 조지다 : ①호되게 때리다. ②짜임새가 느슨하지 않게 단단히 맞추다.

2 초대 천황, 명치(1867년 : 고종 15년) 이후 일본정부 산하 조선어 비밀연구원들이 위의 이두 말을 아래와 같이 바꾸어 버렸다. 사실은 여기서 부터가 백제말(조선말)과 일본말?과의 경계선이다.

(1) 頭(あたま)の 黑(くろい) 鼠(ねずみ) : 머리 검은 쥐.
    (한 집에 살면서 그 집의 물건을 훔치는 사람을 비유하는 말)

(2) 頭(あたま)に 來(く)る : 약이 오르다, 화가 나다.

(3) 頭(あたま)の 天邊(てっぺん)から 足(あし)の 爪先(つまさき) まで :
　　머리 꼭대기에서 발끝까지. (처음부터 끝까지 모두)

3 일본정부가 만든 것은 모두 문장의 뜻과 해몽이 다른 관계로 이걸 말이라고 만들었나 하고 한심한 생각이 들 정도이다. 이에 비하여 우리말 이두는 얼마나 멋진가!

 # 야, 바까 조-!

1 연구하는 교실

편을 갈라 씨름을 하는데 "야('이 애'의 사투리)는 너무 어려서, 야가 우리 편에 오면 우리 편이 지고 만다. 그러니까 야를, 자('저 애'의 사투리)로 바까조('바꾸어 줘'의 사투리)야 한다고 웃집 대장이 불만을 터트리고 있다.

"야! 너는 저 편으로 가서, 서!"

상대편의 의향, 같은 것은 물어 볼 것도 없이 동네에서 제일 힘이 센 윗집 대장이 결정을 해버린다. 그리고 씨름이 시작된다. 50대 이상 한국 사람이라면 누구나 이런 추억을 한 조각 쯤 갖고 있을 줄 안다. 그런 추억을 갖기는, 같은 생활을 하며, 같은 말 을 썼던 사람들인데, 오사카에 산다고 무엇이 달랐으랴! (요즘은 동네 아이들이 모여, 함께 노는 일이 없으니 이런 추억이 없을 것이다) 이런 대화를 일본인들은 사투리로 "야, 조! 야(를) 자(와) 바까 조! 야! (너는 저 편으로 가서) 서!"라고 했다. 이 말을 현대 일본인들이 주로 사용하는 "백제 글자"와 "이두"로 써보면 아래와 같다.

若, 造! 若, 藏 わかぞう! 若! 僧!
야, 조! 야, 장 와까 조-! 약! 승!　　　　　(이두 한자의 종성을 없애면)
야, 조! 야, 자 와까 조-! 야! 스!　　　　　('바까'를 '와까'로 표기함)
야, 조! 야(를), 자(하고) 바까 조-! 야! 스!　(이 사투리를 쉽게 고치면)
야, 줘! 야(를) 자(와) 바꿔 줘! 야! (저기 가서) 서!　(의 뜻이 된다)

2 역사를 보는 눈

- 야(若) : '이 애'의 사투리. 이두.
- 조(造) : '줘'의 사투리. 이두.
- 자(藏) : '저 애'의 사투리. 이두
- 와까 → 바까 : '바꾸어'의 일본지방 사투리. 연음화 되었다. 일본정부는 많은 말들의 "ㅂ"음을 "ㅇ"음으로 바꾸어 놓았다. 앞에서도 이런 예가 있었지만 뒤에서도 계속 나올 것이다. 아주 중요하므로 주의해야 한다.
- 스(僧) : "서라"의 일본지방 사투리. 이두.

한자의 뜻에 **홀**리면 백제말을 볼 수 없게 된다.

3 초대 천황, 명치(1867년 : 고종 15년) 이후 일본정부산하 조선어 비밀연구원들은 띄어쓰기를 무시하고 위 문장을 함부로 갈라서 아래와 같은 사전적 단어를 만들었다. 사실은 여기서 부터가 백제 말(조선 말)과 일본 말?과의 경계선이다.

わかぞう [若造. 若藏. 若僧] : 애송이, 풋내기, 젊은이

(※ 若 : 같을 약, 造 : 지을 조, 藏 : 감출 장, 僧 : 중 승)

4 언어로 확인한 참 역사

(1) '젊은이'도 일의 처리 능력이 떨어진다는 뜻에서 '애송이'와 나란히 기록해 놓았다고 보면 이해가 될 것이다.

(2) 그러나 백제말의 이두로 해석하지 않으면 '애송이, 젊은이'같은 단어 뜻이 나오지 않는다.

(3) 한자의 뜻으로는 아무런 의미도 없다는 사실을 알 수 있다. 이제 확실히 일어사전에 있는 한자는 전부 "이두"라는 사실을 깨달았을 것이다.

(4) 어쨌든 "若. 造! 若. 藏. 若! 僧!"라는 말은 왜인들이 일상생활 중에 백제말로 대화를 하였으며, 한자의 종성을 없애는 방법으로 백제말을 기록했다는 사실을 글읽는이도 눈으로 확인하는 기회가 되었을 줄 믿는다.

(5) 또한, 현대일본어사전도 백제말 "이두"를 그대로 사용하고 있으므로 일본서기(일본의 역사책), 고사기, 만엽집 등이 모두 '이두'로 기록된 책이라고 해도 하나도 이상할 것이 없다. 이 말은 일본서기가 일본의 역사책이 아니고 "백제의 고전"이라는 것을 의미한다. 따라서 일본정부가 지금까지 자기네 역사라며 내세우고 아이들에게 가르치고 있는 역사는 전부 뻥이다. 왜가 백제의 한 고을이었으니까 당연한 일이다.

●●● 파생

わかい [若い] : 젊다
わかさ [若さ] : 젊음

わかて　　[若手] : 젊은이
　　わかもの [若者] : 젊은이, 청년.

••• 글쓴이도 처음에 일어라는 것을 공부하면서 "若(같을 약)"자가 어떻게 "젊다"는 뜻과 연계가 되는지 의아했었다. 그래서 일본정부와 어용학자들이 "若(같을 약)"자를 (젊을 약)자로 잘못 알았지 않았나 생각하기도 했었다.

 마께부

1 연구하는 교실

일본말을 만들 때 모델이 된 말은 "맡겨버려"이다. 이 말을 일본인들은 사투리로 "마께부"라고 했다. 이 사투리를 현대 일본인들이 주로 사용하는 "백제글자"와 "이두"로 써보면 아래와 같다.

まけ負　　(이두한자에 종성이 없으므로 그대로 백제말이다)
마께부　　(이 사투리를 현대인이 알기 쉽게 고치면)
맡겨버려　(의 뜻이 된다)

2

초대 천황, 명치(1867년 : 고종 15년) 이후 일본정부 산하 조선어 비밀연구원들이 위의 말을 함부로 갈라서 아래와 같은 사전적 단어를 만들어 내었다. 사실은 여기서 부터가 백제말(조선말)과 일본말?과의 경계선이다

まける [負る] : 지다. 패배하다.　　(負 : 짐질 부)

3 언어로 확인한 참 역사

- 위 단어는 일본정부가 "負"자를 뜻으로 해석하여 백제 말 "마께(루)"를 "지다"라는 뜻으로 바꾸고 말았다.
- 위와 같은 방법으로 일본어?의 단어를 만든 결과 '負'자를 'まけ'라고 읽는 웃지 못할 꼴이 되었다. 이런 것을 우리는 지금까지 "**명치식 읽기**"라고 명명해 왔다.
- 그리고 "まけ負"라는 말을 갈라놓고 양쪽에 "る"를 붙여 위와 같은 단어를 만들었다.
- "負"자가 없었다면 "まけ"가 원래 무엇을 의미했던 백제 말인지 영영 몰랐을 것이다.
- 모든 일본말?은 이렇게 만들어졌다.

 # 차, 차마도

1 연구하는 교실

일본말을 만들 때 모델이 된 말은 "(소리를 안 내려고) 차... 참아도 (못 참겠어요!)"이다. 이 말을 일본 여인들은 사투리로 "차... 차마도"라고 했다. 이 말을 다시 현대 일본인들이 주로 사용하는 "백제글자"와 "이두"로 써보면 아래와 같다.

　窓...窓まど
　창...창마도　　(이두인 "창"자의 종성을 없애면)
　차...차마도　　(이 말을 현대인이 알 수 있게 고치면)
　차...참아도　　(의 뜻이 된다.)

2 초대 천황, 명치(1867년 : 고종 15년) 이후 일본정부 산하 조선어 비밀연구원들이 위의 말을 함부로 갈라서 아래와 같은 사전적 단어를 만들어 내었다. 사실은 여기서 부터가 백제말(조선말)과 일본말?과의 경계선이다.

　まど [窓. 窗] : 창문　　(窓 : 창 창, 窓 =窗)

3 언어로 확인한 참 역사

- 위 단어는 이두인 窓자를 뜻으로 해석한 결과 백제말 "(차)마도"가 "창문"이라는 뜻으로 바뀌고 말았다.
- 위와 같은 방법으로 일본어?의 단어를 만든 결과 窓자를 "まど"라고 읽는 웃지 못할 꼴이 되었다. 이런 것을 우리는 지금까지 "명치식 읽기"라고 명명해 왔다.
- 또한 窓자가 없었다면 "まど"가 원래 무엇을 의미했던 백제말인지 영영 몰랐을 것이다.
- 모든 일본말?은 이렇게 만들어졌다.

　　　아무리 말을 만들어도 그렇지, "마도(まど)"가 뭐꼬?

 # 매시어 바쏘?

1 연구하는 교실

일본말을 만들 때 모델이 된 말은 "(그 어른을) 모시어 봤오?"이다. 이 말을 일본인들은 사투리로 "매시 바쏘?"라고 했다. 이 말을 다시 현대 일본인들이 주로 사용하는 백제글자와 이두로 써보면 아래와 같다.

    めし　飯召?
    매시　반소?　　　(이두한자의 종성을 없애면)
    매시　바소?　　　(한자에는 "쏘"자가 없으므로 "소"자로 대용)
    매시　바쏘?　　　(현대인이 알기 쉽게 고치면)
    모시어 봤오?　　(의 뜻이 된다)

2

초대 천황, 명치(1867년 : 고종 15년) 이후 일본정부 산하 조선어 비밀연구원들이 위의 말의 띄어쓰기를 무시하며 함부로 갈라서 아래와 같은 사전적 단어를 만들어 내었다. 사실은 여기서 부터가 백제말(조선말)과 일본말?과의 경계선이다.

    めし [飯] : 밥　　　　　　(飯 : 밥 반)
      [召し] : 귀인이 불러들임.　(召 : 부를 소)

3 언어로 확인한 참 역사

- 위 단어는 이두인 "飯과 召"자를 뜻으로 해석하여 백제말 "매 시"를 "밥" 등의 뜻으로 바뀌어버렸다. 이 결과 백제말 "飯과 召し"를 "매시"라고 읽는 웃지 못할 꼴이 되었다. 이런 것을 우리는 지금까지 "**명치식 읽기**"라고 명명해 왔다.
- 그리고 "召"자 옆에 있는 "し"자는 "めし"와 균형을 맞추기 위하여 일본의 어용학자들이 의도적으로 갖다 붙인 자이다.
- 또한, '飯과 召'자가 없었다면 'めし'가 원래 무엇을 의미했던 백제말인지 영영 몰랐을 것이다.
- 파생

めす [召す] : ①불러들이다. ②마시다. ③목욕하다, 나이들다 등의 높임말.

●●● 모든 일본말?은 이렇게 만들어졌다.

매(어) 대떠

1 연구하는 교실

일본말을 만들 때 모델이 된 말은 "(남자가 힘을) 모아 추어도 (그 여인네는 꽉꽉) 매어 댔다."이다. 이 말을 왜인들은 사투리로 '모 추도 매 대떠-'라고 했다. 이 말을 다시 현대 일본인들이 주로 사용하는 이두와 백제글자로 써보면 아래와 같다.

目　出度　め　で<u>と</u>う
목　출도　매　대<u>또</u>-　(이 이두한자에서 종성을 없애면)
모　추도　매　대<u>또</u>-　(이 말을 현대인이 알기 쉽게 고쳐 쓰면)
모아　추어도　매어　대<u>떠</u>.
모아　추어도　매어　댔<u>더</u>.　(더 표준말로 바꾸면)
모아　추어도　매어　댔<u>다</u>.　(의 뜻이 된다.)

3 역사를 보는 눈

●●● 추다 : ①들거나 지거나 업거나 한 것을 치밀어서 올리다.
　　　　　②위로 솟구다. (아이를 추어서 업어라)
●●● 매다 : 물건을 동여서 묶다.
●●● ~대다 : 동작의 정도가 심하게 계속됨을 나타냄. (놀려 대다.)
●●● ~더 : '~다'의 사투리. 매어 대떠→ 매어 댔더→ 매어 대따→ 매어 댔다.
●●● 사투리 "~더"와 현대어 "~다"의 예를 한번더 들면, 영철이 오줌 쌌더!→ 영철이 오줌 쌌다!
●●● 일어에서는 이 '떠'자가 없으므로 부득이 '또(とう)'로 발음하게 되었다.
●●● <u>"(お)めでとう"나 "(お)めでた"는 같은 뜻이다.</u> 물론 (お)めでた[매 대떠]가 한국의 표준말에 더 가깝다.
●●● 백제시대에는 백제 말을 모두 한자로 기록했지만 백제글자(平仮名)가 발명된 후 (위에서 보듯이) 한자와 섞어서 백제 말을 기록했다. 그러므로 일본서기, 만엽집 등에 나오는 한자도 현대 일어 사전에 나오는 한자들처럼 音으로만 읽어야 진정한 일본서기나 만엽집 등의 뜻을 알 수 있다. 이 한자들을 뜻으로 해석하면 일본정부가 지어낸

역사소설을 읽는 꼴이 된다.

3 초대 천황, 명치(1867년 : 고종 15년) 이후 일본정부 산하 조선어 비밀 연구원들이 위의 말을 함부로 갈라서 아래와 같은 사전적 단어를 만들었다. 사실은 여기서 부터가 백제 말(조선 말)과 일본 말?의 경계선이다.

　　お－めでとう [御 目出度] : 축하합니다.　　(度 : 제도 도)
　　* ("お(御)"자는 존칭어로 쓰였다.)

3 언어로 확인한 참 역사

- 위 단어의 이두한자 '目出度'에는 '축하합니다'라는 뜻이 전혀 없다. 그러나 여자가 매어대어 주는 일이 남자에게는 축하할 만큼 **좋**은 일일까? 일본인들은 정말 매이는 것을 **좋**아 하는가 보다.
- 위와 같은 방법으로 일본어?의 단어를 만든 결과 '御 目出度'자를 'お めでとう'라고 읽는 웃지 못할 꼴이 되었다. 이런 것을 우리는 지금까지 "**명치식 읽기**"라고 명명해 왔다.
- 백제 말을 한자로 기록한 "目 出度(모 추도)", 또는 "目芽 出度(모아 추도)"가 없었다면 "め でとう"나 "め でた"가 원래 무엇을 의미했던 백제 말인지 영영 몰랐을 것이다.
- 파생

　　め [目] : 눈
　　でる [出る] : 나가다.

- 이제 일본 말 중에서도 가장 일본적인 말 중의 하나인 '오매대토-'까지 그 정체를 밝혔으니 일본 말의 비밀이 다 밝혀졌다 해도 과언이 아니다.
- "떠"자를 부득이 "とう"라고 읽었으니, 일본인들이 최근에 이것을 "토-"라고 읽는 것은 저희들 마음이겠으나, 어원상으로 보면 그래도 "또-"로 발음하는 것이 어원에 가깝다.
- 모든 일본말?은 이렇게 만들어졌다.

 "매이모"라는 사투리를 아십니까?

1 연구하는 교실

일본말을 만들 때 모델이 된 말은
"(자네는) 매이면 (그냥) 두어? (아니면) 차버려?"
"(매이면? 너무 좋아서) 저절로 웃음이 나와!"
이 말을 일본인들은 사투리로
"매이모 두허? 차뽀?"
"우서져!"라고 했다. 이 말을 다시 현대 일본인들이 주로 사용하는 "백제 글자"와
"이두"로 써보면 아래와 같다.

妹いも 痘痕? 瘡疱? 芋薯藷!
매이모 두흔? 창포? <u>우서저</u>!　　(이 이두의 종성을 없애면)
매이모 두흐? <u>차포</u>? 우서저!　　(한자에는 '뽀'자가 없어서 '포'자로 대용)
매이모 두흐? <u>차뽀</u>? 우서저!　　(이 사투리를 현대인이 알기 쉽게 고치면)
매이면 두허? <u>차뽀</u>? 우서져!
매이면 두어? 차버려? <u>웃어져</u>!　(의 뜻이 된다)

2 역사를 보는 눈

- ~모 : "~면"의 사투리.
- 매이모 : '매이면'의 사투리.
- 痘痕(두흔) → 두흐 → 두허 : '두어'의 이두. 사투리.
- 瘡疱(창포) → 차포 → 차뽀 : '차버려'의 이두. 사투리.
- 芋薯藷(우서저) → '웃어져'의 이두. 사투리.
- 일본말?은 한국말의 보고로서 우리말이 어떻게 변하여 왔는지 내력을 알 수 있게 해준다.
- 위의 이두 해석을 보면 지금까지 해온 이두 해석이 방향 착오 없이 잘 진행됐다는 것을 깨달을 수 있을 것이다. <u>이것은 다시 말하면 "양주동 식 이두"는 이두가 아니었다는 것을 의미한다</u>. 단적인 예로 '二'자를 '둘'이라고 읽었다면 다른 문장에 나오는 '二'자도 둘이라고 읽어야 할 것이다. '이'자로 읽으면 모순이다. 일본정부는 일본서기가

이두로 해독 되는 것을 두려워 한 나머지 '국보 1호'에게 엉터리 이두를 전수해 주었다.

3 초대 천황, 명치(1867년 : 고종 15년) 이후 일본정부 산하 조선어 비밀연구원들이 위의 말을 함부로 갈라서 아래와 같은 사전적 단어를 만들어 내었다. 사실은 여기서 부터가 백제말(조선말)과 일본말?과의 경계선이다.

いも [妹] : ①(애인이나 아내를) 친밀하게 부르던 말.　　　　(妹 : 누이동생 매)
　　　　②누이동생 (=いもうと) : (추후 이 단어를 재음미할 계획임.)
[痘痕. 疱瘡] : 천연두. 「いもがさ」의 준말 (추후 이 단어를 재음미할 계획임.)
　　　　(痘 : 마마 두. 痕 : 흔적 흔. 疱 : 부푸를 포. 瘡 : 부스럼 창)
[芋. 薯. 藷] : ① 감자, 고구마, 토란, 마 등의 총칭. ②(내용이) 빈약함, 엉터리.
　　　　(芋 : 토란 우. 薯 : 마 서, 감자 서. 藷 : 마 저, 감자 저)

4 언어로 확인한 참 역사

- 위 단어는 "妹. 痘痕. 瘡疱. 芋薯藷"자를 정책적으로 뜻으로 해석하여 "(매)이모"라는 백제 말이 "누이동생, 천연두, 감자" 등의 뜻으로 바뀌고 말았다.
- 위와 같은 방법으로 일본어?의 단어를 만든 결과 '妹. 痘痕. 疱瘡. 芋. 薯. 藷'를 'いも'라고 읽는 웃지 못할 꼴이 되었다. 이런 것을 우리는 지금까지 "명치식 읽기"라고 명명해 왔다.
- "웃어져"의 의미인 "芋薯藷"를 조선(한국)사람들이 이두인 줄 모르도록 글자 사이에 점을 찍어 두었다. 또한 '瘡疱'를 '疱瘡'으로 바꾸어 쓰기도 했다.
- '妹. 痘痕. 疱瘡. 芋. 薯. 藷'자가 없었다면 'いも'가 원래 무엇을 의미했던 백제 말인지 영영 몰랐을 것이다.
- 모든 일본말?은 이렇게 만들어졌다.

 # "매이모- 또" 어쩌지요?

1 연구하는 교실

모델이 된 말은 "매이면 또"이다. 그러나 뒤의 말이 생략되어 당사자가 어떻게 행동했는지 알 수가 없다. 남자가 매일 경우에 어떻게 하는지 앞에서 소개했던 "いも" 등에서 여러 사람의 반응을 살펴보면,

"目眩暈(모 혀뿌)"라고 하는 사람도 있고, ("めまい [目眩, 眩暈] : 현기증"이 단어는 추후 설명할 계획임)

"瘡疱(차뽀)"라고 하는 사람도 있고, "芋薯藷(우서저)"라고 하는 사람도 있었다. 어쨌든 일본인들은 위의 말, "매이면 또"를 사투리로 "매이모- 또"라고 했다. 이 말을 다시 현대 일본인들이 주로 사용하는 "백제 글자"와 "이두"로 써보면 아래와 같다.

    妹いもう と   (이 이두에는 종성이 없으므로 그대로 백제말이다)
    매이모-　또   (이 사투리를 현대인이 알기 쉽게 고치면)
    매이면　또   (의 뜻이 된다)

2

초대 천황, 명치(1867년 : 고종 15년) 이후 일본정부 산하 조선어 비밀연구원들이 위의 말을 함부로 갈라서 아래와 같은 사전적 단어를 만들어 내었다. 사실은 여기서 부터가 백제말(조선말)과 일본말?과의 경계선이다.

    いもうと [妹] : 누이동생   (妹 : 누이동생 매)

3 언어로 확인한 참 역사

- 위 단어는 "妹"자를 정책적으로 뜻으로 해석하여 백제 말 "(매)이모 또"가 "누이동생"이라는 뜻으로 바뀌고 말았다.
- 참고로 어원상 "いも"의 뜻 중, "누이동생"은 "いもうと"와 그 뜻이 같아졌다. "또"자가 있고 없고 차이밖에 없다.
- 이야기가 잠시 다른 방향으로 가지만, "いも"의 다른 뜻에 '천연두'라는 뜻도 있다. 일본정부는 이때의 "いも"를 "いもがさ(이모가사)의 준말"이라고 했다.

사실인지 알아보기 위하여, 어원을 찾아보았다.

"いもがさ"의 원래 뜻은 "妹いも がさ(매이모 가사)"로서 "매이면 가시어"라는 뜻이다. 그러므로 "いもがさ"에 '천연두'라는 뜻은 전혀 없다. 그런데 어떻게 "いも"가 "いもがさ"의 준말이 될 수 있는가? 일본정부의 말 만들기에는 이런 엉터리가 상당히 많이 있다.

••• 어쨌든 위와 같은 방법으로 일본어?의 단어를 만든 결과 '妹'를 'いもうと'라고 읽는 웃지 못할 꼴이 되었다. 이런 것을 우리는 지금까지 "명치식 읽기"라고 명명해 왔다.

••• '妹'자가 없었다면 'いもうと'가 원래 무엇을 의미했던 백제 말인지 영영 몰랐을 것이다.

••• 앞 부분에서 잠시 언급이 있었지만 <u>남자가 매이면 그 반응이 천태만상이다.</u> 매이면 "못 해버리"는 사람도 있고, "차버리"는 사람도 있고 "웃어져 버리"는 사람이 있는가 하면 "가시어 버리"는 사람도 있었다.

(여러분께서는 어떻게 하시는지 물어봐도 되겠습니까?)

••• 모든 일본말?은 이렇게 만들어졌다.

 매마, 이

1 연구하는 교실

일본말을 만들 때 모델이 된 말은 "매면, 이~, 못 해버려"이다. 이 말을 일본인들은 사투리로 "매마, 이~, 모 혀뿌"라고 했다. 이 사투리를 다시 현대 일본인들이 주로 사용하는 "백제 글자"와 "이두"로 써보면 아래와 같다.

めま, い~, 目 眩暈
매마, 이~, 목 현훈　　　(이두 한자의 종성을 없애면)
매마, 이~, 모 혀후　　　(한자에는 '뿌'자가 없으므로 '후'자로 대용함)
매마, 이~, 모 혀뿌　　　(이 사투리를 현대인이 알기 쉽게 고치면)
매면, 이~, 못 해버려!　　(의 뜻이 된다)

- 매마 : '매면'의 사투리.
- 이~ : 이야기의 흥을 돋우거나 동의를 청하는 도움 말.
- 모 혀뿌 : '못 해버려'의 사투리. ('매면 못 해버리'는 이유가 뭘까? 글 읽는 이의 상상에 맡긴다)
- 모 : '못'자의 종성 'ㅅ'을 기록하지 못한 상태이다.

2
초대 천황, 명치(1867년 : 고종 15년) 이후 일본정부 산하 조선어 비밀연구원들이 위의 말의 띄어쓰기를 무시하고 함부로 갈라서 아래와 같은 사전적 단어를 만들어 내었다. 사실은 여기서 부터가 백제말(조선말)과 일본말?과의 경계선이다.

　　めまい [目眩. 眩暈] : 현기증　　(眩 : 어지러울 현, 暈 : 아찔할 훈)

3 언어로 확인한 참 역사

- 위 단어 "めまい"는 이두인 '目眩. 眩暈'자를 정책적으로 뜻으로 해석하여 "매마, 이~"라는 백제말이 "현기증"이라는 뜻으로 바뀌고 말았다.
- 위와 같은 방법으로 일본어?의 단어를 만든 결과 '目眩. 眩暈'자를 'めまい'라고 읽는

웃지 못할 꼴이 되었다. 이런 것을 우리는 지금까지 "**명치식 읽기**"라고 명명해 왔다.
- ● ● '暈'자 앞의 '眩(현)'자는 "目眩"과 균형을 맞추기 위하여 일본정부와 어용학자들이 써넣은 글자이다.
- ● ● '目眩. 眩暈'자가 없었다면 'めまい'가 원래 무엇을 의미했던 백제 말인지 영영 몰랐을 것이다.
- ● ● 모든 일본말?은 이렇게 만들어졌다.

메주

1 연구하는 교실

일본말을 만들 때 모델이 된 말은 "(찧은 콩 덩이를 볏짚) 사이에 끼어 놔두어. (띄우고 나면 메주가 되니까)"이다. 이 말을 일본인들은 사투리로 "사이 끼 나두"라고 했다. 이 "나두"를 더 심한 사투리로 "낫또-"라고 하기도 했다. 이 말을 이두로 써보면 아래와 같다.

  糸引 き <u>納豆</u>
  사인 끼 <u>납두</u> (이두인 '인'과 '납'자에서 종성을 없애면)
  사이 끼 <u>나두</u> ('나두'를 더 심한 사투리로 바꾸면)
  사이 끼 <u>낫또-</u> (의 뜻이 된다)

••• <u>그런데 일본정부와 어용학자들은 지금까지와는 완전히 다른 방법으로 일본어를 만들었다.</u>

2 초대 천황, 명치(1867년 : 고종 15년) 이후 일본정부 산하 조선어 비밀연구원들이 위의 말 중에서 '納豆'를 '나두' 대신에 '낫또-(なっとう)'라고 읽게 하면서 아래와 같은 사전적 단어를 만들어 내었다. 사실은 여기서 부터가 백제말(조선말)과 일본말?과의 경계선이다.

  なっとう [納豆] : 메주 (納 : 들일 납)

3 새 역사가 잉태되다.
••• 위 단어는 이두인 '納豆(나두)'의 더 심한 사투리 "낫또-"가 "메주"라는 뜻으로 바뀌었다.
••• 위와 같은 방법으로 일본어?의 단어를 만든 결과 '納豆'자를 'なっとう'라고 읽는 웃지 못할 꼴이 되었다. 이런 것을 우리는 지금까지 "명치식 읽기"라고 명명해 왔다.
••• 다행히 <u>백제 말을 한자로 기록해 놓은</u> '納豆'자가 없었다면 'なっとう'가 원래 무엇을 의미했던 백제 말인지 영영 몰랐을 것이다.

4 국어 연구

- 메주 : "배낭을 메다"처럼 '둘러메다'를 의미하기 때문에 "메주"보다 "매주"가 더 좋은 글법이라고 판단된다. (이후 "매주"로 표기한다.)
- 매주 : "(달아) 매(어)주(소)"에서 나온 말.
- 미주 : '매주'의 사투리. (부탁하는 표현)
- 미소 : '매소'의 사투리. '매시오'의 의미. (명령적임)
- '매주'는 '미주' 또는 '미소'와 어투에 차이가 있기는 하나, 모두 "매주"라는 뜻이다.
- 그러나 일본에서는 '미소(みそ)'를 '매주'가 아니라 '된장' 이라는 뜻으로 사용하고 있다. 왜냐하면 '매주'를 '낫또-(なっとう)'라고 정했으므로 할 수 없이 '미소'를 '된장'이라는 뜻으로 정했다.

    みそ [味噌] : 된장   (味 : 맛 미, 噌 : 떠들 증)

- 味噌(미즈) → "매어져"의 이두, 사투리.

 # 일본섬 이름의 실체

"大日本豊秋津洲"는 "대입뽗지, 주(어 차)"라는 백제말 이두이다. "大日本 도요아끼 쓰시마"라고 읽는 것은 사기이다.

1 원문과 음역(성은구님 역주 일본서기 30쪽)

(아래 한자들은 이두이나, 일본정부는 작은 글자 -, = 등을 무시하고 한문의 문장으로 바꾸어 해석함으로서 엉터리 역사를 만들어 내었다.)

一書曰. 先生= 淡路洲-.　　　　(일서왈, 선생이 담로주일)
次大日本豊秋津洲.　　　　　　(차대일본풍추진주)
次伊予名洲　　　　　　　　　(차이예명주)
次億岐洲. 次佐度洲. 次筑紫洲　(차억기주, 차좌도주, 차축자주)
次壹岐洲. 次對馬洲　　　　　(차일기주, 차대마주)

2 이두한자의 종성을 없애면 (특히 洲자와 次자의 연결이 어떻게 바뀌는지 잘 봐주십시오)

이서와 서세, 이다로 주이 차,
대이보 푸추지,
주 차이예며 주 차,
어끼 주 차, 자도 주 차, 추자 주 차,
이기, 주 차대마 주.

3 위 사투리를 현대인이 알 수 있게 고치면

잇어 와, 서세, 잇달어 쥐(어) 차,
대입뽗지,
주 차이며 주 차,
으깨(어) 주 차, 자도 주 차, 추(스러)자 주 차,
이겨(서) 주 차대면 주어.

4 언어로 확인한 역사

- (..) 안의 글은, 글쓴이가 이해를 돕기 위하여 써넣은 글임.
- 이서 와 → 잇어 와 : '이어 와'의 일본지방 사투리.
- 서세 : 서우세 : 성기를 세운다는 의미.
- 이다로 : '잇달어'의 일본지방 사투리.
- 주이 차 : '쥐 차'의 의미. "매우 찬다"는 뜻.
- 대이보푸추지 → 대입뿣지 : '닿이어버렸지'의 일본지방 사투리. (이두 표현) '日本(일본)'이라는 말만 따로 떼어서 보면 '입'이라는 말에 불과하다. 그러나 일본정부는 일본서기(720년) 이후 한자의 뜻이 좋다고 하여 국호로 정하였다. ('대이보푸추지'가 어떻게 변하여 '대입뿣지'가 되는지 잘 살펴 주십시오)
- 주 차이예며 : '쥐어 차이며'의 일본지방 사투리.
- 億岐(어끼) : '으깨(어)'의 일본지방 사투리. .... 으깨다 : 큰 덩이 따위를 누르거나 문질러서 부서러뜨리다. (일본서기 85쪽 상단에 '憶企(억기)'라는 다른 예가 있다. 다음에 이 부분을 다시 해석할 계획임.)

5 일본정부의 해석

一書에는 다음과 같이 전하고 있다. 먼저 淡路洲(아와지시마)를 낳았다. 다음은 大日本 豊秋津洲(도요아끼쓰시마), 다음은 伊予二名洲(현재의 四國), 다음은 億岐洲, 다음은 佐度洲, 다음은 筑紫洲(현재의 九洲), 다음은 壹岐洲, 다음은 對馬洲이다.

- 豊秋津洲(도요아끼쓰시마) : 일본국의 미칭.

한번 더 강조 하면, 720년 일본서기가 만들어졌을 때만 해도, 백제 사람들이 '大日本 豊秋津(洲)'를 '대입뿣지, [주(어 차)]'라고 읽었다. 그러나 이렇게 읽으면 독립국가 일본이 백제의 한 지방이었다는 사실이 들어나게 될까 두려웠다. 그래서 명치(1867년)는 '명치식 읽기'를 개발하여 '豊秋津洲'를 '도요아끼쓰시마'라고 읽으면서 그 뜻도 '일본국의 미칭'이라고 바꾸었다. 그러니까 1140여년 후에나 만들어진 '읽기 방법'으로 720년에 만들어진 일본서기를 읽어 제꼈으니 명백한 사기이다. 마치 현대자동차를 타고 2000년전 옛 고을 규슈를 가는 꼴이다. 일본서기는 이렇게 조작되었다.

297

- 淡路洲(아와지시마) : 옛 지명, 현재 兵庫현의 섬. 이외 모든 다른 섬들의 이름도 豊秋津洲와 같은 방법으로 조작되었다.
- 일본서기가 과연 720년에 만들어진 책인가하는 부분도 재음미 되어야 한다.

6 결론

- 일본서기의 원문은 원래 이두 문장이었지만, 일본정부가 한자중 일부를 -, = 등처럼 작게 쓰더니 종당에는 무시한 후 한문의 문장으로 만들어버렸다.
- 따라서 일본서기는 일본의 역사책이 아니라 백제 말을 이두로 기록한 "(깨)물어(物語)" 이야기이다.
- 옛 일본인들은 명치이전까지 백제 말을 상용하였으며, 백제대왕의 신민이었다.
- 그러므로 倭는 백제의 한 고을이었다. 그러한 왜가 어떻게 바다를 건너와 백제를 쳐 부술 수가 있었겠는가? 일본정부는 이처럼, 일본의 역사를 바꾸기 위하여 광개토 대왕의 비도 서슴없이 고쳤다. 그네들은 앞으로도 이런 비열한 짓을 되풀이해 올 것이다.
- 앞으로 일본정부는 '임나 일본부'가 어쨌느니 독도가 일본 땅이니 하는 헛소릴랑 집어 치워야 할 것이다.
- 또한, 그러므로 우리는 그네들과 사이좋게 미래를 꾸려나가자는 생각은 꿈일 뿐이라는 사실을 잊어서는 안 된다.
- 우리의 역사, 문화, 사회, 정치, 경제, 말과 글자, 탑과 불상과 그림, 건물 등 모든 것을 훔쳐갔고, 앞으로도 뺏어가려는(독도 등) 그네들을 대처하는 방법은 힘밖에 없다.

남신웅		
	영남대학교	1967년 졸
	(67년 입사)삼성 공채 11기	1985년 퇴사

참고서적

成殷九 譯註	日本書紀
노성환 譯註	古事記
권오엽 譯註	古事記
최인호 저	잃어버린 왕국

옛 일본은 백제고을 1

초판인쇄 2011년 1월 26일
초판발행 2011년 2월 10일

저　자　남신웅

발 행 처　제이앤씨
발 행 인　윤석현
책임편집　조성희
등록번호　제7-220호

우편주소　(132-702) 서울시 도봉구 창동 624-1 북한산 현대홈시티 102-1206
대표전화　(02) 992-3253
전　송　(02) 991-1285
홈페이지　http://www.jncbms.co.kr
전자우편　jncbook@hanmail.net

ⓒ 남신웅 2011 All rights reserved. Printed in KOREA

ISBN 978-89-5668-827-5 03910　　정가 17,000원
　　　 978-89-5668-826-8 (set)

· 저자 및 출판사의 허락 없이 이 책의 일부 또는 전부를 무단복제·전재·발췌할 수 없습니다.
· 잘못된 책은 바꿔 드립니다.